GDELAINE

SERVICE DES ANTIQUITÉS DE L'ÉGYPTE

NOTICE DES PRINCIPAUX MONUMENTS

EXPOSÉS AU

MUSÉE DE GIZEH

LE CAIRE

IMPRIMERIE NATIONALE

1892

AVANT-PROPOS

Construit par ordre du Khédive Ismaïl,
le palais de Gizeh fut affecté au service des
antiquités en 1890, et M. E. Grébaut, alors
directeur général des musées et des fouilles,
y fit apporter de Boulaq les monuments qui
pendant trente années avaient été réunis
dans un musée provisoire par les soins de
A. Mariette, de M. G. Maspero et de M. E.
Grébaut lui-même. L'exiguité du local de
Boulaq et les découvertes récentes du service des antiquités réclamaient un agrandissement considérable des bâtiments consacrés aux collections, et le gouvernement
égyptien, reculant devant les difficultés

qui s'opposaient alors à la construction d'un musée neuf sur la rive droite du Nil, décida que la somptueuse demeure d'Ismaïl deviendrait le palais des antiquités égyptiennes.

Quelque mal appropriée qu'elle soit à l'usage auquel elle est aujourd'hui consacrée, cette vaste construction a permis d'exposer toutes les collections, et les 91 salles, dont 46 viennent d'être récemment ouvertes, permettent au public et aux savants d'admirer et d'étudier les restes de cette civilisation prodigieusement antique et sans rivale.

S. A. Abbas pacha Hilmi a bien voulu honorer de Sa présence l'inauguration des nouvelles galeries ; l'intérêt que S. A. le Khédive porte aux monuments laissés dans le sol par ses antiques prédécesseurs sur le trône de l'Egypte est un grand encouragement pour le personnel chargé de ces collections. Il fait espérer que dans quelques années, le musée de Gizeh sera sans con-

TABLEAU CHRONOLOGIQUE

ANCIEN EMPIRE, Iᵉ-Xᵉ DYNASTIES. — *Fondation de Memphis par Ménès (Iʳᵉ dynastie), env. 5000 ans av. J.-C. — Construction des grandes pyramides sous la IVᵉ dynastie, env. 4000 ans av. J.-C.*

Si incertaine que soit la chronologie égyptienne, il est permis, d'après les calculs les plus modérés, d'évaluer à six ou sept mille ans l'antiquité des premières dynasties. Memphis était alors le centre de la civilisation dans la vallée du Nil. Les grandes pyramides, le Sphinx et le temple de Gizeh étaient alors bâtis ou en cours de construction. Les Égyptiens possédaient le Sinaï et envoyaient déjà des expéditions dans l'intérieur de l'Afrique jusqu'au Darfour et au lac No.

MOYEN EMPIRE, XIᵉ-XVIIᵉ DYNASTIES, *env. 2600 ans av. J.-C. — Le lac Mœris et le Labyrinthe.*

Le moyen empire fut contemporain du patriarche Abraham, quarante siècles environ avant notre époque. Thèbes était alors la capitale de l'Egypte. Sous les Ousortesen et les Amenemhat (XIIᵉ dynastie), la Nubie fut conquise et colonisée, les arts furent très florissants : mais survint l'invasion des Pasteurs, qui, venant d'Asie, envahirent l'Egypte et la ruinèrent par plusieurs siècles de guerres.

NOUVEL EMPIRE, XVIIIᵉ-XXXIᵉ DYNASTIES, *de 1700 environ à 332 ans av. J.-C.*

Les princes thébains de la XVIIIᵉ dynastie chassèrent les Pasteurs de l'Egypte et, rétablissant la puissance indigène, fondèrent le nouvel empire, 3600 ans environ avant notre époque. Aux rois libérateurs, aux Soqnounri et aux Ahmès, succédèrent les rois conquérants, les Thoutmès et les Aménophis (XVIIIᵉ dynastie), les Séti et les Ramsès II ou Sésostris (XIXᵉ dynastie). Les Syriens, les Phéniciens, les

Éthiopiens, les Somalis étaient sujets ou tributaires des Pharaons, et les rois d'Assyrie recherchaient leur alliance. Ainsi l'on a récemment trouvé la correspondance du roi de Babylone avec Aménophis IV (XVIIIe dynastie), le Pharaon qui priva Thèbes pour quelques années de son rang de capitale, et créa la curieuse ville de Tell-el-Amarna. Alors furent construits les plus beaux monuments de la vallée du Nil. La fin de la XIXe dynastie fut une époque de troubles ; les Hébreux, opprimés depuis Ramsès II, quittèrent l'Egypte. La XXe dynastie, qui rétablit l'ordre et repoussa l'invasion des peuples de la Méditerranée : Pélasges, Siculès, Sardes, Dariens, etc., fut contemporaine de la guerre de Troie, il y a environ 3000 ans. Les rois de la XXIe dynastie firent alliance avec Salomon ; au contraire le fondateur de la XXIIe dynastie, Sésac ou Sheshonq, fit Roboam prisonnier dans Jérusalem vers 965. Mais, à cette époque, les prêtres d'Ammon quittèrent Thèbes et se retirèrent en Ethiopie ; l'Egypte se divisa et s'affaiblit. Les descendants éthiopiens des prêtres d'Ammon la reconquirent un moment pour la quitter de nouveau ; les Assyriens l'envahirent. Une période de prospérité revint avec la dynastie saïte (XXVIe), 665 ans avant l'ère chrétienne. Un des rois de cette dynastie, Nékhao, vainquit et tua à Mageddo, Josias, roi des Juifs, mais recula devant Nabuchodonosor ; il entreprit de joindre le Nil à la mer Rouge par un canal et fit, suivant Hérodote (t. IV, p. 42), exécuter la circumnavigation de l'Afrique, de la mer Rouge à la Méditerranée, par le cap de Bonne-Espérance. Les troupes grecques à la solde de la XXVIe dynastie n'empêchèrent pas l'Egypte d'être conquise par les Perses, en 527 avant l'ère chrétienne. Affranchie en 405, de nouveau soumise en 340, elle passe de la puissance perse sous la puissance macédonienne et grecque.

ÉPOQUE GRECQUE -- *Les Ptolémées — 332-30 ans av. J.-C.*

Alexandre le Grand, roi de Macédoine, fonde Alexandrie (332 av. J.-C.). Cette ville parvient à une prodigieuse prospérité. Les rois grecs, dont elle fut la capitale, construisent dans la Haute-Egypte les temples de Dendérah, d'Esneh, d'Edfou, d'Ombos et de Philae. A la mort de Cléopâtre (30 av. J.-C.), l'Egypte passe sous la domination romaine.

ÉPOQUE ROMAINE — *Le christianisme ; la conquête arabe — de 30 ans av. J.-C. à 640 ans après J.-C.*

L'époque romaine, avec les empereurs de Rome et ensuite de Constantinople, voit la Sainte-Famille en Egypte, les progrès du christianisme, Saint-Antoine au désert, la vie cénobitique en Thébaïde et le développement de la civilisation copte, à laquelle la conquête mahométane fait succéder la civilisation arabe.

Le tableau suivant, extrait du catalogue de Mariette pacha (Notice des principaux monuments du musée de Boulaq, 1876, *p.* 11), *fournit des indications approximatives sur l'époque des diverses dynasties.*

TABLEAU DES DYNASTIES EGYPTIENNES.

	Dynasties.	Capitales.	Durée.	Avant J.-C.
Ancien empire	Ire	Thinis........	253 ans	5004
	IIe		302 »	4751
	IIIe	Memphis.. ..	214 »	4449
	IVe		284 »	4235
	V^e		248 »	3951
	VIe	Eléphantine...	203 »	3703
	VIIe	Memphis	70 jours	..
	VIIIe		142 ans	3500
	IXe	Héracléopolis.	109 »	3358
	X^e		185 »	3249
Moyen empire	XIe	Thèbes	..	..
	XIIe		213 ans	3064
	XIIIe		453 »	2851
	XIVe	Xoïs..........	184 »	2398
	XVe	(Pasteurs)....	511 »	2214
	XVIe			
	XVIIe			
Nouvel empire	XVIIIe	Thèbes	241 ans	1703
	XIXe		174 »	1462
	XXe		178 »	1288
	XXIe	Tanis	130 »	1110
	XXIIe	Bubastis......	170 »	980
	XXIIIe	Tanis	89 »	810
	XXIVe	Saïs	6 »	721
	XXVe	(Ethiopiens)...	50 »	715
	XXVIe	Saïs	138 »	665
	XXVIIe	(Perses)	121 »	527
	XXVIIIe	Saïs	7 »	406
	XXIXe	Mendès.......	21 »	399
	XXXe	Sébennytès...	38 »	378
	XXXIe	(Perses)	8 »	340
Basses époques	XXXIIe	(Macédoniens)	27 ans	332
	XXXIIIe	(Grecs)	275 »	305
	XXXIVe	(Romains)....	411 »	30

	Après J.-C.
Edit de Théodose........................	381

tredit le plus vaste et le plus riche du monde.

Une pléiade de savants a travaillé à la formation de ces remarquables collections, mais deux hommes surtout ont contribué à leur grandeur : A. Mariette et M. G. Maspero.

Mariette a fondé le service des antiquités égyptiennes, le musée et la conservation des monuments ; c'est à lui que la science est redevable de la découverte des édifices les plus importants de la vallée du Nil ; Mariette est le créateur.

M. G. Maspero a doté l'archéologie en Egypte de la méthode scientifique qu'elle possède aujourd'hui ; il a formé le service administratif, a enrichi le musée des résultats de son incomparable découverte des momies royales, et, par ses nombreux travaux scientifiques, a fait connaître au monde savant les merveilles renfermées dans les galeries de Boulaq et répandues sur le sol de l'Egypte.

Peu de temps avant sa mort, Mariette désira que ses cendres fussent placées près du Musée qu'il avait fondé. Il voulut être le perpétuel gardien de ces trésors scientifiques pour lesquels il avait vécu. Ses dernières volontés ont été respectées, et sa tombe s'élève aujourd'hui en face du palais de Gizeh, monument grandiose et simple de son dévouement à son œuvre.

Mariette (Auguste-Ferdinand) naquit à Boulogne-sur-Mer le 11 février 1821. Il appartenait à une famille de marins et de lettrés. Son grand-père a laissé en manuscrit une de ces collections d'œuvres mêlées, vaudevilles, comédies de mœurs, poésies fugitives où se plaisaient les littérateurs provinciaux du siècle passé. Son père était simple employé de sa ville natale.

Elevé au collège de Boulogne, il devint professeur dès vingt ans et y demeura attaché à divers titres jusqu'à la fin de 1848. Il essaya d'abord la peinture, puis le journalisme, devint rédacteur en chef d'un journal d'intéret local, composa des nouvelles, des romans, des feuilletons humoristiques, et, entre temps, trouva moyen d'étudier des questions d'archéologie provinciale. Le seul des premiers essais qui vaille la deine d'être conservé est une brochure publiée en 1846, sous forme de lettre adressée à M. Bouillet, sur la position de *Portus Itius*. La donnée en était fausse, mais le jeune auteur y marquait déjà la plupart des qualités qui l'ont rendu célèbre plus tard, une grande habileté de discussion, la clarté et la vigueur du style, beaucoup de pénétration.

Le hasard le rejeta du côté de l'Orient.

Une caisse de momie qui provenait de la collection *Vivant Denon*, fut exposée à la mairie de Boulogne ; le jeune Mariette rédigea à cette occasion une petite notice dans laquelle il conseillait à ces concitoyens de l'acquérir. Son conseil fut suivi. Mariette se procura, pour étudier les textes qui couvraient le cercueil, quelques livres traitant de l'Égypte, et ce qui n'avait été d'abord qu'un amusement, devint une passion sérieuse. Il fut bientôt assez fort pour se hasarder à aborder la discussion des textes ; manquant d'appui dans sa ville natale, il s'adressa à Charles Lenormant, le seul des élèves directs de Champollion qui continuât alors en France la tradition du maître. Le mémoire qu'il soumit au jugement du savant parisien portait sur l'interprétation et le classement des cartouches qui recouvrent la Chambre des Ancêtres ; il est resté inédit.

Mariette se décida à venir chercher fortune à Paris. L'amitié du peintre Janron lui procura une petite place d'adjoint au Louvre ; dans les premiers jours de 1848, il se mit en tête d'aller chercher fortune en Égypte, et demanda au gouvernement français les ressources nécessaires au voyage. Tattam venait d'attirer l'attention des savants sur les richesses renfermées dans les couvents jacobites de l'Égypte. Mariette composa rapidement un long essai de bibliographie copte qui est demeuré inédit, et sollicita une mission à l'effet d'aller étudier et acquérir ce qui pourrait rester dans les cloîtres de manuscrits coptes et syriaques. Il obtint sans peine ce qu'il demandait, et débarqua à Alexandrie le 12 octobre 1850.

La mission qu'il s'était imposée était des plus délicates à remplir : le patriarche copte, justement irrité des procédés bizarres employés par Tattam pour former sa collection, avait fait mettre les manuscrits en sûreté. Les négociations traînèrent et retinrent Mariette au Caire pendant plusieurs semaines. Il profita de ses loisirs forcés pour visiter les environs de la ville, Gizeh, Daschour et surtout Saqqarah. Il avait remarqué partout, à Alexandrie comme au Caire, des sphinx en calcaire, d'assez mauvais style, mais chargés de graffiti, où le nom d'Osiris étais associé sans cesse à ceux d'Apis et de Sérapis. Le hasard lui fit trouver un jour, dans la région nord du plateau de Saqqarah, un sphinx qui représentait les mêmes caractères. Cette rencontre fortuite éveilla au fond de sa mémoire le souvenir d'un passage de Strabon, où le voyageur grec raconte que le Sérapéum de Memphis est dans dans un lieu très sablonneux et qu'on y voit des sphinx enfoncés, les uns jusqu'aux épaules, les autres jusqu'à mi-corps. L'idée que le Sérapéum, si longtemps cherché en vain, était là, s'empara de lui avec une telle force qu'il en oublia les manuscrits et le patriarche copte. Il assembla quelques ouvriers et commença des fouilles en règles le 1er novembre 1850. Jusqu'au cent trente-quatrième sphinx de l'avenue, tout marcha régulièrement, puis l'allée tourna brusquement à gauche, et pendant quelques jours il ne découvrit plus rien. Il finit pourtant par se remettre sur la bonne piste et déboucha, après le cent quarante-et-unième sphinx, sur un *dromos* spacieux, dallé de belles pierres. Deux mois de fouilles mirent au jour l'ensemble des monuments qui s'y trouvaient, un hémicycle décoré de statues grecques, deux chapelles, une procession de génies montés sur des animaux, et conduisirent les travailleurs jusqu'à la porte du Sérapéum. Là, un obstacle imprévu les arrêta : des marchands d'antiquités, pour la plupart agents consulaires de diverses nations européennes, jaloux du succès de Mariette, réussirent à obtenir d'Abbas pacha la suspension des fouilles. L'appui du gouvernement français aplanit en partie les difficultés ; une somme de trente mille francs, votée le 16 août 1852 par l'Assemblée nationale, permit de reprendre les travaux avec plus d'activité, et, dans la nuit du 12 au 13 novembre, Mariette pénétra dans les souterrains du Sérapéum. Ce qu'il y trouva, le monde savant le connait ; soixante-quatre Apis, dont les plus anciens remontent à la XVIIIe dynastie et dont le plus moderne est presque contemporain de Cléopâtre ; des milliers de stèles votives, de figurines funéraires, d'amulettes, de bijoux, qui font aujourd'hui l'ornement du musée du Louvre.

La chronologie des taureaux, suffisamment établie par les dates d'inhumation, apporta de nouvelles informations pour le rétablissement de la chronologie des rois égyptiens du nouvel empire. Toute l'année 1852 se passa à déblayer et à dépouiller le Sérapéum. Dans les premiers jours de 1853, Mariette se transporta avec ses ouvriers aux pieds des Pyramides de Gizeh.

Cette fois, il travaillait aux frais d'un particu lier. Le duc de Luynes l'avait chargé de dégager la partie antérieure du grand sphinx. Il découvrit, à une centaine de mètres vers le sud-est, un temple de l'ancien empire, construit en blocs énormes de granit et d'albâtre, mais ce fut le seul résultat sérieux de sa campagne. Il était du reste pressé de revenir en France. Nommé conservateur-adjoint au musée égyptien du Louvre, il s'occupa de classer l'immense collection qu'il avait rapportée du Sérapéum et d'en préparer la publication. Il débuta pour donner dans le *Bulletin archéologique de l'Athénœum français* (1855-1856), des renseignements sur les soixante-quatre Apis trouvés dans les souterrains du Sérapéum : cette étude a été arrêtée à la **XXVI**ᵉ dynastie par la disparition du bulletin et n'a jamais été terminée. En même temps, et comme complément de ce premier travail, il publiait un choix de monuments et de dessins découverts ou exécutés pendant le déblaiement du Sérapéum (Paris, 1856, A. BERTRAND, in-4°), et un mémoire sur la mère d'Apis (Paris, 1856, A. BER-TRAND, in-4°), où il ébauchait une théorie alors nouvelle de la religion égyptienne. Ajoutons, pour en finir avec ce premier épisode, le plus glorieux de sa vie, que les monuments du Sérapéum et la relation de la découverte ont été poursuivis longtemps par une véritable fatalité. La publication, commencée une première fois en 1861, reprise en 1864 et poussée jusqu'à la **XXVI**ᵉ dynastie, recommencée en 1876 de concert avec moi, n'est pas encore terminée : seul le premier volume, qui renferme le journal des fouilles et le récit de la découverte, a pu être livré au public en 1882.

Les mêmes difficultés de vie qui avaient une première fois décidé Mariette à quitter Paris, se représentèrent plus fortes à son retour. Il n'était pas depuis un an sur le sol natal, qu'il aspirait déjà à le quitter pour reprendre sa carrière aventureuse aux bords du Nil. Les circonstances politiques favorisèrent son dessein. Abbas pacha, qui avait tant contrarié les fouilles du Sérapéum, était mort en 1851, laissant le pouvoir à son oncle Saïd pacha, ami de la France. Encouragé par M. de Lesseps, le nouveau prince pria le gouvernement français de lui prêter Mariette pendant un hiver, celui de 1857-1858 ; il s'agissait de préparer des fouilles pour un voyage que le prince Napoléon projetait en Egypte. Le voyage n'eut pas lieu, mais le Pacha, gagné par la bonne humeur de Mariette, lui donna le titre de bey, l'autorisa à multiplier les chantiers de fouilles, à lever les ouvriers à la corvée et à fonder un musée, qui fut établi provisoirement à Boulaq. La création, l'agrandissement et le maintien de ce musée devinrent désormais la grande préoccupation de Mariette. On ne saurait imaginer les trésors de diplomatie qu'il dut dépenser pour arracher aux divers souverains de l'Egypte le terrain et l'argent nécessaires à son œuvre. Une crue du Nil, qui menaça de tout détruire en 1878, lui permit enfin de disposer le local selon ses intentions, mais le classement définitif, sans cesse retardé par la manque de fonds, dura des années et n'était pas encore achevé quand il mourut.

Seul maître du sol antique de l'Égypte, Mariette voulut l'exploiter sur un plan grandiose ; il l'attaqua sur trente-sept points à la fois, de l'embouchure du Nil à la première cataracte. Un petit nombre seulement de ces ateliers réussit à souhait. Les fouilles du Delta ne donnèrent des résultats sérieux qu'à San, sur les ruines de l'ancienne Tanis : on y mit au jour, outre des monuments importants de la XIIIe, de la XIVe, de la XIXe et la XXIe dynastie, des statues et des sphinx d'un type particulier que Mariette attribua aux Hyksos. Saïs, Tanis, Bubaste, ne produisirent presque rien, mais les succès obtenus sur l'emplacement de l'antique Memphis compensèrent largement cet échec. La ville même est difficile à explorer, à cause des bois de palmier et des villages qui la recouvrent, mais les nécropoles, de Gizeh à Meidoum, sont inépuisables. Mariette s'attaqua d'abord aux pyramides et ouvrit, en 1858, le Mastabat-el-Faraoun, qu'il crut être le tombeau d'Ounas, de la Ve dynastie. L'ayant trouvé vide et nu, il se confirma dans l'idée que les pyramides ne renfermaient jamais d'inscriptions, et qu'à les explorer il perdrait son temps et son argent. Il reporta tous ses efforts sur les tombes privées, dont la mission de Lepsius avait relevé l'importance, et les examina avec ordre et méthode. Les fouilles, menées activement de 1858 à 1863, puis reprises en 1877, après avoir traîné pendant des années, ont fait connaître plus de trois cents tombes nouvelles à Gizeh, à Saqqarah, à Meïdoum. Il fit connaître quelques-uns des résultats obtenus jusqu'en 1867, dans son mémoire : *Sur les tombes de l'ancien empire qu'on trouve à Saqqarah (Revue archéologique*, 1867, t. I), et se préparait à tout publier quand la mort vint le surprendre. J'ai retrouvé dans ses papiers des morceaux d'introduction et des notices, plus ou moins détaillés, de cent cinquante tombes, matériaux à peine dégrossis de ce mémoire sur les Mastabas ; le gouvernement français les a publiés tels quels (1882-1884).

Abydos, Dendérah, Edfou et Thèbes profitèrent le plus de son activité. On peut dire qu'avant lui, Abydos était inconnue : en vingt ans, il fit sortir de dessous terre le temple de Séti I, deux temples de Ramsès II, les restes du grand temple d'Osiris, plus de deux cents tombes et quinze mille monuments de différente nature, dont la plupart sont aujourd'hui au musée de Boulaq. A Denderah, déblaiement du grand temple d'Hathor et d'une partie des édifices environnants. A Thèbes, grandes fouilles au temple d'Ammon, à Karnak, à Médinet-Abou, à Deïr-el-Bahari, dans la plupart des villages qui couvrent aujourd'hui l'emplacement de la grande métropole égyptienne. A Edfou, une ville entière s'était établie sur les toits du temple et rendait l'étude impossible ; elle fut transportée dans la plaine et le temple sortit intact de son linceul de décombres. Et je ne fais que mentionner en passant les recherches fructueuses qu'il exécuta lui-même ou fit exécuter tout le long de la vallée par son fidèle auxiliaire, le peintre italien Louis Vassali, qu'il avait connu en 1858 et qui est resté jusqu'en 1883 conservateur du musée de Boulaq.

Saïd pacha, qui l'avait si bien soutenu, mourut en janvier 1863, et Ismaïl pacha monta sur le trône. Le nouveau souverain, tout occupé de grands desseins politiques, n'attachait que peu d'importance à l'archéologie ; il continua cependant les traditions de Saïd et ne suspendit point les travaux. Mariette, nommé commissaire égyptien à l'Exposition universelle de **1867**, transporta à Paris les plus belles pièces du musée de Boulac, et fit connaître à l'Europe émerveillée les richesses et les beautés inconnues de la civilisation égyptienne. Il profita de son succès pour commencer à publier le résultat de ses fouilles. Il avait dressé à ce sujet un plan grandiose : son œuvre devait être comme un livre immense dont chaque chapitre renfermerait tout ce qu'une localité déterminée aurait produit ; l'ensemble s'appellerait : *Fouilles exécutées en Egypte*. La première partie formait deux volumes in-folio, renfermant les monuments trouvés au Gebel-Barkal, en Nubie, et les principaux textes des temples de Séti I et de Ramsès II, à Abydos. Ces deux volumes, à peine mis en vente (1867), furent retirés du commerce et dépecés ; les planches de Gebel-Barkal furent insérées plus tard dans les *Monuments divers ;* les autres, dans les deux volumes d'*Abydos*, et, de l'ouvrage primitif, il ne reste plus à ma connaissance que trois exemplaires. Aussi bien, Mariette, de retour en Égypte au lendemain de l'Exposition, avait reconnu que son plan était trop vaste et s'était résigné à publier isolément les matériaux de l'œuvre au fur et à mesure qu'ils seraient assemblés en quantité suffisante. Le tome premier d'*Abydos*, paru en **1869**, ne renfermait plus que les planches et le texte relatifs au temple construit par Séti I.

Les malheurs de la France en **1870**, les embarras politiques et financiers de l'Egypte, la maladie, les chagrins domestiques, interrompirent brusquement l'activité de Mariette. Mariette était resté veuf en 1864 avec sept enfants vivants, de onze qu'il avait eus. La mort soudaine de sa fille aînée, puis celle d'une autre fille et d'un fils qu'il aimait tendrement, l'assombrirent d'année en année. Les infirmités vinrent avec les chagrins. A la force morale il joignait une force physique prodigieuse et une vigueur de tempérament dont il avait parfois abusé dans l'ardeur de la recherche scientifique. Dès 1861, les analyses médicales signalaient en lui les germes de la maladie terrible, le diabète sucré, dont il devait mourir vingt ans plus tard ; le rude hiver de 1870, qu'il passa tout entier à Paris, fit de l'athlète d'autrefois un valétudinaire confirmé. Il n'en continua pas moins ses travaux : *Denderah* fut publié en six volumes de 1870 à 1876, *Karnak* et *Deïr-el-Bahari* livrés au public, les *Monuments divers* commencés. En 1877, le diabète se déclara avec une violence telle, qu'au mois de juin, Mariette, condamné par les médecins, passa pour n'avoir plus que quelques jours à vivre. Il se rétablit pourtant, et cette reprise de santé fut marquée par un redoublement d'activité ; le deuxième volume d'*Abydos* et le *Catalogue général* des monuments trouvés dans cette ville sont de cette époque. Mais la maladie était trop avancée déjà pour qu'on pût faire autre chose qu'en retarder les progrès. Mariette songeait à rédiger enfin les *Mastabas* et projetait, dans une lecture faite à l'Institut en 1879, une longue série de travaux, sans paraître soupçonner que ses jours étaient comptés. Un dernier voyage en France, qu'il fit en 1880, acheva de l'épuiser : menacé de mort s'il retournait en Egypte, il prit la mer contre l'avis des médecins, gagna Alexandrie, puis le Caire à grand'peine. Un moment on crut avoir conjuré le mal, mais ce fut une illusion qui ne dura que quelques heures ; il mourut le 17 janvier au soir, après une agonie terrible de huit jours, et fut enterré le lendemain. Les derniers travaux qu'il eût commandés venaient d'amener l'ouverture, à Saqqarah, des deux pyramides royales remplies d'inscriptions.

On pourra juger diversement certaine partie de son œuvre : de toute manière, il faudra reconnaître qu'il eut le génie de la découverte. Homme de cabinet au début de sa carrière, les aventures de sa vie errante l'empêchèrent de pousser bien loin ses études de philologie ; elles développèrent les qualités archéologiques qu'il portait en lui. Il avait l'esprit logique et systématique : avant de rien entreprendre, il se traçait à lui-même un plan d'action d'où il ne s'écartait plus par la suite. Aussi la plupart de ses découvertes ne sont-elles pas dues au hasard : quand il trouvait le Sérapéum, il savait d'avance où il fallait chercher pour bien trouver ; ses grands travaux d'Abydos n'ont été entrepris qu'après de longues méditations, et son exploration de Denderah n'est que la démonstration matérielle d'une théorie conçue *a priori*. Cette méthode, si elle a des avantages, a aussi des inconvénients, et Mariette en a souffert : il a vécu trente ans au pied des pyramides de Saqqarah sans les ouvrir, et cela, parce qu'une théorie *a priori* lui enseignait que nulle pyramide ne peut renfermer d'inscriptions. La logique, qui l'avait si bien servi ailleurs, le desservit ici.

Mariette était décoré de la plupart des ordres de

l'Europe : il était membre de l'Académie des inscriptions et belles lettres depuis 1878, et pacha. Il a laissé de nombreux papiers que le gouvernement français a achetés et publiés en partie. (G. MASPERO, *Guide au musée de Boulaq*, 1884, p. 13.)

Mariette avait rêvé de voir les collections du musée égyptien installées dans un monument digne d'elles. Il avait laissé sur place, dans le site même où ils avaient été découverts, la plupart des grands monuments que leur taille ne permettait pas de classer dans les galeries trop petites du musée de Boulaq. Malheureusement la mort devait bientôt enlever à la science cet intrepide travailleur, et son rêve n'a même pas été réalisé par son successeur direct, M. Maspero.

C'est à M. Grébaut, deuxième successeur de l'illustre Mariette, que revint la tâche de mettre en valeur les collections amassées pendant tant d'années. M. Grébaut commença cette œuvre de longue haleine; 45 salles renfermant bon nombre de monuments furent ouvertes au public en 1891. Mais la maladie, la fatigue, devaient encore arrrêter les travaux du nouveau directeur, et le 1er mai 1892, il me remettait des magasins bondés d'antiquités et des galeries encore inachevés.

Pendant six mois, sans crédits spéciaux, mais habilement secondé par les savants conseils de MM. E. Brugsch bey, Daressy, Bazil, Virey et A. Barsanti, je me suis attaché à terminer l'installation des collections, et, au début de l'automne 1892, le musée comptait 46 salles nouvelles prêtes à ouvrir au public.

Ces 91 salles renferment toutes les antiquités que possède l'Egypte. Ces galeries sont, sans contredit, comme musée égyptologique, les plus riches et les mieux fournies qui soient dans le monde. Elles montrent la civilisation pharaonique dans les moindres détails, et, depuis les statues et les stèles royales de l'ancien empire jusqu'aux dernières œuvres d'art des chrétiens coptes, elles fournissent aux visiteurs toutes les manifestations du sentiments artistique des habitants de la vallée du Nil.

Bien que très nombreuses, ces collections n'en sont pas moins appelées à prendre dans l'avenir une extension plus considérable encore ; chaque année, chaque mois elles s'enrichissent d'objets nouveaux et il est difficile de prévoir l'importance qu'il sera nécessaire de donner aux bâtiments destinés à renfermer des documents aussi nombreux. Quoi qu'il en soit, quelles que puissent être les découvertes, il est certain que dans quelques années, le palais de Gizeh lui même sera devenu trop petit.

Le musée des antiquités égyptiennes du Caire est plus spécialement pharaonique. Il ne comprend les périodes gréco-romaine et copte que dans le but de montrer comment s'est éteint cet art si spécial, si caractéristique, qui se développa dans la vallée du Nil. Les antiquités grecques, romaines et coptes ont maintenant un autre centre, elles doivent se réunir dans le musée spécial à ces époques, créé en mai 1892 dans la ville d'Alexandrie. C'est là, dans la capitale même de l'Egypte des Ptolémées, que se réuniront les documents relatifs à l'histoire grecque et romaine du pays, et si le musée de Gizeh conserve quelques salles renfermant des objets postérieurs aux âges pharaoniques, c'est uniquement pour que les visiteurs puissent suivre dans ses diverses phases l'agonie de l'art et des usages de l'Egypte indépendante.

La classification des antiquités dans le palais de Gizeh est faite suivant l'ordre chronologique aux étages inférieurs, et suivant la nature des objets aux étages supérieurs. Il eut été bien difficile, pour ne pas dire impossible, de classer chronologiquement les menus objets, souvent leur époque précise est inconnue, souvent aussi il eût été nécessaire de placer côte à côte des objets de taille très dissemblable, parce qu'ils appartiennent à la même époque ou qu'ils portent le nom du même souverain.

Le musée se trouve donc naturellement divisé en deux parties : l'une comprenant les monuments volumineux et lourds qui tous sont exposés au rez-de-chaussée, et l'autre renfermant les objets petits ou légers qui ornent les salles du premier étage.

L'entrée actuelle du musée ne correspond pas avec celle du palais d'Ismaïl pacha ; une porte a été percée sur le côté droit de l'édifice, un escalier provisoire a été construit, et le visiteur, après avoir franchi le vestibule, entre de plain-pied dans les salles de l'ancien empire.

Treize salles sont réservées aux monuments des premières dynasties. C'est là que le visiteur peut admirer les chefs-d'œuvre de l'art égyptien du cinquantième siècle avant notre ère, puis le moyen empire est représenté par six salles ornées de statues et de bas-reliefs.

Les antiquités du nouvel empire occupent 17 salles, et, en les parcourant, on arrive graduellement à la salle gréco-romaine, qui renferme les principaux monuments de l'époque ptolémaïque, et aux deux salles coptes, dont l'époque précède de fort peu la conquête musulmane de l'Egypte.

Dans la grande salle du bas de la partie du palais dite le Harem, sont rangés des sarcophages appartenant à toutes les époques. Ces objets, fort lourds et très encombrants, ne pouvaient être disséminés dans les salles historiques; ils font partie des séries funéraires exposées à l'étage supérieur.

Les monuments plus légers et plus petits occupent tout le premier étage. Ils sont classés suivant l'usage auquel ils étaient destinés dans l'antiquité : c'est ainsi que les bronzes religieux, et, en général, toutes les représentations de la divinité et les objets destinés aux cérémonies du culte, occupent le grand salon en forme de croix, situé au-dessus des salles du moyen empire.

A côté sont les scarabées, puis les bijoux

et tous les objets destinés à la parure, les
étoffes, la céramique, les vases de métal, de
pierre et de bois, les armes, les menus objets royaux ou funéraires, les papyrus, les
ostraca, les modèles de sculpteurs, les
croquis d'artistes, les meubles, les échantillons industriels et les textes d'architecture.

Là se termine la série pharaonique ; les
salles gréco-romaines et coptes lui succè-
dent ; la dernière renferme tous les objets
étrangers à l'art égyptien, mais cependant
découverts dans son sol.

A ces galeries il convient d'ajouter celles
spécialement destinées à la fameuse découverte des momies royales et à celle des
prêtres d'Ammon.

Tel est, en quelques lignes, le musée de
Gizeh ; telles sont les collections renfermées
dans le vaste palais. Le visiteur trouvera
bien certainement que le parcours d'un si
grand nombre de salles est très pénible :
nous avons cherché à diminuer sa fatigue

en plaçant sur les murailles, dans chaque salle, toutes les indications pour qu'il ne perde pas son chemin et puisse retrouver aisément les galeries qui l'intéressent. Nous avons aussi ouvert toutes les issues afin de rendre les communications plus faciles.

L'installation des objets dans le musée était un travail long et pénible. MM. Brugsch bey, conservateur, et M. Daressy, conservateur-adjoint, s'y sont attachés avec un grand dévouement, mais le temps leur manquait pour rédiger une notice pouvant servir de guide au visiteur; aussi ai-je profité de l'extrème complaisance et de la science profonde de M. E. Virey, un égyptologue étranger, et l'ai-je prié de rédiger le catalogue. Qu'il me soit permis de lui exprimer ici, au nom du service des antiquités, toute ma gratitude.

Gizeh, le 1er novembre 1892.

J. DE MORGAN.

MONUMENTS DE L'ANCIEN EMPIRE

(Iʳᵉ – Xᵉ DYNASTIES)

Salles 1 à 13

Salle 1 (Monuments archaïques).

Nord-ouest de la salle.

1 — Granit noir, tacheté de rouge — Haut. 0ᵐ,40.
Rec. du musée, t. I, pl. 13. — *Saqqarah*, 1888.

Personnage agenouillé, découvert en 1888 à Mitrahineh, site de Memphis. La facture de la statuette et surtout le style de la légende font supposer pour ce monument l'antiquité la plus reculée.

2 — Bois — Trois panneaux. Haut. moy. 1ᵐ,15, larg. moy. 0ᵐ,40. Cat. Mar., Nᵒˢ 989, 992 ; Cat. Masp., p. 213. — *Saqqarah*.

Ces panneaux étaient encastrés dans les stèles ou fausses portes du tombeau de *Hosi*, à Saqqarah, nécropole de Memphis. Le style est d'une finesse remarquable, contrairement à ce que nous avons observé au N. 1, mais le groupement incertain des hiéroglyphes indique une époque où l'art de l'écrivain n'était pas encore soumis aux règles rigoureuses qu'on observe plus tard. Ce monument est antérieur à l'époque des grandes pyramides.

Deux autres panneaux de même provenance se trouvent de l'autre côté de la salle.

Sud-ouest de la salle.

3 — Pisé et stuc — Haut. 0^m^,29, long. 1^m^,74. Cat. Mar., p. 205. — *Meïdoum*.

Oies paissant, très jolie fresque pleine de vie et de gaieté. Cette scène et les hiéroglyphes peints qu'on voit plus haut proviennent d'un tombeau de Meïdoum que Mariette jugeait antérieur à l'époque des grandes pyramides.

Centre de la salle.

4 et 5 — Albâtre — Haut. 0^m^,27, larg. 0^m^,39, long. 0^m^,57. Cat. Mar., N°s 93 et 94 ; Cat. Masp., p. 212. — *Saqqarah*.

Tables à libations appuyées sur deux lions accotés ; le liquide coulait par une rigole dans un vase placé entre les queues des deux lions ; provenant d'un tombeau situé près de la pyramide à degrés de Saqqarah.

6 — Calcaire — Haut. 1^m^,20. Mar., *Mon. div.*, pl, 20 ; Cat Mar., N. 973 ; Cat. Masp., p. 221. — *Meïdoum*.

Magnifiques statues peintes du prince *Rahotpon* et de la dame *Nofrit*, découvertes dans un tombeau voisin de la pyramide de Meïdoum. Mariette leur attribuait la même date qu'au N. 3 (fin de la IIIe dynastie).

7 — Albâtre — Long. 1^m^,22, larg. 0^m^,47, haut. 0^m^,56. *Rec. du musée*, t. I, p. 13. — *Saqqarah, 1888*.

Cette pierre d'un style très archaïque, aux côtés ornés de longues raies verticales (Cfr. N°s 8, 9, 10, 71,

96), semble avoir été une table ou autel à libations. Elle a été trouvée en 1888 à Mitrahineh (Memphis), au-dessous des fondations du temple de la XVIIIe dynastie, et devait, par conséquent, appartenir au temple de l'ancien empire, fondé par Ménès, premier roi de la Ire dynastie.

8 et **9** — **Calcaire** — Haut. 0^m,79, larg. 0^m,68. Cat. Masp., pl. 33. — *Gizeh.*

Stèles de *Sitou* (IVe dynastie), nécropole de Gizeh. Elles représentent la façade d'un édifice égyptien de cette époque, *avec la porte au milieu.* En effet, les stèles des tombeaux étaient primitivement de fausses portes par où le monde des vivants était censé commuquer avec l'autre (voir salle 3, au milieu de la stèle N. 55, la porte à deux battants fermée par le double verrou égyptien). Les offrandes destinées au défunt pour sa nourriture dans l'autre vie étaient déposées devant ces portes pour qu'il en prît possession, puisqu'il pouvait passer par là, et la stèle 63, dans la salle 4, nous montre le défunt *Nuternofer*, venant de l'autre monde prendre les offrandes, et traversant sa porte. Plus tard, au lieu de déposer les aliments en nature devant la stèle, on les représente sur la stèle en sculpture ou en peinture, la théologie égyptienne admettait que par la vertu magique appelée *mâkherou,* ces images d'offrandes devenaient réelles et assimilables pour le défunt. Enfin, on en vint à ne plus même représenter la porte, et la stèle devint une simple table de pierre ou de bois, portant une inscription où l'on priait la Divinité de faire parvenir les offrandes au défunt, et représentant celui-ci en possession de l'envoi déposé devant lui.

Ce que nous venons de dire ne s'applique, bien entendu, qu'aux stèles funéraires et non aux stèles commémoratives, tables de pierre où l'on gravait la mention d'un fait historique ou d'un événement religieux.

Sud de la salle.

10 — Calcaire — Haut. 2m,51, larg. 1m,57.— *Saqqarah.*

Stèle sans nom, ornée comme les Nos 8 et 9, rapportée de Saqqarah en 1892.

11 et 12 — Calcaire — Haut. 1m,68, larg. 0m42. Cat. Mar., Nos 994 et 995; Cat. Masp., p. 212. — IIIe dynastie. — *Saqqarah.*

Deux montants de porte sur lesquels est représentée la femme de *Sokarkhabiou* (voir N. 16). La figure de cette femme, qui s'appelait *Hathornoferhotpou* de son grand nom et *Tepes* de son petit nom, rappelle, dit M. Maspero, le type des Nubiennes ; elle a sous les yeux une bande de fard vert.

Est de la salle.

13 — Calcaire — Haut. 1m,40, larg. 0m,95. Cat. Mar., N. 996; Cat. Masp., p. 213. — *Saqqarah.*

Stèle ou fausse porte du tombeau de *Shiri*, prêtre du roi Send, de la IIe dynastie.

14 — Albâtre — Long. 0m,32, larg, 0m,56. Cat. Mar., N. 92. — *Saqqarah.*

Table d'offrandes rectangulaire, au nom de *Snefrounefer*, prêtre de la pyramides *Assanefer* (Ve dynastie).

Au centre, le caractère *hotep* (offrande) ; au centre, un pain sacré et trois godets pour les liquides.

15 — Albâtre — Diam. 0ᵐ,49. Cat. Mar., N. 964. — *Saqqarah.*

Autre table d'offrandes, de forme circulaire.

Sud de la salle.

16 — Calcaire — Haut. 1ᵐ,96, larg. 0ᵐ,43. Cat. Masp., pl. 213. — IIIᵉ dynastie. — *Saqqarah.*

Stèle ou fausse porte du tombeau de *Sokarkhabiou* (Cfr. Nᵒˢ 11 et 12), dont le petit nom était *Hetes.*

La salle contient encore des stèles (Cfr. N. 8), des tables d'offrandes (Cfr. Nᵒˢ 14 et 15), des tables à libations (Cfr. Nᵒˢ 4 et 7), des autels pour brûler l'encens (Cfr. N. 32).

Salle 2 (Monuments des IVᵉ, V et VIᵉ dynasties).

Centre de la salle.

17 et 18 — Calcaire — Haut. 1ᵐ,95 et 1ᵐ,73. Cat. Mar., Nᵒˢ 23 et 582 ; Cat. Masp., p. 521. — Vᵉ dynastie. — *Saqqarah.*

Statues de Rànefer, prêtre de Ptah, dieu de Memphis. Rànefer est représenté la tête rasée (N. 17) et la tête couverte d'une perruque (N. 18).

Il n'est pas surprenant que les tombeaux nous aient rendu deux et parfois même plus de deux statues d'un même personnage. Après la mort, l'ombre du défunt avait besoin d'un support matériel, d'un corps, en un mot, lui permettant de manger les offrandes, car une ombre impalpable n'aurait pu s'assimiler des aliments solides. Ce support était, naturellemen t, la momie, que le Rituel du sacrifice funéraire remettait en état de jouir de la vie en prenant possession des offrande s. Mais, si bien protégée qu'elle fût, celle-ci pouvait être détruite. On faisait donc à l'image du défunt des statues qu'on soumettait au contact de la momie. Grâce à l'intervention du prêtre, ce contact suffisait à faire passer en elles le fluide ou l'essence du défunt. On fixait ensuite, par une sorte d'opération de lanterme magique, l'*ombre* sur les statues ; celles-ci valent, dès lors, autant que la momie ; elles étaient, suivant l'expression de M. Maspero, des *doubles* accomplis du défunt ; plus il y en avait, mieux l'existence de l'ombre était garantie.

L'ancien empire employa généralement, comme nous pouvons le voir, des statues d'assez grandes dimensions ; le nouvel empire, au contraire, préféra donner au mort des multitudes de petites statues de 5 à 25 centimètres de long, qu'on appelait *ushabti*.

19 — Bois — Haut. 1ᵐ,10. — IVe dynastie. — Découverte de Mariette à *Saqqarah*.

Célèbre statue connue sous le nom de *Cheikh-el-Beled* :

« Il est debout, le bâton à la main. Les jambes manquent : il a fallu lui en rajouter, auxquelles on a laissé la couleur du bois nouveau. Les yeux sont rapportés, comme c'est le cas pour beaucoup de statues égyptiennes. Ils sont formés d'un morceau de quartz blanc opaque, enchassés de bronze pour simuler la paupière, un morceau de cristal transparent sert de prunelle, et un petit clou d'argent, fixé sous le cristal, produit la paillette lumineuse de l'œil vivant. Par un hasard singulier, la statue de ce vieil Egyptien est le portrait exact d'un des cheikhs-el-beled, ou maires, du village de Saqqarah ; nos ouvriers arabes, toujours prompts à saisir les ressemblances, l'ont appelée aussitôt le Cheikh-el-Beled, et le nom lui en est resté. Le Khâfri et le Cheikh-el-Beled sont, peut-être, ce que l'art le plus ancien a légué de meilleur au musée; seul le scribe accroupi du Louvre mérite de lui être comparé. » (MASPERO.)

Nord de la Salle.

20 — Calcaire — Haut. 1m,11.

Statue du prêtre Anskha, représenté nu et circoncis. Coiffure remarquable.

21 — Calcaire — Haut. 1m,08.

Statue du *kher-heb* (prêtre officiant) *Alep*. Le *kher-heb* dirigeait un grand nombre de cérémonies, par exemple celle qui faisait passer la personnalité du défunt dans ses statues (N. 17).

22 — Calcaire — Haut. 0m,83. Cat. Mar., N. 878.

Statue d'*Eikaou*, préposé aux écritures de la comptabilité.

23 — Calcaire — Haut. 2ᵐ,30, larg. 0ᵐ,92. — *Saqqarah.*

Stèle en relief, au nom de *Rankaou* (voir le N. 28), mentionnant sa femme Ahat, prêtresse d'Hathor.

24 — Calcaire — Haut. 2ᵐ,35, larg. 1ᵐ,07. — *Saqqarah.*

Stèle de *Hesesi*, directeur des greniers, du trésor et des appartements, ordonnateur des travaux, etc. Les hiéroglyphes gravés en creux sont aussi peints en bleu. Trouvée en 1887, au nord de la pyramide à degré de Saqqarah.

Sud de la salle.

25 — Calcaire. — *Saqqarah.*

Statue d'*Ourarenptah*, docteur préposé aux écrits. Cette statue, découverte à Saqqarah en 1892, est d'une beauté remarquable. Le visage est doux et souriant, le nez malheureusement endommagé.

26 — Calcaire. — *Saqqarah.*

Stèle représentant une prêtresse d'Hator et de Neit, appelée *Noubhotep* de son grand nom et *Bebi* de son petit nom, entourée de ses fils et de ses filles. Cette stèle vient du même tombeau que la suivante (N. 27), portant le nom du prêtre *Teshon* et les cartouches des rois Usorkaf et Rankaou, de la Vᵉ dynastie. Rapportée de Saqqarah en 1892.

27 — Calcaire — Haut. 2ᵐ,31, larg. 1ᵐ,28. — *Saqqarah.*

Stèle de *Teshon*, fils aîné de *Tepemankh* (Nᵒˢ 95 et 98) et mari de Noubhotep (N. 26). Rapportée de Saqqarah en 1892.

28 — Calcaire — Haut. 2m,88, larg. 1m,22. — *Saqqarah*.

Stèle gravée en relief au nom de *Rankaou* (voir N° 23). Rapportée de Saqqarah en 1887.

29 et 30 — Calcaire — Haut. 2m,60 et 2m,41, larg. 1m,08 et 1m,03. Cat. Mar., Nos 997 et 998; Cat. Masp., p. 201 et 202. — VIe dynastie. — *Saqqarah*.

Bas-reliefs qui couvraient le côté gauche et le côté droit de la niche au fond de laquelle se trouvait la stèle ou fausse porte du tombeau de Sibou (voir N. 99) dit Abba, à Saqqarah. Le défunt reçoit les revenus de ses propriétés, son mobilier funéraire, les mets offerts par sa famille, et les statues faites à son image (N. 17), qui doivent fictivement manger et boire à sa santé les offrandes sculptées sur les murs (N. 8).

Centre de la salle.

31 — Albâtre — 1m,28 sur 1m,16. — *Saqqarah*.

Belle table d'offrandes (Cfr. N. 14) de l'ancien empire, trouvée à Saqqarah dans la maison de Mariette et transportée au musée en 1887.

32 — Diorite — Diam. 0m,30. Cat. Masp., p. 212. — *Saqqarah*.

Vase au nom de *Ptahkhouni*, trouvé à Saqqarah. Ce vase est posé sur un autel à brûler l'encens, au nom de *Sitou*. Quatre autre autels à encensements en forme de chandeliers se trouvent aux quatre coins de la salle. Ces autels portaient un foyer sur lequel on versait le parfum trois fois de suite, de sorte que la flamme montait trois fois vers le ciel, pour redescendre trois fois vers la terre, image du principe vital qui retournait à la Divinité après la mort de chaque individu, et que la Divinité renvoyait ensuite ici-bas pour animer de nouvelles existances.

Nord-est de la salle.

33 — Diorite — Haut. 1ᵐ,22. — *Gizeh.*

Statue décapitée portant le nom du roi Chephren (Khafrà) et provenant du puits du temple de granit, près du grand sphinx de Gizeh, comme la belle statue du même roi rapportée par Mariette (N. 64).

34 — Calcaire — Haut. 1ᵐ,50, larg. 0ᵐ,92. Cat. Mar., N. 38. — vɪᵉ dynastie. — *Saqqarah.*

Stèle de *Hapi*, prêtre de la pyramide du roi Téti.

Sud-est de la salle.

35 — Bois. — Haut. 0ᵐ,60. Cat. Mar., N. 493 ; Cat. Masp., p. 220. — *Saqqarah.*

Restes d'une statue de femme trouvée avec la statue de Cheikh-el-Beled (N. 19) à Saqqarah.

36 — Calcaire — Haut. 1ᵐ,37, larg. 0ᵐ,65, Mar. *Abydos.*

Stèle de *Sesha* portant aussi les noms de *Ptahnefersim* et de *Rameriptahsankh.* Cette stèle, de la vɪᵉ dynastie, ne provient pas de Memphis, comme la plupart de nos beaux monuments archaïques, mais d'Abydos, où la tradition plaçait le tombeau d'Osiris.

Salle 3 (Suite des monuments des IVe, Ve et VIe dynasties).

Centre de la salle.

37 — Albâtre calcaire — Haut. 0m,635. *Rec. du musée*, t. I, pl. 12. — *Saqqarah.*

Statue royale sans nom, trouvée en 1888 à Saqqarah, ainsi que les quatre suivantes.

38 — Albâtre calcaire — Haut. 0m,48. *Rec. du musée*, t. I, pl. 11. — Ve dynastie.

Statue du roi *Menkahor.*

39 — Granit rose — Haut. 0m,65. *Rec. du musée*, t. I, pl. 10. — Ve dynastie.

Statue du roi *Usorenrá.*

40 — Diorite — Haut. 0m.545. *Rec. du musée*, t. I, pl. 9. — IVe dynastie.

Statue du roi *Mycerinus (Menkará)*, successeur de Chephren et constructeur de la troisième des grandes pyramides.

41 — Albâtre — Haut. 0m,80. *Rec. du musée*, t. I, pl. 8. — IVe dynastie.

Statue du roi *Chephren (Khafrá)*, constructeur de la seconde des grandes pyramides (voir les Nos 33, 41 et 64).

42 — Basalte vert — Haut. 1m,20. Cat. Mar., N. 792; Cat. Masp., p. 217.

Autre statue de *Chephren* (voir N. 41), trouvée par Mariette dans le puits du temple de granit, près du sphinx de Gizeh.

43 — Calcaire — Haut. 0^m,92. Cat. Mar., N. 494; Cat. Masp., p. 218. — *Saqqarah.*

Statue d'*Ateti Ankhiris*, magistrat sous la VIe dynastie.

44 — Calcaire — Haut. 0^m.81.

Statue de *Khoui, surnommé Emap*? Deux femmes accroupies le long de ses jambes, dans une posture remarquable, l'une est sa fille, la prêtresse d'Hathor, *Noubdonant*; la légende qui désigne l'autre est incomplète.

Est de la salle.

45 — Diorite — Haut. 1^m,08. — *Gizeh.*

Statue décapitée, sans inscription, trouvée dans le puits du temple de granit, près du sphinx de Gizeh, ainsi que la suivante.

46 — Basalte vert — Haut. 1^m,07.

Statue décapitée de l'époque de *Chephren*, dont le cartouche se lit à droite et à gauche du siège.

47 — Calcaire — Haut. 0^m,62, larg. 0^m,50.

Pierre gravée des deux côtés, au nom du roi Pepi Noferkarâ (VIe dynastie), à qui la déesse Ment (stabilité, puissance conservatrice) remet le don de vie et de prospérité.

48 — Granit gris — Haut. 0^m,28, long. 1^m,17.

Fragment de naos ou petite chapelle au nom du roi *Sahurà* (V^e dynastie). Employé par les anciens Egyp-

tiens eux-mêmes, après la destruction du naos, comme
pierre de construction pour un autre édifice. On voit sur
la face supérieure les signes du *kher* (mettre dessous),
qui indiquent de quel côté la pierre dut alors être assise.

Sud-est de la salle.

49 — Calcaire — Haut, 1ᵐ,15, larg. 2ᵐ,45. Cat. Mar.,
N. 922; Cat. Masp., p. 209; Mar., *Abydos*, t. II, pls. 44
et 45, t. III, pl. 84; N. 522.

Un des plus précieux monuments du musée. Histoire
d'*Ouna*, d'abord page de Teti, premier roi de la VIᵉ
dynastie ; puis ministre des rois suivants : Pépi I et
Merenrâ Sokarimsaf, conquérant de la Nubie et vice-
roi des pays situés entre Eléphantine et Memphis. Un
texte à peu près contemporain découvert près d'Assouan
par M. Schiaparelli au commencement de 1892, nous
apprend qu'à cette époque reculée, des explorateurs
égyptiens pénétrèrent dans l'intérieur de l'Afrique
jusqu'au pays des pygmées.

Sud-ouest de la salle.

50 — Calcaire. — Cat. Masp., pl. 211; E. de Rougé,
Inscr. hiérogl., pl. I. — IVᵉ dynastie.— Grandes pyramides.

Les grands seigneurs égyptiens, dit M. Maspero,
passaient avec les prêtres de véritables contrats par lesquels ils donnaient à tel ou tel temple, des terres ou
des privilèges en échange de sacrifices à faire en l'honneur de leur *double* (voir N. 17), aux époques réglées
par la coutume. Ce monument est un fragment du
contrat, le plus ancien que nous possédions de ce genre.

Angle sud-ouest de la salle.

51 — Basalte gris — Haut. 2m,33, larg. 0m,30. Cat. Mar., N. 1000. — VIe dynastie. — *Abydos.*

Montant de porte (?) provenant d'Abydos et portant le nom de T'aou, beau-frère du roi Pépi Rameri, et oncle du roi Noferkarâ.

52 — Diorite — Haut. 0m,76. — *Gizeh.*

Statue décapitée d'un prince, trouvée dans le temple d'Isis, à l'est de la pyramide de la fille de Chéops, à moins d'un mètre de l'endroit où Mariette avait recueilli la stèle N 54.

Ouest de la salle.

53 — Calcaire — Haut. 1m,64, larg. 0m,76. — *Saqqarah.*

Stèle peinte de *Tatit*, reine de l'ancien empire, trouvée à Saqqarah, en 1888.

Nord-ouest de la salle.

54 — Calcaire — Haut. 0m,70. Cat. Mar., N. 581 ; Cat. Masp., p. 207. — Pyramides de *Gizeh.*

Cette stèle mentionne les travaux de construction exécutés sous le roi *Chéops (Khoufou)*, de la IVe dynastie, sur le plateau de Gizeh ; travaux de la grande pyramide, d'une autre petite, et du temple d'Isis, où la stèle a été retrouvée. Ce n'est pas l'original consacré par Chéops, mais une copie exécutée après la restauration du temple, peut-être sous la XXVe dynastie.

55 — Granit noir — Haut. 2ᵐ,64, larg. 1ᵐ,05. — *Karnak.*

Grande stèle au nom du prince Ousor, trouvée par M. Maspero au nord de Karnak. On remarque sur la fausse porte (voir N. 8), le double verrou égyptien et les deux yeux, symboles du midi et du nord.

Nord de la salle.

ARMOIRE *A.*

Objets provenant des tombeaux de l'ancien empire, petits vases d'albâtre et de bronze, tablettes d'offrandes, hiéroglyphes peints sur stuc (Cfr. N. 3); oies d'offrandes en calcaire, nourriture du double ou de la statue du défunt (voir N. 18).

ARMOIRE *B.*

Vases, tablettes d'offrandes. Sous le N. 56, couvercle d'albâtre au nom du roi *Pepi Noferkarâ* (VIᵉ dynastie). Quatre têtes ou couvercles de canopes, vases où l'on enfermait les viscères du défunt, retirées du corps pour l'embaumement; ces objets proviennent de la pyramide de Licht, ouverte par M. Maspero. Une étoffe de lin (N. 57) avec le nom du roi *Pepi.* Les fragments d'un vase (N. 58) au nom de *Rameri*, une coupe au nom de *Snefrou* (IIIᵉ dynastie), provenant d'El Hibeh, près de Feshn, des oies d'albâtre (N. 59), trouvées dans la pyramide de Licht, un buste de statuette provenant d'Abydos, etc.

60 — Calcaire — Haut. 1ᵐ,30, larg. 0ᵐ,00. Cat. Mar.,
N. 912. — vɪᵉ dynastie. — *Abydos*.

Stèle représentant la royale épouse *Papiankhnas*
et le chef Aou, assis des deux côtés d'une table d'offrandes.

61 — Syénite — Haut. 0ᵐ,62, long. 0ᵐ,50. — vɪᵉ dynastie. — Fouilles dirigées par M. Naville, en 1887,
dans le temple de *Bubastis*.

Fragment portant le cartouche du roi Papi.

Salle 4.

La salle 4 contient quelques statues, dont la
plus remarquable (N. 62, hauteur 1ᵐ,19) représente la dame *Hakenou*, deux petites tables
d'offrandes et un certain nombre de stèles. Nous
signalerons surtout, au milieu de la muraille du
sud, la stèle

63 — Calcaire — Haut. 1ᵐ,34, larg. 1ᵐ,13.

Le défunt *Auternofer* est représenté de face, revenant de l'autre monde pour prendre possession des
offrandes, au moment où il traverse sa porte (voir
N. 8).

Salle 5 (Grand vestibule).

La salle 5 contient quelques-unes des plus
grandes stèles de Saqqarah, rapportées tout

récemment au musée, deux sarcophages archaïques, et la plus fameuse des statues de Chephren.

Centre de la salle.

64 — Diorite — Haut. 1ᵐ,68. Cat. Mar., N. 578 ; Cat.
Masp., p. 75.

Statue du roi Chephren, constructeur de la seconde
pyramide (voir Nᵒˢ 33, 41 et 42) trouvée par Mariette
dans le puits du temple de granit, près du grand
sphinx à Gizeh.

« Khafri est assis, les mains allongées sur les genoux ;
un épervier, debout sur le dossier du siège, enveloppe
la tête de ses ailes, image du dieu Rà qui protège son
fils Pharaon. On se demande comment les artistes
égyptiens ont réussi à modeler avec tant de souplesse
une matière aussi rebelle au ciseau que le diorite ; tout
le détail des genoux et de la poitrine est rendu avec
une fidélité et une vigueur merveilleuses. Une grande
expression de calme et de force est répandue sur l'ensemble. » (MASPERO.)

Sud-est de la salle.

65 — Calcaire — Haut. 3ᵐ.02, larg. 2ᵐ. — vᵉ dynastie. — *Saqqarah,* 1888.

Stèle du tombeau d'*Ankheftka* (voir N. 86) prêtre
des rois *Sahura* et *Usorkaf.*

66 — Calcaire — Haut. 3ᵐ,75, larg. 2ᵐ,25. — *Saqqarah,* 1892.

Stèle du magistrat *Ankhmaka*, prêtre de *Sahura*
et d'*Usorkaf.*

Près de l'entrée principale de la salle.

67 — Calcaire — Haut. 0m,95, long. 1m,95, larg. 0m,5.
— *Saqqarah*, 1892.

Sarcophage d'un prêtre royal, *Uta*, attaché au service du roi *Mycerinus* (Menkaura, N. 40), constructeur de la troisième des grandes pyramides.

Nord-est de la salle.

68 — Calcaire — Haut. 2m,89, larg. 2m,42. — *Saqqarah*, 1892.

Stèle du chef, magistrat, comte *Safekhnofersim*.

69 — Calcaire — Haut. 2m,90, larg. 1m,09.

Deux panneaux qui étaient placés en avant de la stèle précédente. Liste des offrandes à présenter au défunt. Safekhnofersum assis devant une table, et apport de produits par les serviteurs.

Nord-ouest de la salle.

70 — Calcaire — Haut. 2m,49, larg. 1m,84. — Ve dynastie.

Stèle du magistrat comte Ptahhotep, qui vivait sous la Ve dynastie, et dont le nom est fameux par les préceptes de morale et de conduite que nous a conservés le papyrus Prisse, le plus ancien livre du monde.

Ouest de la salle.

71 — Calcaire — Haut. 3m,16, larg. 2m,09. — *Saqqarah*, 1892.

La femme représentée dans la fausse porte de cette stèle s'appelait *Taï*; l'inscription, assez détériorée, semble indiquer qu'elle était à la tête du harem. — Comparer le style de ce monument avec les Nos 8, 9 et 10.

72 — Calcaire — Haut. 3m,17, larg. 2m,14. — ve dynastie. — *Saqqarah*, 1892.

Stèle du médecin principal de l'infirmerie royale *Skhemkhetnankh* (celui qui tient les choses qui vivifient), contemporain du roi *Sahura*.

Sud-ouest de la salle.

73 — Calcaire — Haut. 2m,57, larg. 2m,82. — vie dynastie. — *Saqqarah.*

Stèle d'*Ahines*, gouverneur de Toura.

Centre de la salle.

74 — Beau granit rose — Long. 2m,30, larg, 1m,19, haut. 1m,45. — Grandes pyramides — *Memphis.*

« Sarcophage rectangulaire. Le couvercle est arrondi n voûte extérieurement ; aux quatre angles, oreillettes carrées. Sur le sommet de ce couvercle, prière à Anubis n faveur du défunt, le prince *Her-baï-f.* La cuve n'a pas été gravée à l'intérieur. A l'extérieur, gravure fine ; ornements prismatiques rappelant la façade des édifices du temps, dans le modèle du beau sarcophage de Khoufou-ankh. Le nom du défunt avec la mention u titre de prince occupe le milieu des quatre faces. Les hiéroglyphes ont toutes la grandeur des légendes de ce temps. Par la place que le puits occupe dans la nécropole, il n'est pas douteux que le prince Her-baï-f ne soit un descendant de Chéops. » (MARIETTE.)

Sud de la salle.

75 — Granit noir — Haut. 0m,48.

Statuette de l'ancien empire (voir N. 18).

76 — Granit noir peint — Haut. 0ᵐ,42.

Statuette de l'ancien empire, au nom de *Sedenmat*, que nous retrouverons dans la salle 7 (armoire *A*).

Deux autres statuettes à peu près semblables de l'autre côté (nord) de la salle.

Salle 6.

La salle 6 contient un certain nombre de statues (voir N. 18), des stèles ou fausses portes (N. 8) et une vraie porte. Les cartouches du roi Papi font remonter cette porte à la vɪᵉ dynastie, de même que la plupart des autres monuments de la salle.

Salle 7.

Centre de la salle.

77 — Calcaire — Haut. 2ᵐ. Cat. Mar., N. 24; Cat. Masp., p. 222. — vᵉ dynastie. — *Saqqarah.*

Statue de *Ti*, trouvée dans son célèbre tombeau de Saqqarah, ouvert aux visiteurs.

Nord de la salle.

78-80.

L'armoire *B* contient une série de statuettes provenant de Gizeh et surtout de Saqqarah, notamment celle du nain *Khnoumhotep*, chef de la lingerie (N. 78 ; haut. 0ᵐ,30 ; Cat. Masp., p. 220 ; Saqqarah ; vɪ° dynastie) ; celle de *Nefer* (N. 79 ; haut. 0ᵐ,36 ; Cat. Mar., N. 458) ; une autre, en bois, d'un homme drapé dans un grand manteau (N. 80 ; haut. 0ᵐ,31. Cat. Mar., N. 770 ; Cat. Masp., p. 219) ; enfin au milieu de la tablette inférieure, deux statues ensemble, au nom de *Sedenmât* (voir le N. 76).

Est de la salle.

81 — **Calcaire** — Haut. 1ᵐ,20. Cat. Mar., N. 793 — *Saqqarah.*

Groupe de *Neferhotep* et de la dame *Tenteta*.

Sud de la salle.

82 — **Calcaire** — Haut. 1ᵐ,12, long. 5ᵐ,16. — vɪᵉ dynastie. — *Saqqarah.*

Bas-relief trouvé par M. Maspero. A gauche, le gouverneur *Apa* est assis entre sa femme *Senbt* et sa fille *Papiankhnas*. Au centre, *Apa* porté en palanquin visite ses moissons et ses troupeaux. Des barques naviguent à la voile ou à la perche.

Ouest de la salle.

83 — **Calcaire** — Haut. 1ᵐ,20, larg. 1ᵐ,80. Cat. Mar., N. 999 ; Cat. Masp., p. 204. — *Saqqarah.*

Rentrée de la récolte. Les cultivateurs ont amoncelé des tas de grains, que l'on mesure avec des boisseaux et que l'on enregistre avant l'introduction dans les magasins, représentés à droite du bas-relief, derrière le scribe principal. Le grain est broyé; on en fait des gâteaux. Au registre inférieur, travaux des ébénistes, des orfèvres, des sculpteurs et des ciseleurs. Un scribe fait peser et enregistre l'or destiné aux orfèvres.

84 — Calcaire — Haut. 1ᵐ,43, larg. 0ᵐ,42. — *Saqqarah*, 1892

Fragment de bas-relief représentant une joute sur l'eau.

85 — Calcaire — Haut. 0ᵐ,48, larg. 0ᵐ,38.

Groupe de trois personnages; la parure de la femme est assez remarquable.

86 — Calcaire — Haut. 1ᵐ,16. larg. 1ᵐ,50. — *Saqqarah*, 1888.

Bas-relief du tombeau d'Ankheftka (voir N. 65): Joueurs de flûte et de harpe, chanteurs, danseuses; deux musiciennes marquent la mesure pour les danseuses en battant des mains.

Nord de la salle.

87-90.

L'armoire *A* contient des statuettes de l'ancien empire, pleines de mouvement et de vie. Sous le N. 87 (calcaire; hauteur 0ᵐ,52; Cat. Mariette, N. 771; Cat. Maspero, p. 218), un jeune homme debout, portant un sac sur l'épaule gauche. — Sous le N. 88 (calcaire; hauteur moyenne 0ᵐ,40;

Cat. Maspero, p. 220), un homme et une femme brassent la pâte. — Sous le N. 89 (calcaire; hauteur 0^m,35; Cat. Mariette N. 769; Cat. Maspero, p. 219) un personnage agenouillé, à l'expression douce et craintive. — Sous le N. 90 (calcaire; hauteur 0^m,40; Cat. Mariette, N. 768), un personnage assis à terre, les genoux relevés, portant la main à son front en geste d'abattement. — Puis des hommes poissant des amphores avant d'y mettre des liquides, etc.

Enfin, la salle 7 contient encore quelques bas-reliefs et surtout des statuettes (voir les vitrines *C*, *D*, *E*, *F*, au centre de la salle).

Salle 8.

Sud-est de la salle.

La salle 8 contient quelques statues et des bas-reliefs intéressants.

91 — Calcaire — Cat. Masp., p. 203.

Des serviteurs fabriquent le pain, mettent en cruche des liquides.

Plus haut, d'autres prennent des taureaux au lasso.

Plus bas, d'autres traient des vaches (scène à moitié détruite), préparent pour la cuisine des poissons et des oiseaux, font cuire les oiseaux sur de petits fourneaux. Auprès d'eux sont deux chiens, l'un assis, l'autre couché.

Sud-ouest de la salle.

92 — Calcaire — Haut. 1ᵐ,41, larg. 0ᵐ,72.— *Saqqarah.*

On apporte au défunt *Ankheftka* (voir Nᵒˢ 65 et 86) les produits de son domaine et son mobilier funéraire.

Nord-ouest de la salle

93 — Calcaire — Haut. 0ᵐ,70, larg. 0ᵐ,60. Cat. Masp., p. 204. — *Saqqarah.*

Un singe qu'on mène en laisse se retourne pour mordre un homme à la jambe.

« Au-dessous, des pâtres font traverser un canal à des bœufs. » (MASP., Cat., p. 203.)

Nord-est de la salle.

94 — Calcaire — Haut. 0ᵐ,50, larg. 1ᵐ,40. Cat. Masp., p. 202. — *Saqqarah.*

Joute sur l'eau. Le bas-relief qu'on voit plus haut représente le vannage du grain qu'on met ensuite en tas.

Centre de la salle.

95 — Bois. — Haut. 1ᵐ,66..— *Saqqarah.*

Belle statue de Tepemankh, dont nous verrons la stèle sous le N. 98.

———

Salle 9 (Sarcophages et grandes stèles).

Centre de la salle.

96 — Granit rose — Haut. 1ᵐ,33, long. 2ᵐ,20. Cat. Mar., N. 970; Cat. Masp., p. 223. — ıvᵉ dynastie. — Grandes pyramides.

Sarcophage de *Khoufouankh*, qui était attaché aux cultes d'Isis, du Taureau blanc, du bœuf Apis. Ornements d'architecture sur les quatre faces (Cfr. N°s 8, 9, 10, 71).

97 — Granit rose — Haut. 1^m,16, long. 2^m,22, larg. 1^m. Cat. Mar., N. 7; Cat. Masp., p. 224. — IVe dynastie. — Grandes pyramides.

Sarcophage du prince royal *Khamskhem*. Les angles sont arrondis comme au sarcophage de Chéops, encore en place dans la grande pyramide.

98 — Calcaire — Haut. 2^m,65, larg. 1^m,59. — V^e dynastie. — *Saqqarah,* 1892.

Stèle de *Tepemankʻ*, dont nous avons vu la statue de bois sous le N. 95. Ce personnage était desservant des trois grandes pyramides de Chéops, Chéphren et Mycerinus (IVe dynastie), de Snefrou (IIIe dynastie), de Sahûra et d'Usorkaf (V^e dynastie). Son fils aîné Teshon (voir N°s 26 et 27) est représenté devant lui, du côté droit de la stèle.

99 — Calcaire — Haut. 2^m,57, larg. 2^m,15. — VIe dynastie. — *Saqqarah*, 1892.

Grande stèle de *Sibou* (voir N°s 29 et 39), directeur principal des travaux d'art. Les cartouches du roi Teti nous donnent la date de cette pièce.

100 — Calcaire — Haut. 3^m,09, larg. 1^m,20. — *Saqqarah,* 1892.

Stèle de *Ptahkapou*, que les cartouches des rois Tatkara (Assa), Neferarkara et Usorenrà nous autorisent à placer à la fin de la Ve dynastie ou au commencement de la VIe.

La salle 9 contient encore d'autres bas-reliefs de moindre importance, un certain nombre de statues décapitées et de statuettes, un panneau de bois sculpté (N. 101).

Dans l'armoire, sous le N. 102, une barque trouvée à Saqqarah en 1889 ; cinq autres barques funéraires.

Sous N. 103, un modèle de grenier trouvé à Akhmim en 1888. Le grenier est divisé en cinq chambres ; un escalier placé à gauche monte sur les toits, d'où l'on versait le grain à l'intérieur par une lucarne. On le retirait par des petites portes percées près du sol et fermées de volets qui se levaient en glissant dans des coulisses.

Sous le N. 104, une petite maison précédée d'une cour, et rapportée d'Akhmim en 1889.

Puis une poupée, deux petits personnages assis devant des offrandes, et enfin

105 — Bois — Haut. 0ᵐ,19, larg. 0ᵐ,50 prof. 0ᵐ,30. Cat. Mar., N. 691 ; Cat. Masp., p. 19. — VIᵉ dynastie. — *Saqqarah.*

« Boîte ou sorte de nécessaire portatif à l'usage des prêtres chargés du culte des morts. Elle renferme une table d'offrandes et tout l'attirail des vases et des outils en bois, en albâtre, en bronze, dont on se servait pour présenter le repas funéraire. » (MASPERO.)

Les autres objets contenus dans l'armoire ne sont peut être pas de l'ancien empire, mais plutôt de la XIIe dynastie. Il en est de même des panneaux de bois peint placés au-dessus de la porte nord.

———

Salle 10.

106 — Momie — Long. du corps 1^m,66. Cat. Masp., p. 347. — VIe dynastie. — *Saqqarah*, 1881.

Momie du roi Mirinri Sokarimsaf (d'après M. Maspero, on a lu aussi Mentemsaf et Hunimsaf), fils du roi Pepi I. Cette momie serait une des plus anciennes connues jusqu'à présent.

107. — V^e dynastie. — *Saqqarah.*

Fragments du crâne et d'un bras de la momie du roi *Ounas* (V^e dynastie) retrouvée à Saqqarah dans sa pyramide ouverte aujourd'hui aux visiteurs.

108 — Bois et stuc — Long. du bras 0^m,82. — V^e dynastie. — *Saqqarah*, 1892.

Beau débris de statue.

109 — Calcaire—Haut. 1^m.65, larg. 1^m,50, prof. 2^m,95. — *Saqqarah.*

Chambre du tombeau de *Deshera*, rapportée de Saqqarah par M. Maspero et reconstruite au musée. On a placé en guise de sol, la plupart des pierres qui formaient le plafond, afin de laisser la lumière pénétrer d'en haut dans la chambre.

———

Salle 11.

Nous mentionnerons rapidement les stèles de la
VIe dynastie, provenant d'Abydos et d'Akmim ; une
statue en bois trouvée à Akmim en 1888 ; un petit
groupe en calcaire rapporté d'Abydos ; enfin, dans
l'armoire *A* des statuettes de bois et des tablettes
écrites, que j'attribuerais volontiers au moyen empire, ainsi que les sarcophages en bois des salles
11 et 12, provenant d'Akmim.

Salles 12 et 13.

Quelques stèles d'Abydos, marquant une époque
de transition entre l'art de l'ancien empire (memphite) et l'art du moyen empire (thébain) ; d'autres
stèles d'Akhmim. de Rizagat (au sud d'Erment) et
de Mecheikh (près de Girgeh), d'un style tout à
fait barbare.

MONUMENTS DU MOYEN EMPIRE

(XIe – XVIIe DYNASTIES)

Salles 14 à 21

Salle 14.

La salle 14 et surtout la salle 15, contiennent des monuments de la xie dynastie ; d'abord, des stèles d'un travail un peu barbare indiquent encore la transition entre l'art de l'ancien empire et l'art du moyen empire (voir les salles 12 et 13).

Salle 15.

Est de la salle.

110 — Calcaire — Haut. 0^m,82, long. 0^m,57. *Rec. du musée,* t. I, pl. 18. — xie dynastie. — *Gournah,* 1887.

Stèle funéraire au nom de Khouou, fils d'Antef et petit-fils d'Antef. Gravure en creux avec relief dans le creux. A rapprocher du N. 6228. Dénote pourtant plus d'exercice. Avant de dessiner les figures de Khouou et de sa femme *Mert-Hathor-Toui,* l'artiste a tracé à l'encre des carrés pour régler les proportions. Inscription insignifiante. Le défunt demande qu'on souhaite pour lui des offrandes funéraires, car il a pratiqué la charité et s'est fort bien acquitté de toutes les missions que son maître (le roi) lui a confiées. Mais, au point de vue de l'épigraphie, le N. 110 est un monument très important.

Sud de la salle.

111 — Calcaire — Haut. 1ᵐ,04. Mar., *Mon. div.*, pl. 50 *b*; Cat. Mar., N. 804; Cat. Masp., p. 41. — xιᵉ dynastie. — *Drah-Abou-el-Neggah.*

Stèle du prince Antefà, trouvée à Drah-Abou-el-Neggah. Elle prend la forme de la façade du tombeau. La porte d'entrée est figurée au bas.

Antefà, assis sous un dais, reçoit les offrandes de ses serviteurs.

Il était gouverneur de la Thébaïde. Cette stèle nous paraît plus ancienne que celle du roi Entef IV.

Ouest de la salle.

112 — Calcaire compacte — Haut. 0ᵐ,95, larg. 1ᵐ,47. Cat. Masp., p. 67.

En 1882, M. Maspero apporta au musée le principal fragment de cette stèle, restée en place, à Drah-Abou-el-Neggah, dans la petite pyramide en brique située à la lisière des terres cultivées, où Mariette l'avait découverte en 1860. La partie supérieure manquait déjà. L'inscription est datée de l'an 50 du roi Entef IV, de la xιᵉ dynastie. Le roi est entouré de ses chiens portant des noms berbères.

La stèle d'Entef est décrite au papyrus Abbott, qui nous a conservé le procès-verbal d'une commission chargée, sous le règne de Ramsès IX, de visiter les tombes royales qui avaient été exploitées par une bande de voleurs.

En 1887, nous avons retrouvé un petit fragment entre les mains d'un particulier. M. Daressy a réussi à retrouver dans les décombres un certain nombre des fragments qui complètent à peu près la partie inférieure de la stèle, et même un fragment du visage du roi appartenant à la partie supérieure. Nous appelons l'attention sur ce fait qui prouve que tout espoir de reconstituer le précieux monument d'Entef IV n'est pas perdu.

Nord de la salle.

113 — Larg. 0m,83, long. 0m,73. — XIe dynastie. — *Gebelein.*

Bas-relief représentant le roi Mentuhotep massacrant les prisonniers. Les peuples nommés sont les Sati, les Khenti, les Tahennu. Trouvé en 1891, dans les fondations d'une maison ptolémaïque. Joli travail.

114 — Calcaire — Prof. de la chambre 3m,20, larg. 2m,66, haut. 2m,50, long. du sarcophage 2m,50.

Tombeau de *Horhotpou*, fils de la dame *Sonîtshe.*

« Cet édifice est un tombeau de la XIe dynastie que j'ai rapporté de Thèbes au mois d'avril 1883. Il a été découvert en février 1883 à mi-côte de la montagne qui borne le nord de la vallée de Déir-el-Bahari, presque au débouché de la route qui conduit de la plaine thébaine aux tombeaux des rois. La chapelle extérieure, s'il y en eut jamais une, a été complètement détruite. Un couloir fort raide, grossièrement taillé dans le roc, mène par une pente d'environ 30 mètres à une sorte de vestibule d'où il ressort sur la droite pour aller tomber dans la chambre où s'élevait l'édicule aujourd'hui conservé au musée. Le corps de la montagne est formé en cet endroit d'une sorte de roche brune, très friable, dans laquelle sont infiltrés par milliers des filons de calcaire blanc; je ne saurais mieux la comparer qu'à une pâte feuilletée, tant certains des filons sont minces. Comme cette matière ne se prêtait nullement à la taille et à la décoration, l'architecte, après y avoir creusé un trou de dimensions convenables, y construisit, en blocs de calcaire blanc bien parés, le sarcophage et l'édicule que nous voyons. Ces blocs enlevés un à un et dûment empaquetés, ont été transportés par eau de Thèbes au musée, puis remontés dans l'ordre même où ils étaient à l'origine. C'est un spécimen, unique dans les musées, de ce qu'étaient les tombeaux sous la XIe et la XIIe dynastie.

« Il nous est facile de nous représenter la façon dont s'y sont pris les ouvriers pour l'édifier. Le mur de fond et les deux murs de droite et de gauche furent élevés et décorés tout d'abord; puis les blocs introduits et ornés au moyen desquels on bâtit le sarcophage. C'est en effet une des particularités du moyen empire de substituer fréquemment aux grands sarcophages monolithes, des sarcophages formés de blocs réunis par un peu de ciment et par des queues d'a-

ronde...... Le sarcophage en place, on a bâti le mur
de face, en n'y réservant comme porte qu'une sorte de
baie, juste assez large pour laisser passer la momie.....
(Ce tombeau) fut ouvert et pillé pendant la première
moitié de notre siècle, car M. Wilbour a reconnu dans
la collection Abbott, à New-York, un bloc qui porte le
nom du propriétaire et qui provient soit du sarcophage,
soit d'une des parois. Le cercueil de bois fut brisé en
petits morceaux, tous les menus objets furent brisés ou
détuits; j'ai retrouvé dans les décombres un bras de
statuette en bois d'un travail admirable, les rames et
une partie de l'équipage d'une barque également en
bois, et d'autre débris, qui prouvent l'existence d'un
mobilier funéraire..... Les voleurs défoncèrent les deux
bouts du sarcophage, cassèrent à coups de pic deux
pierres du mur de droite et une pierre du mur de
gauche..... Les fragments furent laissés à terre, à
l'exception du morceau qu'à signalé M. Wilbour. Ils
m'ont servi à reconstituer presque entièrement la muraille : les parties manquantes ont été refaites au plâtre
et peintes dans le ton des parties originales par MM.
Vassalli bey et Emile Brusgch bey, conservateurs du
musée.

« Les visiteurs qui ont déjà vu le tombeau de Ti à
Saqqarah, ceux même qui ont examiné seulement les
bas-reliefs des salles 7 et 8, reconnaîtront sur-le-champ
quelles différences profondes il y a entre le style des
monuments de l'ancien empire et celui du tombeau que
nous examinons. Au lieu d'être sculptées et peintes, les
parois sont peintes seulement; au lieu de scènes variées,
entremêlées de rares hiéroglyphes, on ne voit qu'une

maigre série d'objets d'offrandes, accompagnés d'inter-
minables inscriptions. Le sarcophage, au lieu de présenter une masse presque nue ou décorée de dessins
géométriques, comme les sarcophages Nos 67, 74, 96 et
97, contient autant de textes que les murailles; il est
même garni d'une corniche multicolore que je n'ai
retrouvée nulle part ailleurs. Ces différences, souvent
observées sur d'autres tombeaux, avaient fait croire à
Mariette qu'il y avait eu, entre la VIe et la XIe dynasties, rupture des traditions artistiques, et que les
monuments thébains étaient le produit d'un art local,
indépendant, à l'origine, de l'art memphite des anciennes
dynasties. Cette théorie, qui a été adoptée généralement
par les historiens de l'art, n'a pas été justifiée par les
faits. J'ai ouvert (1882-1883) dans la plaine de Saqqarah, autour du Mastabat el Faraoun, des mastabas en
briques, dont la chambre sépulcrale est décorée de la
même manière que la chambre de Horhotpou, mais
avec une moindre profusion de légendes. Ils portent les
cartouches de Nofirkeri Papi II et appartiennent, par
conséquent, aux derniers temps de la VIe dynastie. Si
peu nombreux qu'ils soient encore, ils n'en suffisent pas
moins à prouver que cet art soi-disant thébain du moyen-
empire avait son prototype dans l'art memphite de
l'ancien.

« Chacune des parois a l'un des côtés occupé par un
panneau de dessins géométriques, dont l'ensemble représente une porte. Ces détails en sont curieux à étudier
pour des architectes, car ils nous rendent assez exactement l'aspect qu'avaient les portes décorées dans les
maisons particulières..... La décoration de chacune

des parois est fort simple. Sur la face de la porte, au-
dessus de la baie, des armes sont peintes, arcs, flèches,
casse-têtes, etc. ; c'est l'arsenal du mort, auquel donnent
accès les deux panneaux en figure de porte, placés à
droite et à gauche de la porte réelle. La paroi de droite
est à la fois un magasin d'étoffes, de bijoux et d'armes,
où sont entassés des coupons de linge blanc, des colliers,
des miroirs en or et en argent, des sachets de parfums
et de poudre noire et verte pour les yeux, des bracelets
en verroterie, des sandales, des arcs, des casse-têtes,
des boucliers, etc. La paroi du fond est la salle à manger : elle ne porte aucune figure, mais l'espèce de tableau
quadrillé qui en recouvre la partie supérieure nous
donne la liste des denrées nécessaires à la table du mort,
vins, bières, liqueurs, viandes de boucherie, gibier, vo-
lailles, légumes, laitages, gâteaux de toute espèce. La
paroi de gauche est comme une officine de parfumeur ;
on y voit, dans de grands vases peints de manière à
imiter le jaspe, le granit, la poterie fine, les sept es-
sences et les deux fards noir et vert dont le mort avait
besoin pour se parfumer dans l'autre monde et pour
assurer à ses membres une jeunesse éternelle. C'est, en
résumé, sous une forme nouvelle, l'expression des mêmes
idées qui avaient présidé à la décoration des mastabas de
l'ancien empire. Les prières sont en partie des extraites
du *Livre des morts*, en partie des chapitres de ce *Rituel
des funérailles*, dont les pyramides d'Ounas, de Teti,
des deux Papi, de Sokarimsaf nous ont livré la plus
ancienne édition, et quelques papyrus de l'époque romaine l'édition la plus récente. Les vertus magiques
dont elles sont douées transforment en offrandes réelles
les simulacres d'offrandes peints sur la muraille.

« Le sarcophage est un résumé de la tombe entière, ou plutôt une seconde tombe enfermée dans la première. Il n'avait point de couvercle, selon un usage assez fréquent pendant la durée du moyen empire, et la momie n'y avait d'autre défense que ses bandelettes et son cercueil en bois. Celui-ci a disparu, sauf un éclat encore couvert d'une écriture hiératique aussi fine d'aspect que l'écriture de la XXVIe dynastie ; quant au cadavre, je n'en ai trouvé nulle trace. Les parois intérieures du sarcophage sont décorées de portes et d'offrandes comme la porte elle-même ; elles ont été brisées en partie par les voleurs et restaurées par M. Emile Brugsch bey, d'après les peintures analogues du sarcophage de Tagi (voir salle 16, N. 140). Les textes de l'intérieur sont tracés d'une écriture beaucoup plus fine que celle des parois ; ce sont encore des chapitres du *Livre des Morts* ou du *Rituel des Funérailles*, le *Chapitre d'amener la barque afin que le mort passe à l'orient du ciel*, le *Chapitre de se rappeler les charmes magiques* nécessaires dans l'autre monde, le *Chapitre de ne pas manger d'excréments*, et, comme corollaire, celui de manger du pain d'offrandes.

« Tel est cet hypogée curieux, le mieux conservé peut-être des tombeaux du moyen empire thébain que l'on connaisse aujourd'hui. » (MASPERO, Cat., p. 251.)

Centre de la salle.

115 — Momie — Long. 1^m,66. — XIe dynastie. — Découverte en 1891, à *Thèbes*.

La dame Ament, prêtresse d'Hator, est couchée, embaumée dans la position où la mort l'a prise, il y a cinquante siècles.

« Dans un tombeau intact, que nous avons ouvert à Deir-el-Bahari en 1891, nous avons trouvé au fond d'une petite chambre sans incriptions, une grande cuve en pierre, également sans inscriptions. Ce couvercle soulevé, est apparue une caisse en bois très bien conservée, qui renfermait, enveloppée de linges épais, la momie 115.....

« La momie porte ses colliers de perles en verre, or et argent. Aux doigts, elle a des bagues d'argent. Dans son sarcophage, nous avons ramassé les objets dans la salle 70, vitrine *E.* » (GRÉBAUT.)

Le cercueil de bois était double ; des deux caisses, extérieure et et intérieure, sont exposées à droite et à gauche de la momie, sous les N°s 116 et 117.

116 et 117 — Bois.

Ces caisses nous ont fait connaitre le nom et les qualités de la momie précédente .

Salle 16 (Salle des Hycsos).

Outre un grand nombre de stèles de la XII° dynastie, la salle 16 contient plusieurs monuments de grand intérêt, surtout ceux de l'école tanite, que nous allons voir tout à l'heure (N°s 133-139).

Sud de la salle.

118 — Calcaire — Haut. 1ᵐ, long. 0ᵐ,70. Mar., *Abydos*, t, II, pl. 27 *b;* t. III, pls. 234 et 236, N. 771; Cat. Masp., p. 64.

« Le roi *Menkhàourî Nàhit* est en adoration devant le dieu *Min* de Coptos. C'est un monument presque unique de la XIVᵉ dynastie.» (MASPERO.)

119 — Granit noir — Long. 0ᵐ,82, larg. 0ᵐ,59. — XIIIᵉ dynastie. — *Khatanch,* près de Facous.

Très belle table d'offrandes, au nom du roi Amenemhat II.

120 — Calcaire — Haut. 3ᵐ,C0, larg, 1ᵐ,48, — XIIᵉ dynastie. — *Abydos.*

Grande stèle gravée sur les quatre faces, au nom du prince *Mentuhotep,* avec les cartouches du roi Ousortesen I.

Ouest de la salle.

121 — Calcaire — Haut. 1ᵐ,05, larg. 0ᵐ,88. *Rec. du musée,* t. I, pl. 17. — XIIᵉ dynastie. — *Akhmim,* 1887.

Une belle stèle funéraire cintrée, trouvée à Akhmim, en 1887, d'un personnage de la XIIᵉ dynastie qui a repris le nom d'Antef, si fréquent sous la XIᵉ. L'inscription principale est gravée en creux. La partie inférieure de la stèle est couverte par de nombreuses offrandes en relief, d'une jolie gravure légère et fine. Quelques légendes en relief.

122 — Granit noir — Haut. 1ᵐ,20. Cat. Masp., p. 25.
— XIIᵉ dynastie. — Fouilles de Mariette, en **1863**. à
Tanis.

Statue assise de la reine Nefer, femme du roi Ousortesen I. Auprès de la statue un buste de la même
princesse ; même provenance. On peut déjà remarquer
sur ces monuments quelques-uns des caractères de l'école
tanite (voir Nᵒˢ 133-139).

123 — Grès — Haut. 0ᵐ,46, long. 2ᵐ,63, larg. 1ᵐ,06.
Cat. Mar., Nᵒˢ 95 et 96 ; Cat. Masp., p. 431. — XIIIᵉ (?)
dynastie. — *Karnak.*

Deux blocs, considérés jusqu'ici comme formant deux
tables distinctes, sont les deux moitiés d'une table unique,
ainsi que le prouvent les insciptions horizontales qui
commencent sur un bloc et se poursuivent sur l'autre.
Les côtés destinés à être joints ne portent pas d'inscriptions, ils ne sont pas polis comme les autres côtés, mais
simplement entaillés comme eux, en ne conservant
qu'une large bande saillante, soit qu'on ait voulu facili-
ter l'adhérence parfaite, soit que, avant de graver les
inscriptions, on ait eu l'intention de faire deux tables.
Sur chaque bloc, vingt godets, disposés symétriquement,
recevaient les offrandes présentées aux dieux.

Les légendes rappellent une fondation d'offrandes à
faire dans le temple de Karnak au nom d'un roi, inconnu
d'ailleurs, *Râ-s-ankh-het Ameni-Entef-Amenemhâ*,
qui doit être placé après la XIIᵉ dynastie, probablement
dans la XIIIᵉ. Les martelages de l'élément *Amen*, dans
son nom, sont dus à Amenophis IV, qui fit effacer partout le nom du dieu Ammon

Est de la salle.

124 — Granit gris — Haut. 0m,95. Nav., *Bubastis*, pl. 00. — Fouilles de M. Naville, en 1888, à *Bubaste.*

Tête d'une statue royale de la XIIe (?) dynastie.

125 — Granit gris — Haut. 1m,45. — XIXe dynastie. — *Alexandrie.*

Buste d'une statue colossale d'un roi du moyen empire, usurpée par Ménephtah, roi de la XIXe dynastie, le pharaon de l'Exode.

126 — Plâtre — Haut. 0m,82. — Fouilles de M. Naville, en 1888, à *Bubaste.*

Moulage d'une tête de statue royale.

127 — Calcaire — Haut. 1m,90, larg. Cm.46. Mar,. *Abydos*, t. II, pls. 24-26; Cat. Masp., p.71. — XIIe dynastie. — *Abydos.*

Stèle cintrée gravée sur les deux faces et sur les tranches, au nom de *Ra-s-hotep-ab*, personnage du temps de Ousortesen III. Le défunt prescrit à ses enfants d'adorer le roi Amenemha III, dieu créateur et providence de l'Egypte. Le style affecte une forme littéraire.

128 — Granit rose — Haut. 1m,50, Mar., *Abydos*, t. II, pl. 26; t. III, pl. 30 N. 347. Cat. Mar., N. 19; Cat. Masp., p. 51. — XIIIe dynastie. — *Abydos.*

« Le roi *Sovkemsaouf* (ou Sebekemsaf) est debout, marchant; sur la pierre qui unit ses deux jambes est représenté son fils, le prince *Sovkemsaouf*. La figure du pharaon est mutilée; cet accident est d'autant plus à regretter que le morceau est d'une très belle facture et donne la meilleure idée de ce qu'était l'art égyptien un peu avant l'invasion des Pasteurs. » (MASPERO.)

129 — Granit gris — Haut. 0m,90. Nav., *Bubastis,* pl. 12. — Fouilles de M. Naville, en 1887, à *Bubaste.*

Partie inférieure d'une statue du roi *Raïan,* de la XIVe (?) dynastie. D'après une tradition arabe signalée par M. Naville, c'est sous un roi *Raïan* que Joseph aurait été amené en Egypte.

130 — Albâtre. — Long. 0m,67. — Pyramides de *Hawara.*

Table d'offrandes de la princesse *Neferou Ptah,* trouvée par M. Petrie en 1888.

131 — Syénite — Long. 1m,05. — XIIe dynastie. — *Karnak,* 1887.

Ce précieux monument que nous avons rapporté en 1887, provient du grand temple de Karnak. C'est une table d'offrandes au nom d'Ousortesen. Elle remonte par conséquent à l'époque qui paraît avoir celle de la fondation du grand sanctuaire thébain.

132 — Granit noir — Haut. 0m,48, larg. 0m,67. Mar., *Mon. div.,* pl. 38; Cat. Mar., N. 1001 ; Cat. Masp., pl. 65. — *Caire.*

Sorte d'autel destiné à perpétuer le souvenir d'un service d'offrandes fondé dans un des temples de la ville de Tanis par le roi pasteur Apapi Aaqnonrî.

« Le monument est plus ancien que le roi dont il porte le nom, la légende primitive a été effacée pour être remplacée par celle qu'on y lit maintenant.» (MARIETTE.)

Cfr. le N. 136 que nous avons trouvé dans le temple de Louqsor : on se rendra facilement compte que le monument usurpé par Apapi appartenait à la XIIe dynastie.

133 — Granit gris. — Haut. 1^m,60, larg. 0^m,925. Cat. Mar., N. 1; Cat. Masp., pl. 71. — *Tanis.*

« Groupe de deux personnages debout sur un socle commun. D'énormes perruques disposées en tresses épaisses couvrent la tête. Leurs traits sont durs, accusés, et offrent une grande ressemblance avec ceux des sphinx à crinière de lion. La lèvre supérieure est rasée, mais les joues et le menton sont ornés d'une longue barbe ondulée. Chacun d'eux soutient sur les mains étendues des groupes ingénieusement arrangée d'oiseaux aquatiques et de poissons, mêlés à des fleurs de *baschnin*.

« Il n'y a pas de monuments qui appartiennent plus incontestablement à l'époque agitée qui vit les Pasteurs maîtres de l'Egypte. » (MARIETTE.)

Ces porteurs d'offrandes ont été considérés comme une personnification des Nils (Nil du sud et du nord) apportant leurs dons à l'Egypte. Leurs barbes ondulées et leurs perruques tressées donnent cependant bien l'idée d'un art asiatique, étranger à la vallée du Nil, et l'attribution qu'en faisait Mariette aux Pasteurs n'a d'abord été contestée par personne. Nous allons voir tout à l'heure (N°s 134, 135 et 139) que cette attribution paraît aujourd'hui moins certaine.

Sous la XXIe dynastie, le roi Psioukhânou fit graver ses cartouches sur ce monument. (Cfr. le porteur d'offrandes de la XVIIIe dynastie, N. 153, salle 23.)

134 et 135 — Granit noir — Haut. 1m,30 et 1m. — Fouilles de Mariette en 1863. — *Tanis.*

Deux sphinx que Mariette considérait également comme des produits de l'art des Pasteurs.

« Ils se distinguent en effet des autres monuments égyptiens par des caractères bien tranchés, comme on le reconnaîtra sans peine, si l'on compare la tête des sphinx Nos 134 et 135 à celle des sphinx de Toutmès III et de Ramsès II. La face est ronde ; les yeux petits, le nez écrasé, les pommettes saillantes ; la lèvre inférieure avance légèrement ; les oreilles sont celles du taureau, et une crinière de lion encadre le visage.

« Tous ces caractères sont marqués au plus haut degré dans le sphinx N. 133, qu'on est parvenu à reconstituer presque en entier ; mais il porte de plus des inscriptions qui nous permettent de refaire en partie son histoire. Il porte sur l'épaule droite une légende martelée, dans laquelle on a réussi à déchiffrer le nom du roi pasteur Apopi. Plus tard Ménephtah fit gratter le nom du roi pasteur et y substitua ses cartouches, qu'il répéta encore dans l'inscription de la base. Plus tard encore Psioukhânou (XXIᵉ dynastie) grava ses cartouches sur la poitrine. Un examen attentif m'a fait reconnaître que la surface de la poitrine a été rabaissée pour recevoir les cartouches de Psioukhânou, et par conséquent qu'il y avait là auparavant, à la place d'honneur, les cartouches d'un roi, celui probablement pour qui on fit le monument. Ce roi antérieur à Apopi était-il un Pasteur ou un roi des dynasties indigènes ? (M. Golenischeff croit reconnaître les traits d'un roi de la XIIᵉ dynastie dont il a vu une statuette).

Il convient d'attendre de nouvelles découvertes avant d'affirmer que ces sphinx et les monuments de style analogue que possède le musée sont l'œuvre des Pasteurs ou représentent des princes appartenant à cette race conquérante. » (MASPERO, Cat., p. 64 et 65.)

136 — Granit noir — Long. 0ᵐ,61. — XIIᵉ dynastie. *Louqsor*, 1887.

Table d'offrandes (?) ou autel (?), semblable au monument N. 108 usurpé par Apapi. Le 136 a été découvert en 1887 dans le temple de Louqsor. Il a été dédié par le roi Ousortesen III. Par la présence de cette table dans le temple de Louqsor, on pouvait conjecturer qu'Aménophis III n'avait fait que relever un ancien sanctuaire. Dans une inscription dégagée l'année suivante, Aménophis III dit, en effet, qu'il a reconstruit le temple à partir des fondations. Nous y avons trouvé, la même année, une architrave en granit au nom de Sebek-Hotep II.

137 — Granit gris — Haut. 1ᵐ. Mar.; *Mon. div.*, pl. 39; Cat. Mar., N. 2; Cat. Masp., p. 5. — *Mit Farès* (Fayoum).

« Partie supérieure d'une statue colossale qui représentait un roi debout. Aucune inscription n'indique le nom du personnage ; mais la ressemblance est frappante entre ce fragment et les monuments de Tanis (Cfr. Nᵒˢ 133, 134 et 135) ; aussi Mariette l'a-t-il attribué à un roi pasteur. De toute manière, la présence de ce morceau dans les ruines de la capitale antique du Fayoum, prouve que les princes qui régnaient à Tanis en ce temps-là étendaient leur autorité au moins sur la partie septentrionale de la Moyenne-Egypte. »

138 — Granit rouge — Long. 0ᵐ,49, larg. 0ᵐ,34. — *Tanis.*

Groupe de trois têtes provenant d'un monument brisé, peut-être d'une console ou pierre d'encorbellement. Ce monument est du même style que les précédents.

139 — Calcaire — Haut. 2ᵐ,33, long. 0ᵐ.78. — *Elkab.*

Fragments rassemblés d'un sphinx découvert en 1891 par M. Grébaut, dans les ruines du temple d'*Elkab,* auprès d'objets de la XIIᵉ et de la XIIIᵉ dynastie. Comme *Elkab* fut un des centres de la résistance contre les Pasteurs, M. Grébaut conclut que ni ce monument ni ceux qui précèdent ne doivent leur être attribués, et que nous ne possédons de ces envahisseurs que les monuments usurpés par eux.

Mais ce qui est certain, c'est que ces monuments nous représentent les traits bien accentués des populations voisines du lac Menzaleh. Si l'on doit hésiter à y reconnaître des produits de l'art des Pasteurs, il faut toujours les considérer comme les produits très originaux d'artistes tanites, dont l'école aurait été un moment florissante sous le moyen empire (Cfr. les statues de la reine Nefert, N. 122). Cette école, voisine de la frontière syrienne, pouvait, d'ailleurs, subir l'influence des Asiatiques, dont les peintures de Beni-Hassan et le voyage d'Abraham attestent les relations pacifiques avec l'Egypte, antérieurement à l'invasion des Pasteurs.

140 — Calcaire blanc — Haut. 1ᵐ,15, long. 2ᵐ,35, larg. 1ᵐ. Lepsius, *Denkm*, t. II, pls. 147 et 148, *a, b*. — XIᵉ dynastie. — *Thèbes*, Cheikh Abd-el-Gournah.

« Sarcophage de *Tagi*. Ce sarcophage, oublié depuis Lepsius, qui le copia il y 40 ans, fut retrouvé en **1882**, et transporté au musée au mois d'avril **1883**. Il est orné à l'intérieur de la représentation des armes, objets de toilette et d'offrandes, vases à parfums, qu'on déposait dans la tombe. Au-dessous, des prières tracées à l'encre noire, analogues aux prières qu'on trouve dans les pyramide de Saqqarah. »

141 — Grès — Haut. 2ᵐ,15, larg. 1ᵐ,80, prof. 0ᵐ,73. — XIIᵉ dynastie. — Fouilles de Grenfell pacha, sirdar de l'armée égyptienne, à *Assouan*.

Partie de la niche abritant la statue de Si-renpu au fond de son tombeau.

Salle 17.

Dans la vitrine *A*, jolies stèles peintes de la XIIᵉ dynastie.

Au centre de la salle, plusieurs sarcophages en bois. La plupart, de forme rectangulaire, doivent être antérieurs à la XIIᵉ dynastie. Quelques autres, remarquables par la forme de leurs couvercles, sont peut-être de la XIIᵉ. Le travail des premiers est quelquefois un peu barbare ; l'un d'eux, cependant, présente des détails très intéressants.

142 — **Bois** — Long. 3ᵐ,11, larg. 0ᵐ.62, haut. 0ᵐ,60.

Sarcophage de Kheperka. Ornements d'architecture que l'on pourra comparer aux Nᵒˢ 8, 9, 10, 71 et 96.

143 — **Albâtre** — Long. 0ᵐ,79, larg. 0ᵐ,60. — xııᵉ dynastie. — Fouilles de M. Petrie. — *Meïdoum.*

Belle table d'offrandes, avec les cartouches d'Ousortesen I.

Salle 18.

La salle 18 est ornée de panneaux de bois provenant de sarcophage du moyen empire.

Salle 19.

La salle 19 (xıᵉ et xııᵉ dynastie) contient deux sarcophages d'Akhmîm (style de la xıᵉ dynastie), quelques tables d'offrandes, et un grand nombre de stèles provenant d'Abydos, où l'on était venu les consacrer près du tombeau d'Osiris.

Salles 20 et 21.

Les salles 20 et 21, ornées de la même manière, sont intéressantes surtout pour les égyptologues

de profession. On pourra remarquer au centre de
la salle 21

144 — Granit noir — Haut, 0m,22, larg. 0m,17, long.
0m,57. — xIII^e dynastie.

Petit sphinx décapité, au nom de Sebekhotep III.

Derrière ce sphinx, des fragments de statuettes
aux noms, d'*Ousortesen II* et *Ousortesen III*, d'*A-
menemhât III*, et de la reine *Sent* (xII^e dynastie).

MONUMENTS DU NOUVEL EMPIRE

(XVIIIe-XXXIe DYNASTIES)

Salles 22 à 34

Salle 22.

Outre un grand nombre de stèles, la salle 22 nous montre :

Centre de la salle .

145 — Calcaire — XIXe dynastie. — *Abydos.*

Fragment de bas-relief portant le cartouche de Ramsés II. Les hiéroglyphes gravés sont peints en bleu, les figures de divinités sont rehaussées d'or.

Sud de la salle.

146 et **147 — Granit rose** — XIXe dynastie. — *Louqsor.*

Deux avant-bras de colosse.

148 — Granit rose.

Monstrueux scarabée. Le scarabée symbolisait les transformations par lesquelles la vie se conserve dans la création en se renouvelant sans cesse. C'est pour cela

que, comme hiéroglyphe, il a les significations, contra-
dictoires au premier abord, de « subsister » et de « se
transformer ».

Entre les deux fenêtres.

149 — Calcaire — Larg. 1ᵐ,65, haut. 0ᵐ,65. — XXᵉ
dynastie.

Fragment de bas-relief du temps de Ramsès III,
représentant un chef des écuries royales nommé Pa-
nuter-hon.

———

Salle 23.

Le long des murs, stèles et bas-reliefs.

Est de la salle.

150 — Calcaire — Haut. 0ᵐ,92, larg. 0ᵐ,52. — XVIIIᵉ
dynastie. — *Tell-el-Amarna.*

Bas-relief représentant le roi Khounaten (Aménophis IV) faisant une offrande au disque solaire. Les
rayons du soleil sont autant de bras qui transmettent
la vie au roi et à la reine, et ramassent les offrandes
déposées sur l'autel (voir N. 207).

Au centre de la salle, des statues, des tables d'offrandes et un bassin de la XVIIIᵉ dynastie, provenant
d'*Elkab* (N. 151).

Au milieu de la paroi nord, un fragment de
colonne (N. 152) de Mitrahineh (Memphis), au nom
d'un grand prêtre de Ptah-Kora.

Ouest de la salle.

153 — Granit rose — Haut. 1m,82, larg. 1m,18. —
Fouilles de M. de Morgan, en 1892, à *Memphis*.

Deux statues assises sur le même siège, représentant
Ramsès II et le dieu Râ-hor-khouti.

Est de la salle.

154 — Granit rose — Haut. 0m,87. — xviiie dynastie.
— *Karnak.*

Fragment d'une statue de porteur d'offrandes (époque
d'Aménophis III). On peut comparer ce fragment aux
porteurs d'offrandes de l'école tanite (N. 133).

Salle 24.

Centre de la salle.

155 — Granit rose. — Long. 3m,58, larg. 0m,65. —
Fouilles du temple de Memphis, en 1892. — *Mitrahineh.*

Barque sacrée du temple de Ptah, le plus bel exemplaire qu'on connaisse de cette sorte de monument.
Modèle colossal d'un travail admirable, comme les deux
statues du dieu que l'on verra dans la galerie nord de
la salle 26.

Angle sud-ouest de la salle.

156 — Calcaire — Haut. 0m,90. — xixe dynastie. —
Fouilles du temple de Ptah en 1892. — *Memphis.*

Partie supérieure d'une statue coiffée du scarabée
(voir N. 148). Le scarabée était consacrée à Ptah.

Est de la salle.

157 — Granit rose — Haut. 0m,90, larg. 1m,87. — Fouilles de M. Naville, à *Bubaste.*

Fragment d'inscription relative aux revenus du temple de Bubaste sous la XXIIe dynastie.

158 — Granit noir — Haut. 0m,88, larg. 1m,15. — XVIIIe dynastie. — *Erment* (Hermonthis).

Dans une expédition en Asie, Aménophis II avait fait prisonnier sept chefs syriens. Six furent pendus devant les murs de Thèbes et le septième à Napata en Nubie pour servir d'exemple aux Éthiopiens.

Ouest de la salle

159 — Calcaire — Long. 0m,95, haut, 0m,92. — XVIIIe dynastie. — *Karnak.*

Fragment de bas-relief portant des dates du règne de Thoutmès I, avec le cartouche au milieu, et de chaque côté du cartouche, deux encadrements de forme ovale, où les éléments des prénoms royaux de ce temps sont assez curieusement groupés.

———

Salle 25.

Cette salle a été appelée salle éthiopienne, parce qu'elle contient les monuments des rois éthiopiens, successeurs des rois-prêtres d'Ammon (voir salles 76-84) exilés de Thèbes, qui, vers 740 avant l'ère chrétienne, reconquirent l'Egypte et rétablirent à plusieurs reprises l'empire thébain.

160 — Granit gris — Haut. 1m,80, long. 1m,84, épais.
0m,43. Mar., *Mon. div.*, pl. 1 *s.*; Cat. Masp., p. 56. —
XXIIIe dynastie. — *Gebel Barkal* (Napata).

Monument connu sous le nom de stèle de Pianchi.
Ce monarque éthiopien y raconte comment il soumit
toute l'Egypte, qu'il trouva partagée entre un grand
nombre de princes, dont plusieurs prenaient le cartouche.

161 — Granit gris — Haut, 2m,15, larg. 0m,70, épais.
0m,34. Mar., *Mon. div.*, pl. 11s.; Cat. Masp., p. 61. —
IVe siècle avant l'ère chrétienne. — *Gebel Barkal*
(Napata).

Stèle. Le roi Horsiatef y raconte ses campagnes contre les Madidi, dont il ravagea le pays. Il donna une
partie du butin aux prêtres d'Ammon de Napata et res-
taura les temples des villes de son royaume.

162 — Granit gris — Haut. 1m,32, larg. 0m,72. Mar.,
Mon. div., pls. 7 et 8 ; Cat. Masp., p. 69. — XXVIe dynastie. — *Gebel Barkal.*

Stèle du songe. — Tonuatamen, décidé par un
songe, part à la conquête de l'Egypte. S'il faut en
croire son récit, il ne rencontra pas de résistance bien
sérieuse jusqu'à Menphis, dont il s'empara. Mais,
ensuite, les princes du Delta s'enfermèrent dans leurs
forteresses, et le monarque éthiopien dut les y assiéger.
Il paraît s'être découragé, car il rentra à Memphis ;
mais les princes égyptiens vinrent alors lui faire leur
soumission.

Est de la salle.

163 — Granit gris. — Haut. 1m,62, larg. 0m,71. Mar.,
Mon. div., pl. 9; Cat. Masp., 68. — *Gebel Barkal.*

Il s'agissait d'élire un roi. Les délégués de l'armée
se rendent au temple. Lorsque les membres de la
famille royale passent devant la statue du dieu, celle-ci
saisit *Aspalout* et s'écrie : « C'est votre roi ! » Aspalout
acclamé va se faire couronner par le dieu dans le sanctuaire. Monument de l'époque persane.

164 — Granit noir — Haut. 0m,31. — xxve dynastie.
— Achat fait à *Louqsor*.

Tête du roi éthiopien *Taharqa* ou *Tahraka*.

Non loin du N. 164 on peut remarquer une
une stèle en granit rose, percée de quatre trous.
Cette pierre fut employée dès l'antiquité dans les
fondations d'une maison, et les trous indiquent
probablement la trace des crampons d'attache.
Elle porte un écrit d'Ammon, rendu par le dieu
en faveur de *Shishonq*, gendre et héritier du dernier roi de la xxiie dynastie tanite.

Ouest de la salle.

165 — Granit rose — Haut. 1m,24, larg. 0m,69. Mar.,
Mon. div., pl. 10; Cat. Masp., p. 66. — *Gebel Barkal.*

Stèle de l'excommunication. Le nom du roi est
mutilé. Epoque persane.

Le roi avait fait passer par le feu des gens qui
avaient commis le crime de manger crue de la viande
de sacrifice, contrairement au rite qui ordonnait qu'elle

fût cuite. Cette secte abominable fut punie jusque dans ses descendants, auxquels le roi interdit d'entrer jamais dans le temple d'Ammon.

166 — **Granit noir** — Haut. 1m,20. — XIXe dynastie — *Louqsor*.

Tête d'une statue colossale de Ramsès II.

Centre de la salle.

167 — **Granit rose** — Haut. 1m,42. — XIXe dynastie.

Groupe au nom de Ménephtah, le Pharaon de l'Exode.

168 — **Calcaire** — Long. 2m. larg. 0m,96. — XXe dynastie. — *Abydos*.

Stèle de Ramsès IV. *Mention des 67 années de Ramsès II* (ligne 23).

Paroi est de la salle.

169 et **171** — **Calcaire** — Haut. 1m,15, 0m,95 et 0m,95, larg. 0m.83, 0m,38 et 0m,55.

Bas-reliefs ; fragments rapportés par M. Maspero d'un tombeau de la XVIIIe dynastie, voisin des grandes pyramides, et démoli par des bédouins en 1883.

« *169. Ti*, sœur du défunt *Ptahmaï*, présente un vase à son frère et à sa belle-sœur ; derrière elle, une chanteuse qu'une joueuse de viole et une harpiste accompagnent de leurs instruments. Deux des fils, Phtahônkh et Nanofir, assistent à ce spectacle. Ce troisième registre est occupé par la construction d'un naos ; un ouvrier en sculpte les détails tandis qu'un aide va chercher des matériaux.

« *170*. Scènes funéraires. Au premier registre, des serviteurs qui portent des fleurs et des fruits ; des pleureuses, un sacrificateur qui traîne un veau. Au second, d'autres serviteurs portent les fauteuils, les canopes, les caisses à provisions.

« *171*. Quatre registres. 1° Préparation des pains d'offrandes et sacrifice du bœuf. 2° *Kaka*, *Hori* et *Phtahmos*, fils de *Phtaimaï*, sont assis devant un monceau de provisions. 3° Un coffre rempli de pains, et à côté un personnage qui transvase le vin dans des amphores. Une petite femme danse en lançant des baisers et en faisant des grâces. De toutes les figures c'est celle qui rappelle le mieux le type connu par les tombeaux de Tell-el-Amarna : elle est d'une souplesse et d'une légèreté exquise. 4° Transvasement du vin dans des jarres, qu'un serviteur tient en équilibre au moyen d'un crochet de porteur d'eau. » (MASPERO).

172 et **172** *bis* — **Calcaire** — Haut. 1ᵐ,37, larg. tot. 2ᵐ.80. — *Saqqarah* (Memphis).

« Bas-reliefs extraits du tombeaux de *Hor-Min*. A gauche, Hor-Min est devant deux des quatre génies des entrailles. Hathor, debout dans son sycomore, verse l'eau de purification que boivent Hor-Min et la dame *Maï*. L'âme du défunt, prenant également sa part de l'eau sacrée, est représentée au pied de l'arbre.

« Un autre tableau représente Hor-Min assis sur un grand siège. La dame Maï est à ses pieds. Des personnages de sa maison lui apportent des offrandes de toutes sortes: une oie, un veau, des fleurs, des parfums, des liquides.

« Nous assistons à droite à la cérémonie funèbre. Le cortège est en marche. Des esclaves, tête rasée, portent les coffres, les tables dont on va garnir le tombeau. Des pleureuses les suivent. Après elles marchent les génisses que l'on va immoler. Vient ensuite le catafalque contenant la momie couchée et posée dans un bateau que des prêtres et la dame Maï elle-même portent sur leurs épaules. Suit un groupe d'assistants. On a représenté plus loin une coupe des diverses chambres de l'édicule mortuaire. Des tables d'offrandes y sont déposées. Des hommes les traversent avec des gestes de douleur. Quelques scènes extraites du *Rituel* couronnent ces curieux bas-reliefs. » (MARIETTE.)

173 — Calcaire — Haut. 0^m,58, larg. 1^m,08. — *Saqqarah* (Memphis).

« Bas-relief. Scène de funérailles. Des femmes sautent avec les plus étranges contorsions ; d'autres font retentir une sorte de *tympanum*. Des hommes marchent à grands pas en agitant une tige de roseau. Ces danses funèbres sont encore pratiquées aujourd'hui dans la plupart des villages de la Haute-Egypte. Ce que le bas-relief de Saqqarah n'a pu rendre, ce sont les hululations discordantes dont ces danses sont accompagnées. » (MARIETTE.)

Enfin, au milieu du passage qui conduit de la salle 25 aux galeries de la salle 26 :

174 — Albâtre — Haut. 1m,67; Cat. Mar., N. 866; Cot. Masp., p. 52. — xxve dynastie. — *Karnak.*

« Cette jolie statue représente la reine *Ameniritis*, fille du roi *Kashta* et sœur de *Sabacon*. Les formes un peu longues et grêles sont chastes et délicates : la tête, surchargée de la grande perruque des déesses, est d'une expression un peu morne. Le socle est de granit gris ; l'inscription donne le nom et les titres de la reine. Les deux noms martelés sont ceux de Sabacon et de Kashta, que les monarques de la xxvie dynastie consi-déraient comme des usurpateurs. » (MASPERO).

Salle 26.

Galerie sud-ouest de la salle.

175 — Granit gris — Haut. 0m,80. — xxxe dynastie (?). — *Pithom.*

Buste provenant des fouilles de M. Naville, à Pithom, ville où les Hébreux travaillèrent pendant l'oppression qui précéda l'Exode.

176 — Syénite — Haut. 1m,05. Nav., *Bubastis*, pl. 15. — xixe dynastie. — *Bubaste.*

Tête de Ramsès II, coiffé du diadème *atef* (cornes de bélier supportant le disque avec deux plumes d'au-truche).

177 — Syénite — Haut. 1m,45. Nav., *Bubastis*, pl. 16. — xxe dynastie. — *Bubaste*

Buste du roi Ramsès IV.

Galerie ouest de la salle.

178 — Granit rose — Haut. 2m,45. — xixe dynastie. — *Louqsor.*

Cynocéphale provenant du soubassement de l'obélisque de Louqsor. Règne de Ramsès II.

179 — Calcaire — Haut. tot. 0m70. — *Saqqarah* (Memphis).

« Joli groupe représentant un frère et une sœur assis sur un siège commun. Le frère s'appellait *T'aï* et la sœur *Naïa.* Ils sont tous deux vêtus à la mode du beau temps de Ramsès. T'aï a la longue robe, bouffant aux manches et se terminant par devant en tablier ; Naïa porte la grande chemise collante. D'énormes perruques à longue tresse couvrent la tête de nos personnages.

« Deux petites scènes gravées, ornent la partie antérieure du siège. Une image d'Osiris assis devant un autel est le sujet de la première. La seconde nous montre T'aï et Naïa recevant les offrandes funèbres que la piété des parents a déposées dans le tombeau où notre groupe a été trouvé. Enfin, derrière les deux statues, a été gravée une représentation des deux mêmes personnages assis, recevant l'hommage d'une prêtresse attachée au culte d'Ammon, et nommée *Tanor.*

« Ce morceau appartient à la xixe dynastie. Les profils des personnages gravés sur le dos du siège rappellent le temps de Séti I, les deux statues assises ont, au contraire, tous les caractères de la physionomie douce et épanouie, qui est le cachet de la belle tête royale, que je crois être celle de Ménephtah, petit-fils de ce même Séti I. » (MARIETTE.)

180 — Albâtre — Diam. 0^m,68, haut. 0^m,38. — XXe dynastie. — *Tell-el-Yahoudi*.

Fûts de colonne provenant d'un palais de Ramsès III.

Deux autres morceaux semblables, de l'autre côté

181 — Calcaire — Haut. 1^m,52, larg. 0^m,55. — *Saqqarah* (Memphis).

« Fragment d'un pilier extrait de la tombe de *Neferhotep*, fils de *Houï*, fonctionnaire de Memphis sous un des rois de la XIXe dynastie.

« Ce pilier est richement décoré. Sur deux de ses côtés, sont sculptés deux grands *Tat* surmonté de la couronne *Atef;* deux âmes coiffées du disque sont debout au sommet de cette coiffure symbolique, un autre grand *Tat* orne la face principale. Il est surmonté du chapiteau naoforme à tête d'Hator. La quatrième face a disparu. » (MARIETTE)

182 — Grès rouge — Haut. 1^m.05, long. 0.50, prof. 0^m,65. — *Karnak* (Thèbes).

« Pilier quadrangulaire gravé sur les quatres faces. Ramsès II, deux fois représenté à genoux, fait l'offrande du vin à Ammon et à Month. » (MARIETTE.)

183 — Granit noir — Haut. 0^m,80. — XIXe dynastie. — *Karnak* (Thèbes).

« Ammon et Maut, les deux divinités principales de Thèbes, assises sur un grand siège à dossier. L'inscription gravée sur le devant constate que ce monument a été exécuté par l'ordre de Séti I, XIXe dynastie. Le cartouche-prénom (*Ra-men-Ma*) ne s'écarte pas de la forme ordinaire ; mais le cartouche-nom a été réduit à sa plus simple expression (Seti). » (MARIETTE.)

184 — Calcaire — Haut. 2^m,62, larg. 1^m,07. — XXe dynastie. — *Abydos.*

Grande stèle contenant une prière adressée par le roi Ramsès IV aux divinités d'Abydos.

Galerie nord, angle nord-ouest et nord-est
de la salle.

185 et **186 — Grès siliceux —** Haut. 2^m,05. et 3^m,15. — XIXe dynastie. — Fouilles exécutées sous la direction de M. de Morgan, en 1892, dans le temple de Ptah à *Memphis* (Mitrahineh).

Magnifiques statues de Ptah (Vulcain), dieu de Memphis. Ce sont les plus remarquables statues divines qu'on ait encore trouvées en Egypte.

On lit derrière la statue de l'angle nord-ouest :

« *Paroles du très puissant Ptah, chef des deux terres :*

« Je fais don de toute vie et prospérité, de toute force, « au seigneur des deux terres Usormaràsotpenrà, sei- « gneur des diadèmes, Ramsès Méiamoun, vivificateur. »

Aux pieds de la statue de l'angle nord-est :

« Usormaràsotpenrà (prénom de Ramsès II), vivifica- « teur aîné de Ptah Risanbouf. »

Derrière la statue :

« *Paroles de Ptah Risanbouf, maître qui vivifie les*
« *deux terres :*

« Je donne multitude de panégyries (fêtes de renou-
« vellement ; ces paroles s'appliquent bien à Ramsès II,
« dont les années se renouvelèrent plus de cent fois, et
« dont les enfants se multiplièrent) au seigneur des deux
« terres Usormarâsotpenrâ, seigneur des diadèmes, Ram-
« sès Méiamoun, vivificateur. »

187 — Granit noir — Haut. 0m,80. — *Tanis* (Sân).

« Partie supérieure d'une statue représentant un roi,
le bras gauche étendu, la main droite tenant sur la
poitrine le sceptre *hyk*. Le roi est sans barbe ; sa tête
est couverte de la grosse perruque autour de laquelle
s'enroule une bandelette terminée par des uræus. La
finesse des traits de ce personnage est à remarquer. On
voit sur le dos du siège un commencement de légende
qui ne nous dit malheureusement pas de quel roi ce joli
monument nous conserve les traits. » (MARIETTE.)

188 — Fragment granit gris — Haut. 1m,26, larg.
   0m,95. Mar., N. 873 ; Cat. Masp., p. 426. — Du grand
   temple de *Karnak.*

Fragment d'une magnifique statue qui représentait
Aménophis II assis, coiffé du *claft.*

189 — Calcaire — Haut. 0m,53, larg7 0m,34, prof.
   0m,17. — *Memphis* (Grandes pyramides).

« Naos, ou plutôt stèle épaisse avec la figure du défunt
en haut-relief. Celui-ci est représenté à genoux, les

mains levées. Il s'appelait *Nekht,* et avait le titre assez singulier de *premier royal fils d'Ammon.* Des deux pierres gravées sur le pourtour du monument, l'une, celle de gauche, est une invocation *au soleil lorsqu'il brille à l'horizon oriental;* l'autre, celle de droite, *lorsqu'il se couche pour la vie divine.* Par là les Egyptiens marquaient les deux termes des pérégrinations de l'âme dans l'autre monde. Le soleil qui se couche symbolise la mort ; le soleil qui se lève est l'image de la résurrection de l'âme et de l'immortalité promise aux justes.

« Le frère de Nekht était un deuxième prêtre de Khons, nommé *Schaï* (XVIIIe dynastie). » (MARIETTE.)

190 — Grès statuaire — Haut. 0^m,57. — *Karnak* (Thèbes).

« Les particuliers, comme les rois, avaient un droit dont les limites ne sont pas encore bien définies ; celui de consacrer leurs propres statues dans les temples. En ce cas, bien qu'ils fussent vivants, leur nom propre est presque toujours suivi des mots le *véridique,* qui, habituellement, ne s'appliquent qu'aux morts. Le plus souvent encore, on trouve gravée sur l'une des parties de la statue la formule *fait pour les louanges du roi*« que nous avons avons discutée autre part.

« Le fragment que nous décrivons ici provient d'une statue qui a eu cette destination. La tête, heureusement, est d'une parfaite conservation. Elle appartient à la XIIIe dynastie, et déjà l'on peut voir, par la comparaison de cette tête avec celle des statues voisines, la différence qui distingue les deux arts et la supériorité du plus ancien sur le plus nouveau.

« Un reste de la légende, gravé sur le dossier, montre que le personnage dont nous avons l'image sous les yeux était un *noble chef*. Un commencement de prière à Ammon-Ra se lit sur le devant ; le nom du dieu a été martelé, puis gravé de nouveau après la chute des usurpateurs de la XVIII° dynastie. » (MARIETTE.)

191 — Calcaire — Haut. 0ᵐ,70. — *Karnak.*

Tête de roi. Les yeux incrustés ont disparu. Elle provient du temple de Karnak, et, d'après les souvenirs de M. E. Brughsch, a été trouvée dans le même lieu que la tête dite de Taïa (N. 196).

192 — Granit rose — Haut. 0ᵐ,77. — *Karnak.*

Buste du roi Thoutmès III, de la XVIIIᵉ dynastie·

193 — Calcaire — Haut. 1ᵐ,20. — *Saqqarah* (Memphis).

« Belle stèle funéraire au nom d'*Amen-mès*. Le défunt, suivi de ses deux filles et de sa mère, se présente devant Osiris. Les mains des suppliants sont pleines de fleurs de lotus, symbole de la renaissance promise aux morts ; les femmes en portent sur la tête, arrangées en élégantes coiffures. Plus bas, une table chargée de toutes sortes de choses est placée entre deux groupes formés d'Amenmès, de son frère et de ses deux sœurs. Une de ces dernières, *Anaï*, a près d'elle un singe qui joue.

« Le monument est exécuté dans le grand style qui distingue les règnes de Thoutmès et d'Aménophis. Quoique le nom d'Ammon n'y soit pas martelé, je le croirais de la XVIIIᵉ dynastie. » (MARIETTE.)

194 — Calcaire — Haut. 1m,17. Cat. Mar., N. 900;
Cat. Masp., p. 44. — XIXᵉ dynastie. — *Saqqarah.*

Statue de Khaï, gardien du trésor de la chapelle funéraire de Ramsès II. Khaï assis, enveloppé dans sa
longue robe, tient devant lui un petit naos renfermant
une image d'Osiris sur le pilier, prière à Ptah, à Osiris, etc. (voir le numéro suivant).

195 — Calcaire — Haut. 1m,10. Cat. Mar., N. 901;
Cat. Masp., p. 45.

Autre statue de Khaï, dont il est fait mention dans
l'inscription de la première.

Le naos du N. 195 renferme une image du dieu Râ.

196 — Granit gris — Haut. 2m,65. — *Tanis.*

« Magnifique colosse, représentant un roi assis. Nous
n'hésitons pas à attribuer ce monument à la XIIᵉ dynastie,
malgré les cartouches de Ramsès II qui le couvrent.
L'usurpation est évidente sur les deux côtés du siège,
où les deux Nils, liant autour du caractère *sam* les tiges
symboliques de la Haute et de la Basse-Egypte, sont
d'une autre main et d'une main plus ancienne que les
cartouches du roi qui s'en approprie le monument. »
(MARIETTE.)

197 — Granit noir — Haut. 0m,77. Cat. Masp., p. 425.
— *Karnak.*

Charmante tête de Pharaon adolescent, que Mariette
attribuait à Menephtah.

« La comparaison avec d'autres monuments m'a
conduit à y reconnaître le portrait du pharaon Horemheb. » (MASPERO.)

3

198 — Calcaire — Haut. 0^m,80. Cat. Masp., p. 425. — xviiie dynastie. — *Karnak.*

Superbe tête connue sous le nom de *Tête de Taïa*, que Mariette lui a donné, bien que rien ne confirme cette attribution (Cfr. le N. 191).

199 — Calcaire — xixe dynastie.

Groupe d'un homme et d'une femme assis sur le même siège. On remarquera la robe plissée de la femme, et le vêtement de l'homme, plissé sur les côtés, uni par-devant.

L'inscription gravée derrière le siège contient une prière pour le défunt, officier d'archers, *Nebheh*, mâkherou (voir N. 8), et pour la défunte, chanteuse d'Ammon, *Bakairti* (ce dernier nom écrit moitié en hiéroglyphes, moitié en écriture cursive hiératique. L'inscription est composée d'une manière assez singulière; plusieurs signes sont irrégulièrement tournés.

200 — Granit noir — Haut. 0^m,81. Cat. Mar., N. 795; Cat. Masp., p. 63. — xviiie dynastie. — *Abydos.*

Naos. La cavité est remplie par l'image du grand prêtre *Phtah-Mes*, qui porte les cartouches de Thoutmès III, gravés sur l'épaule et la poitrine.

201 — Calcaire — Haut. 0^m,90. Cat. Masp., p. 425. — *Karnak.*

Un buste, fragment d'une statue royale très soignée, du style de la xviiie dynastie.

Galerie est de la salle 26.

202 — Granit rose — Haut. 1^m,75. — *Karnak.*

Statue de Thoutmès III, brisée par en bas.

203 — **Calcaire blanc** — Haut. 1m.23. Mar., *Aby-dos*, t. II, pl. 51; Cat. Masp., p. 53. — xixe dynastie.

Hori est en adoration devant Anubis. Au premier registre, c'est le roi Séti I, au temple duquel Hori était attaché, qui fait offrande à Osiris et à Isis.

204 — **Calcaire** — Haut. 0m,90, larg. 1m,78. — xviiie dynastie. — *El Hibeh*, près de Feshn.

Bas-relief portant le prénom du roi Thoutmès I.

205 — **Calcaire** — *Gournah*, 1889.

Statue de scribe accroupi, lisant le rouleau qu'il tient ouvert sur les genoux. Il porte l'encrier sur le dos. Au nom de Amenhotep. Style du commencement de la xviiie dynastie. Le nom d'Ammon a été martelé.

206 — **Calcaire blanc** — Haut. 2m,35. Cat. Masp. p. 422.

Belle statue d'Aménophis II. Les yeux sont rapportés, les détails du vêtement sont d'une finesse admirable.

207 — **Calcaire** — Haut. 1m,30, larg. 0m,50. — Don de M. Wilbour.

« Cette stèle, découverte en 1882 à Hadji Handil, est un morceau unique ou peut s'en faut (voir N. 150). Elle représente le roi *Khounaton* (Aménophis IV) en adoration devant le disque solaire rayonnant. Khounaton, monté sur le trône à la mort d'Amenhotpou III, s'inquiéta du développement extraordinaire que les largesses de ses prédécesseurs avaient donné au culte d'Ammon et à la puissance des prêtres de ce dieu. Le grand prêtre d'Ammon thébain était le second personnage dans l'Etat et devait être souvent tenté d'aspirer au premier rang. Khounaton crut que le meilleur moyen de réagir contre l'usurpation était d'imposer à l'Etat un nouveau dieu et une nouvelle capitale. Il prit pour divinité protectrice le disque solaire, Aton, qu'on a confondu bien à tort avec le dieu syrien Adonis, et qui n'est autre qu'une des formes les plus anciennes d'un des plus anciens dieux de l'Egypte, Râ d'Héliopolis. Il lui construisit une ville et un temple sur la rive droite du Nil, sur l'emplacement des villages actuels de Tell-el-Amarna et d'Hadji Handil, et prit le nom de Khounaton, *splendeur du disque solaire*, au lieu de celui d'Amenhotpou qu'il avait porté jusqu'alors. Les tombeaux et les ruines montrent à quel degré de splendeur parvint la ville nouvelle, pendant les quelques années que dura son existence. Thèbes fut abandonnée, le dieu Ammon proscrit et son nom effacé sur tous les monuments antérieurs; un temple d'Aton s'éleva à Karnak, en face du sanctuaire d'Ammon, à l'endroit où se dressent aujourd'hui les pylones d'Harmhabi. Ce retour aux anciens cultes solaires était trop factice pour que l'effet en persistât longtemps. Le culte d'Aton dura quelques années à peine après la mort de son fondateur; Thèbes reprit le dessus, et la ville de Tell-el-Amarna perdit l'importance qu'elle avait prise.» (MASPERO, Cat., p. 420-422.)

208 et **209** — **Granit rose** — Haut. 2ᵐ,24. Cat. Masp., p. 74. — *Abydos*.

Parois latérales d'une porte enlevée autrefois du temple d'Osiris à Abydos et abandonnée à Belianeh sur la berge du fleuve. Apportées au musée en avril 1882.

Le roi Ramsès II, debout, fait offrande à l'emblème d'Abydos.

210 — Granit gris — xviiie dynastie. — *Karnak.*

Statue de la déesse à tête de lionne. Du temple de la déesse Maut, à Karnak. Cartouche d'Aménophis III.— Les voyageurs du siècle dernier ont vu en place plus de cent cinquante de ces statues. Tous les musées en possèdent de la même provenance.

La déesse à tête de lionne s'appelle *Sekhet ;* elle détruit les ennemis du soleil et ceux du roi.

211 — Granit rose — Long. 0m,74, long. 0m50. Cat. Mar., N. 97 ; Cat. Masp. p. 25. — xviiie dynastie. — *Karnak.*

Table d'offrandes consacrée par le roi Thoutmès III à son père Ammon-Rà, lors de la construction d'une des salles du temple de Karnak. Le temple de Karnak est appelé *Rà-men-kheper-khou-mennou.*

212 — Calcaire — Haut. 0m,00. — xviiie dynastie. — *Karnak.*

Fragment d'une statue accroupie, au nom du scribe royal et architecte *Aménophis*, qui travailla pour Aménophis III, constructeur du temple de Louqsor, des colosses de Memnon, etc.

213 — Granit noir — Haut. 1m,80. larg. 0m,75. Mar., pl. 11. — xviiie dynastie. — *Karnak.*

« Cette stèle renferme un poème composé pour célébrer les victoires de Thoutmès III. Ce roi y est représenté adorant le dieu (Ammon), qui lui répond :

« Je suis venu, je t'accorde d'écraser les princes de la Phénicie du Nord ; je les jette sous tes pieds à travers leurs contrées ; je leur fais voir ta Majesté, telle qu'un seigneur de lumière, lorsque tu brilles sur leur tête comme mon image.

« Je suis venu, je t'accorde d'écraser les barbares d'Asie, d'emmener en captivité les chefs de la Syrie Creuse ; je leur fais voir ta Majesté couverte de ta parure de guerre, quand tu saisis tes armes sur le char.

« Je suis venu, je t'accorde d'écraser la terre d'Orient ; la Phénicie et Chypre sont sous la terreur ; je leur fais voir ta Majesté, etc.

« Je suis venu, je t'accorde d'écraser les peuples qui résident dans leurs ports, et les côtes de la Cilicie tremblent sous la terreur ; je leur fais voir ta Majesté, etc.

« Je suis venu, je t'accorde d'écraser les peuples qui résident dans leurs îles ; ceux qui vivent au sein de la mer sont sous tes rugissements ; je leur fais voir ta Majesté, etc.

« Je suis venu, je t'accorde d'écraser les Libyens ; les îles des Danaens sont au pouvoir de ta volonté ; je leur fais voir ta Majesté, etc.

« Je suis venu, je t'accorde d'écraser les contrées maritimes ; tout le pourtour de la grande zone des eaux est lié à ton poing ; je leur fais voir ta Majesté, etc.

« Je suis venu, je t'accorde d'écraser les peuples qui résident dans leurs lagunes, de lier les Bédouins maîtres des sables, en captivité ; je leur fais voir ta Majesté, etc.

« Je suis venu, je t'accorde d'écraser les barbares de Nubie ; jusqu'aux peuples de Pit, tout est dans ta main ; je leur fais voir ta Majesté semblable à tes deux frères Hor et Sit, dont j'ai réuni les bras pour assurer ta puissanse.

« Cette partie du poème était devenue si célèbre qu'on la copia sur d'autres monuments pour célébrer

les exploits de Séti I et de Ramsès III. » (MASPÉRO,
Cat., p. 72-74.)

214 — Granit noir — Haut. 1ᵐ,85.

Belle statue de Thoutmès III, assis. Le buste seul était
exposé à Boulaq. En classant, d'après la matière et le
travail, de nombreux fragments conservés dans les
magasins, nous avons pu faire compléter un certain
nombre de monuments déjà exposés. Une vingtaine de
fragments, rapportés en différentes années et tirés de
différents magasins, ont complété à près la statue de
Thoutmès III ; il ne manquait que les pieds qui ont été
refaits en ciment peint.

215 — Granit rose — Haut. 2ᵐ,08, larg. 1ᵐ,15. —
XVIIIᵉ dynastie. — *Gournah.*

Belle stèle de *Pu–m–râ*, deuxième prophète d'Ammon.

Galerie sud-est de la salle.

216 — Calcaire — Haut. 1ᵐ,98. larg. 0ᵐ,97. Cat.
Mar., N. 72 ; Cat. Masp., p. 45. — XIXᵉ dynastie. —
Saqqarah.

Stèle d'*Anaouaa.* Prière au soleil.

217 — Granit noir — Haut. 1ᵐ,60, larg. 0ᵐ,58. Mar.,
Mon. div., pl. 63 *b.* — XVIIIᵉ dynastie. — *Benha.*

« Le serpent possédait, avec des influences funestes
dont on se gardait par divers amulettes, des vertus
protectrices qu'on essayait de tourner au profit de l'hu-
manité. Aujourd'hui encore, dans beaucoup de villes

égyptiennes, chaque maison a son serpent qui lui sert de génie protecteur ; dans l'antiquité, non seulement les maisons, mais les temples, étaient sous la garde d'un esprit familier de cette espèce. Le monument N. 217 représente le serpent protecteur du temple de Horkhont-khiti dans la ville d'Athribis ; il a été érigé par le roi Amenhotpou III, dont il porte les cartouches. » (MASPERO, Cat., p. 418-419.)

Dans la cour comprise entre les galeries de la salle 26, on peut signaler :

Deux têtes de colosses en granit rose (XVIII° ou XIX° dynastie), trouvées en 1887 et 1888 dans les ruines du temple de Mitrahineh (Memphis) ; une grande stèle (grès siliceux) du roi *Khounaten* (voir N°s 150 et 207) usurpée par le roi *Hor-mheb* (XVIII° dynastie). Trouvée en 1888.

Un fragment (grès compact) d'un petit obélisque au nom du roi Ramsès IV, acheté au Caire en 1887, et provenant probablement d'Héliopolis. Un tambour de colonne en granit rose avec inscription historique au nom de Ménéphtah, qui vainquit, en l'an v de son règne, les Libyens coalisés avec les *peuples de la mer*.

Galerie 27.

La galerie 27 contient une collection de stèles et d'inscriptions de la XVIII° à la XX° dynastie, provenant pour la plupart des nécropoles d'Abydos et de Saqqarah.

218 — Calcaire blanc — Haut. 1m,28, long. 8m,25. Mar., *Mon. div.*, pls. 57 et 58 ; Cat. Masp. p. 432. — *Saqqarah*, 1861.

Célèbre table de Saqqarah, provenant du tombeau de Tounari, découverte à Saqqarah en 1861. Ce monument offre une importance exceptionnelle. Tounari énumère une longue suite de rois d'Egypte auxquels il rend hommage. Ce sont des rois des Ire, IIe, IIIe, IVe, Ve, VIe, XIe, XIIe, XVIIIe, XIXe dynasties (Tounari a vécu sous la XIXe dynastie). Sa liste ne commence pas par Ménès, comme celle du grand temple d'Abydos, mais par Méribipen, quatrième roi de la Ire dynastie.

219 — Calcaire — Haut. 1m,45. Cat. Mar., N. 1005. — XIXe dynastie. — *Abydos*.

« Stèle ayant servi d'épitaphe dans le tombeau d'un habitant d'Abydos. Celui-ci s'appelait *Ounnefer*. Il était premier prophète d'Osiris dans le temple principal de cette ville. Sa sœur *Taïa*, surnommée *Neferarit*, occupait la charge de supérieure des recluses dans le même temple. Ce monument est élevé à la mémoire d'*Ounnefer* par ses deux frères *Pirahotep* et *Minmès*. Ce premier était monarque, le second premier prophète d'Osiris, comme le défunt lui-même. » (MARIETTE.)

220 — Granit rose — Haut. 1m,60, larg. 0m,80, épais. 0m,32. — *Saqqarah*.

Stèle gravée sur les quatre côtés au nom du préfet comte Rahotep. Offrande à Osiris et à Hapi, à tête de taureau (Apis).

———

Cour 28.

221 et **222** — **Granit rose** — Haut. 1m,20, long·
2m,50. Cat. Mar., N. 3; Cat. Masp., p. 24. — XVIIIe dynastie. — *Karnak.*

Deux sphinx portant les cartouches de Toutmès III.

223 — **Granit rose** — Haut. 3m,75. — XIIe dynastie.
— *Abydos.*

Colosse au nom d'Ousortesen I.

224 — **Granit rose** — Haut. 2m,92. — *Aboukir.*

Statue colossale usurpée par Ramsès II.

225 — **Granit gris** — Haut. 2m,40. — *Tanis.*

Statue colossale usurpée par Ramsès II.

226 — **Granit noir** — Haut. 2m.10, Cat. Mar., N. 1007;
Cat. Masp., p. 26. — *Tanis.*

« Roi assis, sans barbe, probablement de la XIIIe ou
de la XIVe dynastie. Ramsès II a usurpé cette statue et
y a fait graver son nom. » (MASPERO.)

227 — **Granit rose** — Haut. 3m,30. Cat. Mar., N. 1006.
— Fouilles de Mariette à *Tanis.*

Statue colossale, refaite de trois fragments, usurpée
par Ramsès II.

Galerie 29.

Bas-reliefs de la XVIIIe à la XXe dynastie.

228 et **229** — **Calcaire** — Diam. moy. 0^m.50. —
Saqqarah (Memphis).

« A côté des tombeaux de Tounar-i (voir N. 218) de Phtah-mès et d'autres fonctionnaires memphites de la XIXe dynastie, existent les ruines de l'édicule funéraire d'un autre personnage du rang le plus élevé, nommé *Hor-em-heb*. Une salle de cet édicule était soutenue par huit petites colonnes unies, sur lesquelles étaient comme attachés, à hauteur d'homme, des petits tableaux rectangulaires. Ce sont quatre de ces tableaux, sauvés de la destruction des colonnes, que nous offrons ici au visiteur.

« Le tombeau de Hor-em-heb fait naître un problème historique que nous ne savons pas encore résoudre. Hor-em-heb a occupé évidemment les charges les plus importantes. Aux titres vagues de *noble chef, de grand des grands, de supérieur des supérieurs*, il joint ceux *de grand chef des soldats, de chef des chefs des soldats du roi, d'envoyé à la tête de ses soldats vers le Nord et vers le Sud*. Le rôle militaire d'Hor-em-heb ressort avec évidence de ce seul énoncé de ses charges ; mais ce qui rend subitement ce personnage plus intéressant encore, c'est que quelquefois il apparaît sur les parois de son tombeau avec l'uræus sur le front, comme s'il avait régné. Régna-t-il en effet? Une révolution militaire porta-t-elle pour quelques jours le général heureux sur un trône éphémère? Nul ne saurait le dire encore.

« Aucune indication monumentale ne permet de préciser la place qu'occupe Hor-em-heb dans l'histoire de la XIXe dynastie. Le style des figures et des hiéroglyphes n'est certes pas celui de Séti I et de Ramsès II. Il est vraisemblable que les quatre piliers dont nous nous occupons sont du même temps et peut-être de la même main que la belle stèle d'Anaoua, n° 216. » (MARIETTE, Cat., Nos 905-908.)

230 — **Grès rouge** — Haut. 0m,93, long. 1m,20. *Rec. du musée*, t. I, pl. 17.

« Reste d'un bas-relief représentant le roi Aménophis III devant le dieu *Ptah*. Nous avons tiré ce beau fragment des ruines du temple de Mit-Rahineh, en 18?8, non loin de la liste des nomes de Ramsès II.

« La table archaïque, N. 7, a été trouvée à vingt mètres de là, enfouie très profondément. C'est donc la XVIIIe dynastie, qui, sur l'emplacement du sanctuaire de l'ancien empire, a rebâti le temple dont Ramsès II a continué la décoration (voir Nos 185 et 186).» (GRÉBAUT.)

Salle 30.

231 — **Grès** — Haut. 1m,65. *Rec. du musée*, t. I, pl. 1. — XVIIIe dynastie. — *Gournah*, 1887.

Statue peinte de *Mut-Nefert*. Le roi Thoutmès II l'a fait sculpter pour cette reine, sa mère. Trouvée en

1887, au sud de Ramésseum, dans les ruines d'un petit temple auquel nous avons donné le nom du prince Ou-djmes, qui paraît y avoir été vénéré.

« Le nom de la reine *Mut-Nefert* était inconnu. Elle est assise, vêtue de la longue robe blanche, qui moule ses formes ; une grosse perruque couvre sa tête. Les chairs sont peintes en jaune.

« L'ensemble est chaste, de bonnes proportions. La mutilation du nez n'empêche pas de remarquer la douceur du visage, éclairé par de grands yeux.

« Il n'est pas rare de rencontrer encore le même type chez les jeunes filles de la plaine de Thèbes.

« Nous avons trouvé avec cette statue des fragments de même matière prouvant l'existence de cinq ou six statues semblables dans le temple d'Oudjmes. » (GRÉ-BAUT.)

232 — Calcaire — Haut. 0^m,66, long. 0^m,65, larg. 0^m,44. — XVIIIe dynastie. — Fouilles exécutées sous la direction de M. de Morgan, en 1892, à *Mitrahineh* (Memphis).

Curieux coffret funéraire d'un personnage nommé *Tamat*. Ce nom de *Tamat* signifiant en égyptien *la chatte*, c'est une chatte qu'on a représentée au lieu du défunt devant les tables d'offrandes. Mention du prince Thoutmès, directeur des prophètes des villes du midi et du nord.

233 — Calcaire — *Rec. du musée*, t. I, pl. 2. — Temple d'Oudjmès à *Gournah*, 1889.

« Très jolie stèle où le scribe *Pa-schot*, en adoration devant le prince Oudjmès, dit adorer Ammon et Maut.

En haut de la stèle, l'*oie* d'*Ammon* et la *chatte* de *Maut.* » (GRÉBAUT.)

234 — Calcaire — *Rec. du musée, t. I. pl. 2.*

« Fragment d'une stèle qui était déposée dans le temple d'Oudjmès. Thotmès III rend hommage à son père Thoutmès I, derrière lequel se tient le prince Oudjmès enfant. Oudjmès, qu'on croyait fils d'Ahmès, était fils de Thoutmès I, sans doute fils aîné, mort très jeune.

« La perte d'une partie considérable de l'inscription est des plus regrettables. Elle avait été gravée par le père nourricier d'Oudjmès. Il était question d'un règlement intervenu dans la vieillesse du père nourricier, après des querelles que la stèle racontait en détail. Le style sort des formules banales. » (GRÉBAUT.)

235 — Calcaire — *Rec. du musée, t. I, pl. 6.* — XVIIIe dynastie.

« Pierre qui a fait partie des assises d'une muraille détruite du temple d'Oudjmès. Mention du père nourricier de ce prince ; cartouche du roi. » (GRÉBAUT.)

236 — Calcaire — *Deir-el-Bahari.*

Fragment détaché d'une muraille de Deïr-el-Bahari, et dont on n'a pas retrouvé la place antique. La femme de Pount qui est représentée offre des proportions extraordinaires (voir le N. 237).

237 — Calcaire blanc — Haut. 0^m,52, larg. 0^m,32. Cat. Masp., p. 426. — XVIIIe dynastie. — *Deir-el-Bahari.*

L'âne de la femme du chef de Pount (voir N. 236).

238 — Grès — Haut. 0^m,66, larg. 0^m,41. — xviiie dynastie.

Stèle portant les cartouches du roi *Ahmès*, vainqueur des Pasteurs, et de la reine *Aah-hotep*.

239 — Calcaire — *Rec. du musée*, t. I, pl. 15. — xviiie dynastie. — *Gournah*, 1887.

Stèle.

« *Registre supérieur* : 1° A gauche sont assis le roi Amosis et la divine épouse d'Ammon, la royale épouse *Aahmes Nefer-ta-Ari*. 2° A droite sont as   roi Aménophis I et la divine épouse d'Ammon, la royale épouse *Aahmes-Nefer-Ari*. Est-ce la même reine qui assiste les deux rois, ou bien faut-il tenir compte de la légère différence orthographique des deux noms, et admettre deux reines distinctes ? — Le graveur s'est attaché à reproduire les traits d'Aménophis I et ceux d'Amosis. Les reines ne se ressemblent pas.

« *Registre inférieur :* 1° A droite, Houi, en prière, invoque Amosis ; 2° à gauche, *Smen-taoui*, en prière, invoque Aménophis. Il est possible que *Houi* et *Smen-taoui* soient deux noms d'un même personnage. » (GRÉBAUT.)

240 — Calcaire blanc — Haut. 0^m,58, larg. 0^m,44. Mar., *Abydos*, t. III, p. 460, N. 122. — xxe dynastie. — *Abydos*.

« Au milieu de la stèle se dresse un obélisque dont le sommet, arrondi comme celui de l'obélisque de Bégig, est surmonté d'un gros épervier. A droite, Osiris, maître de Khenmerout, et Isis, sont debout ; à gauche, deux

Horus coiffés de la double couronne. Sous ce registre de dieux, on trouve deux personnages adorant, le prêtre Pameroupagon, et Pnibmos, prêtre de Hor de Khen-merou. » (MASPERO, Cat., p. 67-68.)

—————

Salle 31 (Époque saïte).

Centre de la salle.

241 — Granit — Long. 1^m.75, larg. 0^m,78, haut. 0^m,75. Cat. Masp., p. 25. — XXVIe dynastie.

La cavité de ce sarcophage n'a pu contenir que le corps d'un enfant. Les inscriptions nomment le roi Psammétik II.

L'existence de ce monument à Damanhour, dans la maison d'un particulier, lui ayant été signalée par Emile Brugsch bey, M. Maspero le fit apporter au musée en juin 1883.

M. Maspero pense qu'il provient de Sa-el-Hagar, l'antique Saïs, où était la sépulture de Psammétik.

242 — Grès siliceux — Haut. 0^m,35, long. 0^m,51, larg. 0^m,26.

Table d'offrandes, avec les cartouches d'Apriès.

Est de la salle.

243 — Granit rose — Haut. 0^m.52, long. 0^m,91, larg. 0^m,91. — XXVe dynastie.

Socle portant les cartouches d'un prince *Aoupout*, peut-être celui que la stèle de Piankhi (N. 160) a mentionné sans lui donner le cartouche. Il se dit fils de Baet comme Osorkon II.

244 — Granit à grain fin — Côté de la base 0m,52.

Base de colonne.

245 — Granit noir — Haut. 1m,25, larg. 1m,10. — xxvie dynastie. — *Esneh*, 1887.

Naos portant la bannière du roi éthiopien *Shabaka*. Ces cartouches sont martelés. Ce naos, dit M. Grébaut, provient d'un temple d'Esneh, plus ancien que le temple actuel.

246 — Granit rose — Haut. 0m,43, larg. 1m,00. — xxxe dynastie. — *Bubaste*.

Bas-relief portant les cartouches de Nectanébo I.

Sud de la salle, entre les deux fenêtres.

247 — Granit gris — Haut. 1m,85, larg. 0m,74.

Cuve ou autel en forme de cartouche. A droite et à gauche deux autels à brûler l'encens (voir N. 32), en basalte.

Ouest de la salle.

248 — Calcaire — Haut. 0m,70, larg. 0m,75. — Découverte de M. E. Brugsch bey. — xxvie dynastie. — *Mendès*.

Fragment de stèle au nom du roi Psammétik I.

249 — Granit noir — Haut. 0m,90. larg. 0m,64. — xxxe dynastie.

Naos, au nom du roi Nectanébo II.

Au-dessous, bas-relief avec le même nom.

250 — Granit noir — Haut. 1m,32. — xxve dynastie.

Statue décapitée avec les noms de *Shabatoka* et de *Taharqa*.

251 — Granit gris — Haut. 0m,57. — xxvie dynastie.

Statue décapitée. Les jambes pliées d'une manière rarement reproduite par la sculpture égyptienne. Les cartouches de Psammétik I sont gravés sur les bras.— La statue est au nom d'un chef de la flotte Saïntaoui Tafnekht.

Nord-est de la salle.

Sur la paroi nord, fronton de naos provenant de *Samanhoud*, avec les cartouches de Nectanébo I (xxxe dynastie) ; une stèle avec le prénom *Khnoumabrâ* du roi Amasis (xxvie dynastie) ; une autre, provenant de Qouft, avec le prénom Kheperkarâ de Nectanébo II, etc.

Salle 32.

252 — Granit gris — Haut. 1m,85, long. 2m,10, larg. 1m,86. Cat. Masp., p. 7. — xxxe dynastie. — *Saft-el-Hennch*, près de Bubaste.

Restes d'une chapelle monolithe au nom du roi Nectanébo II.

253 — Granit noir — Haut. 1m,98, prof. 0m,95, larg. 0m,95. — XXXe dynastie.

Autre naos, au nom du roi Nectanébo I, de la **XXXe** dynastie. Ce monument a été trouvé au Caire, mais provient sans doute de Bubaste, d'après la mention de la deesse Bast et de Harchefi dans Bubaste, qui se trouve dans les légendes.

254 — Calcaire blanc — Haut. 0m,30, larg. 1m,08 et 1m,30. Mar., *Mon. div.*, pl. 35 b. — XVXIe dynastie.

Charmants bas-reliefs provenant d'un tombeau détruit dès l'époque grecque, et découverts dans les ruines d'une maison antique, à Memphis. Sur le plus grand, le scribe Psamitik-Nofirsam, assis, surveille l'apport et l'enregistrement des colliers d'or, destinés à sa parure dans l'autre monde; sur le plus petit il reçoit le tribut de ses domaines funéraires. C'est peut-être ce que l'art saïte nous a laissé de plus délicat et de plus fin: la facture est peut-être un peu molle, mais ce léger défaut est racheté par une grâce et par une souplesse dignes des merveilleuses époques de la sculpture égyptienne.

255 — Calcaire — Haut. 0m,40, long. 1m.40. — *Héliopolis*.

Bas-relief au nom du prince Patenefti.

256 — Grès — Haut. 0m,43. long. 0m,66. — XXVIe dynastie. — *Karnak*.

Bas-relief portant le cartouche de la reine Nitocris.

257 — Grès — Haut. 0m,50, larg. 0m,77. — XXVIe dynastie. — *Karnak*.

Corniche portant le cartouche de la reine Shapenap et de sa mère Ameniritis.

Nord de la salle.

258 — Grès — xxvie dynastie. — *Karnak.*
Bas-reliefs au nom de Shapenap.

Ouest de la salle.

259 — Granit rose — Haut. 1^m,96. — xxxe dynastie.
Fragment d'obélisque au nom de Nectanébo I.

260 — Grès — xxvie dynastie. — *Karnak.*
Autres bas-reliefs au nom de la reine Shapenap.

———

Salle 33.

Est de la salle.

Stèles de Saqqarah, Héliopolis, Abydos, Akhmin ; sphinx décapité avec le cartouche de Nectanébo II.

Sud de la salle.

Autre série de stèles.

261 — Grès — Haut, 1^m,40, larg. 0^m,86. prof. 0^m,92.
— xxvie dynastie. — *Karnak,*

Naos portant les cartouches de Psammétik, de Shapenap et de Nitocris, dans lequel a été trouvée la statue
de Thouerès en basalte, exposée dans la salle des dieux.

Devant cet édicule, fragment de statuette en
schiste avec les cartouches de Psammétik II.

Ouest de la salle.

262 — Basalte — Haut. 0m,05. — xxviᵒ dynastie. —
Saqqarah.

Statue d'Osiris dédiée par Hor-ar-àà surnommé Rà-
nefer-ab-nefer, père nourricier de Psammétik II.

Puis une série de stèles ; l'une d'elles d'un style
assez original, provient de *Hasaïa.*

Nord de la salle.

Petit naos ; fragments de statues et de statuettes ;
stèles ; deux des stèles indiquent le temps que les
défunts ont passé sur la terre.

263 — Calcaire — Haut. 0m,48, larg. 0m.29.

Stèle de *Panoferhâf*, fils de la dame Tedasar, qui
vécut 57 ans, 10 mois et 4 jours.

264 — Calcaire — Haut. 0m,49, larg. 0m,30.

Stèle d'Ounnefer. *Sa durée en vie*, dit la légende,
année 51, mois 10, jours 17.

———

Salle 34.

Stèles nombreuses, la plupart provenant d'A-
bydos.

265 — Grès — Haut. 1m,55, larg. 0m,62, prof. 0m,86. —
xxviᵉ dynastie. — *Baqlieh.*

Naos portant les cartouches du roi Apriès.

266 — Calcaire — Diam. 0ᵐ,84. — *Benha* (Athribis).

Table d'offrandes ou autel circulaire.

Nord de la salle.

267 — Calcaire — Haut. 1ᵐ,23, larg. 0ᵐ,77. — *Akhmin.*

Curieuse stèle au nom de *Hor*, fils du prêtre d'Isis, *Pamerhor*, fils de *Hor*, fils de *Hormès*, fils de *Hornakht*, fils de *Pamerhor*, fils de *Pabasa*, fils de *Parekhinou*, fils de *Hori*, avec sa femme la chanteuse d'Ammon, la dame *Isitkheb*, fille de *Padoutisit*, etc.... le texte remonte jusqu'à la cinquième génération.

268 — Schiste — Haut. 0ᵐ,98, long. 1ᵐ,30.

Bœuf décapité avec un petit porteur d'offrandes.

En face, groupe semblable en calcaire provenant du Sérapeum.

Angle sud-ouest de la salle.

269 — Calcaire — Haut, 0ᵐ,88, larg. 0ᵐ,37. — xxxᵉ dynastie. — *Fayoum.*

Stèle au nom de Nectanébo I. représentant ce roi faisant offrande au dieu Sebek.

Sud de la salle.

270 — Granit noir — Haut. 0ᵐ,45, diam. 0ᵐ,47. — xxvıᵉ dynastie.

Vase au nom d'un prince Pa-du-sani-taui, surnommé Râ-nefer-abneb-ken.

Fragments de statues, etc.

MONUMENTS DES BASSES EPOQUES

(XXXIIe – XXXIVe DYNASTIES)

Salles 35 à 48

Salle 35.

271 — Granit gris — Haut, 2^m,83. — *Dongola.*

Fragment d'un obélisque élevé à Ammon de Napata, qui réside à la montagne sainte, au nom du roi éthiopien *Atalnarsa.*

272 — Granit gris — Haut. 1^m,60, larg. 0^m,61. — Epoque romaine. — *Méroé.*

« Le dieu Ammon et une reine d'Éthiopie. Ce monument, le seul du genre qu'il y ait jusqu'à présent dans les musées d'antiquités égyptiennes, m'avait été signalé en 1882 par M. Berghoff, qui fut, quelques mois plus tard, pris et décapité par le Mahdi ; il a été expédié au Caire sur ma demande par Gigler pacha, et nous est parvenu dans les premiers jours de 1883. Il appartient aux derniers temps de la civilisation égyptienne en Éthiopie, comme le prouvent la grossièreté du travail et la barbarie du style. » (MASPERO, Cat., p. 8.)

Sud-ouest de la salle.

273.

Parmi les nombreuses stèles exposées dans la salle 35, on peut citer une belle stèle d'Akmim en granit rouge et noir à grain très fin.

Ouest de la salle.

274.

Trois stèles de Hassaïa, d'un style original, comme celle que nous avons remarquée dans la salle 33 (ouest).

275.

Au-dessus des trois stèles N. 274, frise d'époque ptolémaïque.

Nord de la salle.

276 — Calcaire — Haut. 1^m,52, larg. 2^m,90. — *Benha* (Athribis).

Grand bas-relief à moitié détruit ; quelques restes d'inscription grecque.

Est de la salle.

277.

Stèles d'Akhmim ; une stèle de Hassaïa, peinte et dorée. — Nombreuses tables d'offrandes provenant d'Akhmim, représentant la déesse Nout dans le perséa, versant avec deux vases l'eau vivifiante du ciel, qui doit faire renaître le défunt. Parfois ni la déesse ni le défunt ne sont figurés ; on voit seulement les deux vases versant leur eau bienfaisante. — Quatre petites pyramides, sommets d'obélisque remplaçant mystiquement l'obélisque lui-même.

Salle 36.

Est de la salle.

278 — Granit gris — Haut. 1m,28, larg. 0m,98. —
Fouilles de M. Naville. — Epoque ptolémaïque. —
Tell-el-Maskhouta (Pithom).

Stèle de Pithom, ville construite par les Hébreux
sous l'oppression (Exode, I, 11), et dont l'emplacement
à Tell-el-Maskhouta a été prouvé par les fouilles de
M. Naville.

279 — Calcaire — Haut. 0m,78, larg. 0m,44.
Jolie stèle d'Akhmim.

Sud de la salle.

280 et 281 — Grès — Haut. moy. 0m,45, larg. moy.
0m,28. — *Assouan.*
Deux séries de trois petites stèles.

Au-dessous, deux tables d'offrandes provenant
également d'Assouan.

282 — Calcaire — Fouilles de M. Naville. — *Tell-el-
Maskhouta* (Pithom).
Restes d'un pilier doré.

283 — Granit noir — Haut. 1m,85, larg. 1m,16. Mar.,
Mon. div., pl. 14. — Epoque grecque. — *Caire.*

« Stèle découverte en 1870, dans les fondations d'une
petite chambre de la mosquée Cheïkhoun, au Caire, par
Mohammed effendi Kourchid, alors surveillant en chef
du musée.

« Elle date de l'an VII d'Alexandre II, fils d'Alexandre le Grand, et a été dédiée par Ptolémée, fils de Lagos, qui ne prend encore que le titre de satrape d'Egypte. Ptolémée était déjà fort puissant. Il avait fait sa résidence de la forteresse du roi Alexandre I, sur les bords de la mer Ionienne, dont le nom primitif était Rakôti, et où il avait établi beaucoup de Grecs avec leurs chevaux et beaucoup de galères avec leurs soldats. S'étant rendu avec son armée au pays des Syriens, pendant qu'ils lui livraient bataille, il se jeta au milieu d'eux d'un cœur hardi, comme un vautour au milieu de moineaux, il les prit en une seule fois et emmena en Egypte leurs chefs, leurs chevaux, leur vaisseaux, toutes leurs richesses. — Au retour d'une campagne heureuse en Marmarique, comme il fêtait sa victoire et cherchait ce qui pouvait être agréable aux dieux d'Égypte, un de ses conseillers lui suggéra de restituer au temple de Bouto les biens que le roi Kabbash avait donnés aux dieux de cette ville, lors de sa révolte contre Xerxès I, roi de Perse, et que les Persans leur avaient enlevés après la victoire. Ptolémée y consentit ; la stèle se termine par des imprécations contre quiconque essaiera de renouveler la spoliation. » (MASPERO, Cat., p. 55-56.)

284 — Calcaire — Haut. 1m,47, larg. 0m,78, épais. 0m,36. — Epoque ptolémaïque. — Découverte d'Emile Brugsch bey. — *Mendès.*

Stèle du bélier de Mendès, avec le nom de Ptolémée II, C'est la découverte de ce monument qui a fixé l'emplacement de l'ancienne cité égyptienne.

Puis un certain nombre d'autres stèles de moindre importance.

Salle 37.

Cette salle est consacrée aux monuments portant des inscriptions démotiques, c'est-à-dire en écriture cursive de basse époque : stèles, tables d'offrandes et cercueils pour momies d'animaux (N°s 285 et 286).

Les statues en granit avec hiéroglyphes au dos datent des derniers Ptolémées et des premiers empereurs Romains.

Salle 38.

Stèles et bas-relief égyptiens de la dernière époque païenne. Quelques-uns sont du IIIe siècle de notre ère.

Salle 39.

Stèles grecques et romaines, parmi lesquelles on peut signaler les stèles du Fayoum, avec le crocodile, emblème du dieu local Sebek.

287 — Calcaire — Haut. 0^m,49, larg. 0^m,56.

Scène sculptée et peinte, rappelant un peu les œuvres des écoles de Ravenne et de Byzance. Elle paraît représenter un empereur entouré de ses officiers.

288 — Calcaire — Haut. 0^m,22, larg. 0^m35.

Epitaphe en vers grecs.

Salle 40.

289 — Marbre blanc — Haut. 0^m,40, — *Alexandrie.*

Stèle funéraire d'un assez joli style. Une femme est assise affligée ; un enfant lui présente une lyre.

290 — Calcaire blanc — Haut. 2^m,22, larg. 0^m,78, épais. 0^m,40. — Époque ptolémaïque. — *Tanis.*

« Stèle brisée par le milieu. Elle porte un décret rendu dans la ville de Canope en l'honneur de Ptolémée Evergète I, par les prêtres rassemblés dans cette ville, pour célébrer l'anniversaire de la naissance du roi et de son couronnement. Ce culte du roi et de la reine Bérénice est consacré par des fêtes annuelles et par des fondations pieuses, afin de perpétuer à jamais le souvenir de leurs bienfaits, et l'assemblée décide que des copies du décret seront déposés dans tous les temples importants de l'Egypte, en hiéroglyphes, en démotique et en grec.

« Les ruines nous ont rendu jusqu'à présent trois exemplaires de ce décret. Le plus anciennement connu provient du Caire, où il servait de seuil à la mosquée de l'émir Kour ; il avait été transporté, soit de Memphis, soit d'Héliopolis, et se trouve aujourd'hui au musée du Louvre (C.122). Le second a été à Tanis en 1866, et signalé par M. Guimbard au Dr Lespius, puis à MM. Reinisch et Rœssler, qui en publièrent aussitôt la partie hiéroglyphique et grecque ; le texte démotique, gravé sur la tranche de gauche, ne devint visible qu'au moment où le monument fut transporté à Boulaq. Le troisième exemplaire a été découvert à *Kom-el-Hisn*, à l'occident du Delta, en 1881, et porte au musée le N. 290 *bis*. » (MASPERO, Cat., p. 353.)

290 *bis* — **Calcaire compact** — Haut. 2^m,03, larg. 1^m,90. — Epoque ptolémaïque. — *Kom-el-Hisn*.

« Autre exemplaire du décret précédent, mais d'une exécution plus soignée. Il porte de plus que l'exemplaire de Tanis, un tableau où la famille royale est représentée en adoration devant les dieux de l'Egypte. Le texte démotique est inséré à sa place entre le texte hiéroglyphique et la version grecque. » (MASPERO, Cat., p. 354.)

On sait que la découverte du déchiffrement des hiéroglyphes par Champollion est due à cet usage ptolémaïque de publier le texte de certains décrets à la fois en égyptien et en grec. Sachant que dans le texte égyptien les enroulements appelés cartouches contenaient des noms royaux, connus par le texte grec, il a suffi d'analyser rigoureusement les groupes de signes contenus dans ces cartouches pour reconstituer peu à peu l'alphabet hiéroglyphique.

Champollion a opéré le déchiffrement sur la pierre de Rosette, qui, trouvée en 1799 par un officier français, est aujourd'hui au *British Museum*. On pourrait faire une application de sa méthode sur les stèles 290 et 290 *bis* ; dans tous les cas, ces monuments servent à prouver combien est fondée la prétention qu'ont les égyptologues de lire exactement les textes hiéroglyphiques.

291 — **Marbre** — Haut. 0^m,31.

Tête de guerrier gaulois ou germain.

292 — Grès rougeâtre — Haut. 1ᵐ,40; larg. 0ᵐ,66; épais. 0ᵐ,34. — Don de M. Sabatier, ancien consul général de France en Egypte. — *Benha* (Athribis).

« Bloc provenant d'un naos, dont la frise portait les cartouches de Psammétik I et de Shabaka, alternés (XXVIᵉ dynastie). Il fut employé dans la construction d'un portique à quatre entrées, et porte une longue dédicace grecque au nom des empereurs Valentinien, Valens et Gratien. Elle nous donne le nom de l'architecte Flavius Cyrus et celui du préfet d'Égypte, Aelius Palladius. » (MASPERO, Cat., p. 381).

293 — Granit rouge — Haut. 1ᵐ,30, larg. 0ᵐ,91, épais. 0ᵐ,71. Cat. Mar., N. 1017; Cat. Masp., p. 382. — Epoque romaine. — *Cheikh Abadèh* (Antinoé).

Base quadrangulaire, portant une dédicace à Antinoüs l'Illustre par un gouverneur de la Thébaïde.

294 — Granit—Haut. 0ᵐ,86.—Epoque greco-romaine. — *Alexandrie.*

« Statue découverte en 1881 au pied du *Kom-el-Damas*. La tête maigre est un beau morceau, d'un travail un peu sec ; le corps est assez gauchement taillé et hors de proportion avec la tête ; les pieds manquent. Une longue inscription hiéroglyphique gravée dans le dos, nous force à reconnaître que ce personnage d'apparence exotique est un scribe égyptien nommé *Hor*. Cette statue est l'œuvre d'un sculpteur égyptien qui a subi fortement l'influence grecque. » (MASPERO, Cat., p. 382.)

295 — Marbre blanc — Haut. 1ᵐ,40 environ.

« Pièce unique, provenant du Sérapéum. Elle représente une sirène jouant de la lyre. Les pattes d'oiseau
ont été refaites en partie. » (MASPERO, Cat., p. 382.)

296 et **296** *bis* — **Calcaire** — *Mitrahinch*.

Séries de monuments du culte asiatique de Mithra.
Ces monuments forment un groupe à part, entre les
œuvres égyptiennes et les œuvres gréco-romaines.

297 — Granit gris — Diam. 1ᵐ,30. — *Eléphantine*.
Grand bassin.

298 — Porphyre rouge — Haut. 2ᵐ,66. — Epoque
romaine. — *Alexandrie*.

Statue colossale décapitée. Style romain ou plutôt
byzantin. Ce qui fait l'importance de ce monument,
c'est surtout la valeur du bloc de porphyre dans lequel
il a été taillé.

299 — Marbre blanc — Haut. 0ᵐ,65, larg. 0ᵐ,64. —
Epoque ptolémaïque. — *Mitrahinch*.

« Reste d'une liste de citoyens de Memphis qui
avaient élevé dans le temple de Phtah un monument en
l'honneur d'un haut personnage. » (MASPERO, Cat.,
p. 359-360.)

300 — Marbre blanc — Haut. 0ᵐ,69, larg. 1ᵐ,35. —
Epoque romaine. — *Aboukir*.

Personnage à demi couché, se soulevant un peu sur
le coude. Le front est chauve, la barbe courte et rare.
Portrait assez vivant.

301 — Granit rose — Haut. 0m,93, larg. 0m,52, épais. 0m,46. — *Ptolémaïs*.

Autel d'un travail assez intéressant, surtout dans la partie supérieure, qu'on peut comparer aux autres monuments de Ptolémaïs (Nos 304 et 307).

302 — Porphyre rouge — Haut. totale 0m,65. — *Benha-el-Assal* (Athribis).

« Buste représentant un empereur romain, probablement Maximien-Hercule (304-310 après J.-C.). Le monument a tous les caractères de l'époque et ne se recommande que par sa parfaite conservation. » (MARIETTE.)

303 — Marbre blanc — Haut. 1m,80. — Époque romaine. — *Tell-Mokhdam*.

« Statue de dame romaine, probablement la femme d'un haut fonctionnaire impérial. Travail soigné, mais sec et sans ampleur. » (MASPERO, Cat., p. 382.)

304 — Granit noir — Haut. avec le socle 2m,20, larg. 0m,73. — Époque romaine. — *Ptolémaïs*.

Stèle au nom de l'empereur Trajan. Dédicace d'un temple élevé par la ville de Ptolémaïs à Esculape et à Hygie. Péan en l'honneur d'Esculape (Cfr. J. Baillet, la stèle de Menschieh, *Revue archéologique*, 1889).

305 — Calcaire — Haut. 1m,25, larg. 0m,56. — *Dimeh* (Fayoum).

Naos avec dédicace de Trajan.

306 — Marbre blanc — Haut. tot. 0m,95. — *Mit-Farès* (Crocodilopolis).

« On peut regarder cette tête comme un des morceaux de sculpture grecque les plus précieux que l'on ait encore trouvés en Égypte. Elle représente un dieu barbu, dans une attitude calme et imposante. L'état de la chevelure et les mèches qui tombent du front jusque sur les sourcils indiquent que le monument était l'image de quelque fleuve, probablement le Nil. Dans l'antiquité même, on a abattu ces mèches de manière à dénuder le front, et, dans l'état où elle est aujourd'hui, notre tête ferait croire qu'on a sous les yeux une copie du Jupiter Olympien de Phidias. » (MARIETTE.)

307 — Marbre blanc — Haut. 1m,05, larg. 0m,50.

Autre stèle de Ptolémaïs; même style qne l'autel 301 et la stèle 304.

308 — Granit rose — Haut. 2m,80. — Epoque ptolémaïque. — *Karnak.*

« Colosse représentant un roi macédonien, peut-être Alexandre II. La pose est celle des colosses égyptiens, mais l'agencement de la coiffure et le rendu des traits du visage sont grecs. L'ensemble est mou et sans vigueur et ne supporte nullement la comparaison avec les belles œuvres des dynasties thébaines. » (MASPERO, Cat., p. 380-381.)

309 — Granit — Haut. 2m,30. — Epoque ptolémaïque ou romaine.

« Statue représentant un personnage attaché au culte des dieux de Tanis. » (MASPERO, Cat., p. 430.)

4

310 — **Calcaire** — Haut. 2m,83. larg. 2m,20. — Époque romaine. — *Louqsor*.

Bas-relief représentant Isis et Sérapis ; travail barbare ; la tête et le corps sont représentés de face les pieds sont tournés de profil. Sérapis égorge une gazelle, symbole de l'impureté.

————

Salles 41 et 42

(L'art copte, ou l'art chrétien d'Égypte).

Ces salles nous montrent les œuvres d'un nouvel art égyptien, produit d'une religion nouvelle.

« Le christianisme triomphant ne tarda pas à déplacer les scènes funéraires qui couvraient les stèles païennes par des représentations plus analogues aux idées qu'il se faisait sur la vie présente et la vie future. Un porche d'église, arrondi ou surmonté d'un fronton triangulaire, se substitua au naos des divinités égyptiennes. Sous le porche on grava, soit l'image du défunt ou d'un saint, soit une croix, soit une décoration mystique, une rosace, une série d'ornements géométriques. » (MASPERO, Cat., p. 365.)

Dans cet art nouveau, les figures sont généralement d'un travail barbare, digne de l'art qui a produit le N. 310 ; mais les ornements, colombes, croix de diverses formes, les feuillures, surtout, sont d'un style intéressant et souvent fort gracieux. Nous passerons rapidement en revue les stèle, niches, bas-relief, frises et chapiteaux qui garnissent les salles 41 et 42 ; on pourra, pour les détails, se reporter aux travaux que M. Gayet consacre aux développements de l'art et à son influence sur les époques suivantes. Nous nous contenterons d'indiquer particulièrement :

Dans la salle 41 :

311 — Calcaire — Haut. 0m,56. côté 0m,72. — *Ahnàs* (Héracléopolis).

Chapiteau.

312 — Calcaire — Haut 0.m,80, côté 1m.05.

Chapiteau ayant été creusé pour servir de baptistère.

Dans la salle 42 :

313 — Marbre — Haut. 1m, larg. 1m.

Stèle cintrée, avec une inscription en langue copte, c'est-à-dire en langue égyptienne écrite avec l'alphabet grec augmenté de quelques nouveaux signes.

314 — Terre cuite peinte — Haut. 0m,68, larg. 1m,58.

Deux colonnes d'écriture copte, à droite et à gauche d'une rosace. Comme dans presque tous ces monuments, on y invoque le Père, le Fils et le Saint-Esprit, les prophètes et les patriarches, etc., en faveur du défunt. Un grand nombre d'épitaphes de ce genre ont été publiées par M. Bouriant (*Recueil de travaux*

*relatifs à la philologie et à l'archéologie égyptiennes
et assyriennes*).

De la salle 42, le visiteur revient par la salle 41
jusqu'à l'escalier de la salle 40, qui le conduit aux
galeries de la salle 43. Dans cette salles et les six
suivantes nous trouverons la continuation des monuments de l'époque gréco-romaine, et de la
civilisation copte; nous achèverons tout de suite
cette série, commencée au rez-de-chaussée (salles
37-42), et nous terminerons par les souvenirs plus
anciens et plus précieux de l'Égypte pharaonique.

———

Salle 43.

ARMOIRE *A*.

Terres cuites de basse époque, provenant principalement du Fayoum. La plupart représentent
des Harpocrate ou Horus enfant, très éloignés de
l'ancien type égyptien. On ne les reconnaît guère
qu'à la tresse pendante et au doigt enfoncé dans la
bouche. Ils sont tantôt assis sur des oies ou sur des
chevaux, tantôt debout et appuyés contre un socle, tantôt tenant une amphore sous le bras. Par
exception une de ces statuettes (côté gauche,
troisième rangée, N. 315) porte une inscription
hiéroglyphique.

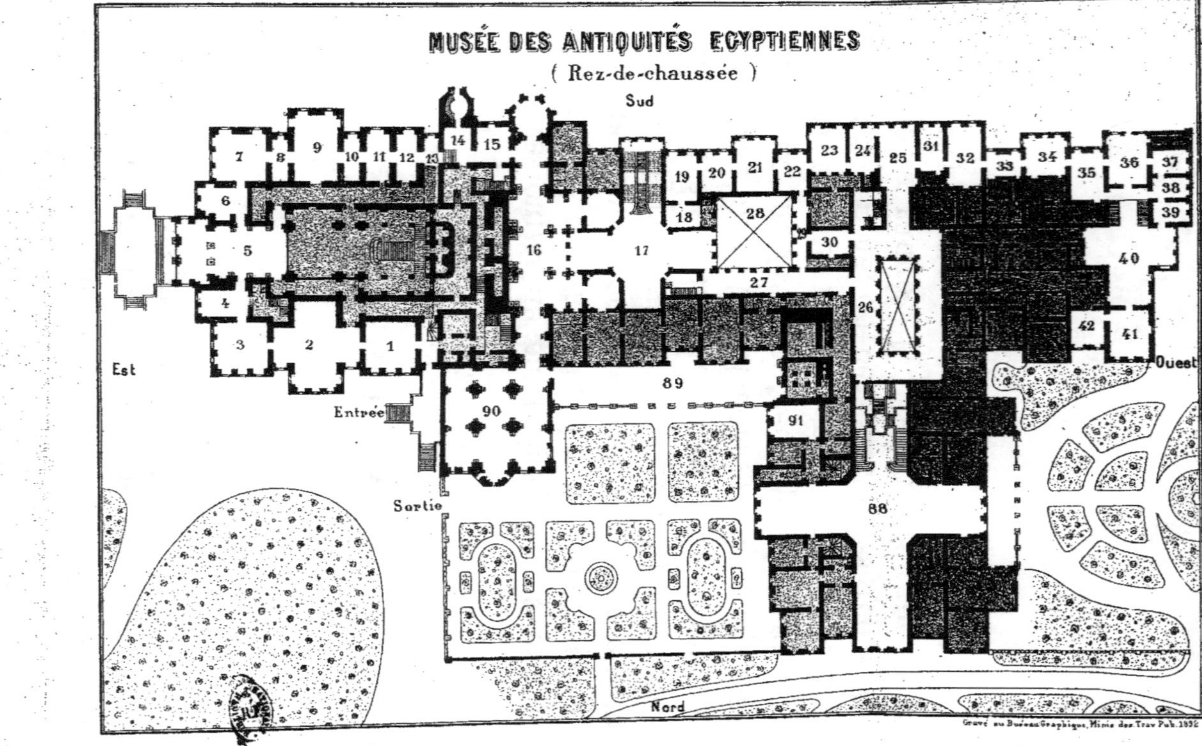

MUSÉE DES ANTIQUITÉS ÉGYPTIENNES
(Rez-de-chaussée)
Sud
Est
Ouest
Nord
Entrée
Sortie
Gravé au Bureau Graphique, Minis. des Trav. Pub. 1892

Armoire *B*.

Terres cuites, statuettes, masques et figures grotesques, notamment les images du dieu Bes (côté gauche, rangées inférieures); jolie statuette de Faune (316, côté gauche, quatrième rangée); statuettes d'Astarté; séries de têtes féminines diversement coiffées; petits monuments du culte d'Isis et de Sérapis. Du côté droit, plusieurs séries d'animaux; les plus intéressants sont les chameaux et les éléphants (317 et 317 *bis*).

Armoire *C*.

Moules pour fabriquer des têtes de Bès etc.; collection de lampes en terre cuite, quelques-unes assez remarquables, le N. 318 (côté gauche, troisième rangée) très délicatement orné; le N. 319 (côté gauche, quatrième rangée) sous la forme d'un buste de déesse dont le support se creusait pour recevoir la lampe.

D'autres simulent de petits édifices, des barques, des têtes, ou des masques, etc. Plusieurs sont percés d'un grand nombre de trous (voir les N°s 320 et 321, à la troisième rangée).

Vitrine *D*.

Nombreuses pièces de verrerie, de formes variées (N°s 322, 323, 324, 325, 326, 327, 328, 329).

Sous le N. 330, une tête finement gravée sur un morceau de verre.

VITRINE E.

Nombreuses terres cuites ; Vénus écartant ses cheveux (N. 331, côté droit, 3me rangée) ; Isis et Horus (N. 332) ; série de petites figures avec des restes de peinture ; un des meilleurs est sous le N° 333. A la rangée inférieure (côté droit), série de petits vases, grappes de raisins et fruits en forme de cœur.

———

Salle 44.

ARMOIRES A ET B.

Momies de basse époque, provenant d'Akhmim. Si l'embaumement est moins soigné qu'à l'époque pharaonique, l'équipement extérieur de la momie est beaucoup plus complet depuis l'époque grecque ; masque doré, armure de cartonnages peints ou domine la couleur rose, bandelettes croisées, habillent le cadavre et dissimulent l'apparence de la mort.

Au-dessus des armoires, vases funéraires grecs provenant des tombeaux d'Alexandrie.

Armoire *C*.

Momies de basse époque provenant du Fayoum; cartonnages dorés et bandelettes.

A droite, momies d'enfants. Sur deux d'entre elles, le masque doré est remplacé par le portrait du défunt mis à la place du visage.

834.

Momie avec portrait peint sur toile.

335.

Momie avec portrait peint sur bois.

Armoire *D*.

Terres cuites, anses d'amphore et cachets; provenance diverses.

336 — Calcaire — Haut. 0^m,60. — Achat. — Provenance inconnue.

Statuette de Vénus; la partie inférieure est restaurée.

Armoire *E*.

Pièces de verrerie, anses et pieds de coffrets en bronze, vases en bronze et statuettes.

Armoire *F*.

Momies à portraits (voir N. 334) provenant du Fayoum. Le N. 337 est un bel échantillon des momies de ce genre, qui sont du IIe siècle de notre ère.

ARMOIRE *G*.

Belles lampes en bronze (338 et 339), candéla-
bres et trépieds (340, 341, 342, 343); grande plaque
en plomb provenant d'un cercueil (344).

ARMOIRES *H* ET *I*.

Masques de momies; les uns complètement dorés;
les autres sont blancs et roses, avec des couronnes
de fleurs ; on peut remarquer deux masques d'enfant, au centre de l'armoire *H*. Les masques
suspendus le long des parois proviennent du
Fayoum ; les autres posés sur les tablettes des
armoires ont été trouvés à *Meir*.

ARMOIRE *J*.

345 — Bois et stuc. — Époque ptolémaïque. — *Sérapéum.*

Frontons triangulaires en bois, tirés des pignons qui
fermaient par-devant et par-derrière le toit pointu du
sarcophage 394 (salle 45). Sur ces frontons des bas-reliefs en stuc peint représentent des sirènes aux ailes et
aux pieds d'oiseau. Auprès de ces bas-reliefs, petits
médaillons ou antéfixes à tête de Méduse. Ces pièces
ornaient les montants du sarcophage.

346 et 347 — Bois — Haut. 0m 148, larg. 0m,29. —
Époque romaine. — *Saqqarah.*

« Ces tablettes appartenaient à un écolier de l'époque
romaine. Elles portent encore sept vers de style homé-

rique remplis de faute, avec une correction à la marge du quatrième vers. » (MASPERO, Cat. p. 391).

348 — Bronze — Epoque romaine. — *Coptos.*

Ces deux plaques, découvertes en 1881, sont les deux feuilles d'un diplôme militaire délivré pendant le règne de Domitien, et donnant à un soldat son congé honorable (après 25 ans de services) avec les privilèges y attachés.

349. — Parchemin. — *Gebelein.*

Parchemin d'un roi Blemmye. Les Blemmyes, belliqueuse peuplade nubienne, désolèrent la Haute-Egypte par leurs incursions, dans les premiers siècles de l'ère chrétiene. Ils réussirent même à en occuper momentanément quelques provinces, et s'établirent notamment dans l'île de Philæ.

Le haut de l'armoire est garni de plaquettes en bois portant le nom, écrit en grec, des personnages au cou de la momie desquels ils étaient attachés. Par exception le N. 350 est en terre émaillée. Epoque romaine.

351 (Vitrine) — **Calcaire** — Haut. 0ᵐ,35. — *Mitrahineh.*

Fragment de statuette représentant Alexandre (?) en Hercule.

ARMOIRE *K*.

Momies provenant du Fayoum (352) et de Gebelein (353). On peut signaler le cercueil en roseaux de la petite momie.

ARMOIRE *L*.

Momies et cartonnages provenant d'Akmim.

354 (Vitrine) — Long. 1ᵐ,60. — *Fayoum*.

Jolie momie avec ses bandelettes et ses guirlandes de fleurs.

355 — Long. 1ᵐ,50.

Autre momie du Fayoum ; on lit sur les bandelettes le nom *Artemidora*.

356 — **Plomb** — Long. 1ᵐ,85. — Achetée à *Alexandrie*.

Cercueil d'époque romaine. On en a découvert beaucoup de ce genre à Sidon en Phénicie.

357 — Long. 1ᵐ,72.

Momie à portrait peint sur bois.

358 — Long. 1ᵐ,56. — *Fayoum*.

Momie dans son cercueil, avec ses guirlandes de fleurs. Masque doré, bandelettes.

359 (Vitrine) — Haut. 0ᵐ,77.

Très riche masque doré, provenant de Meir, incrustations en émail ; scènes mythologiques en or. Dans la même vitrine, joli masque d'enfant.

360. — *Fayoum*.

Momie avec portrait peint sur bois. Le cartonnage est tout rose, avec dorures représentent : 1º Le mort sur le lit funèbre ; auprès de lui, Anubis, Isis et Nephthys ; 2° Thotou Hermès, principe conservateur, et Horus, principe rénovateur, préparant la renaissance du défunt ; l'encens brûle sur deux autels en forme de chandeliers, devant la colonne, emblême de stabilité, et la double plume d'autruche, emblème de réalisation ou de création (voir N. 32) ; la stabilité sera, en effet, maintenue dans la nature, par la création d'une vie nouvelle, en remplacement de celle qui vient de s'éteindre ; 3° le mort se soulève de son lit pour ressusciter ou renaître ; 4° l'âme ou le principe vital qui habitait le corps du défunt, s'envole glorieux pour aller animer une nouvelle existence.

361 — Larg. 1m,80 — *Fayoum.*

Momie cousue dans une gaine de toile. Portrait peint sur bois.

Les vitrines *M* et *N* contiennent les monnaies et médailles ; on trouve dans la vitrine *M* les monnaies grecques, les monnaies byzantines du Bas-empire, les monnaies des nomes et une série de pièces de l'époque romaine. La vitrine *N* est entièrement consacrée aux monnaies et médailles de l'empire romain. Le classement de ses monnaies est dû aux soins de M. Duthil.

Salle 45.

Armoire *A*.

A la rangée inférieure, collection d'antéfixes en terre cuite, notamment le N. 362, en terre cuite peinte ; c'est une tête chypriote ou grecque de style archaïque ; elle provient de Daphné, et doit avoir appartenu aux mercenaires grecs des rois saïtes (Cfr. le N. 376).

363 — Granit noir — Haut. 0^m,34, larg. 0^m,26. — Epoque romaine. — *Coptos.*

« Les deux plaques inscrites sous ce numéro ont été découvertes à Coptos, en mars 1833, encastrées comme matériaux de construction dans le mur d'un édifice situé sur le Forum de la ville antique. Elles ont été publiées par E. Dujardin (*Comptes rendus de l'Académie des Inscriptions et Belles Lettres*, 1883, p. 217) et par Th. Mommsen (*Additanenta tertia ad Corporis.....* vol. III, p. 5-16). C'est tout ce qui reste d'une longue inscription qui couvrait au moins six plaques, et avait été élevée dans le temple de Coptos par des soldats romains chargés de réparer les postes de la route qui conduisaient de Coptos à la mer Rouge..... Ce travail fut exécuté pendant les premières années du règne d'Auguste en Égypte. » (Maspero, Cat., p. 412-413.)

Sur la seconde tablette, bouteilles en terre cuite (N°s 364 et 365), poignée d'épée romaine en bronze

(366), hache en bronze à double tranchant (367);
têtes de statuettes en terre cuite et en marbre.

368 — Albâtre — Haut. 0m,11. — Epoque saïte. —
Environs de *Saïs*.

« Figurine de style grec archaïque ou chypriote,
provenant des premiers colons de race hellénique établis
en Egypte avant la conquête macédonienne. » (MASPERO,
Cat., p. 403.)

369 — Terre cuite — Haut. 0m,15, long. 0m,38. —
Alexandrie.

« Bas-relief représentant une déesse à demi couchée;
le bras droit est appuyé contre un cygne; elle brandit
nn arc de la main gauche; un amour, agenouillé à ses
pieds, saisit par les ailes un papillon placé à terre. »
(MASPERO, Cat., p. 401.)

La troisième tablette, vases et figurines; deux
petites lampes; l'une en terre cuite (370) représente une tête de faune; l'autre un lion couché.

371 — Terre cuite — Haut. 0m,19, long. 0m,245. —
Alexandrie.

« Bas-relief de style archaïque, paraissant représenter
une scène de l'Orestie. Electre assise, pleure au pied du
cippe funéraire d'Agamennon. Oreste, qui vient d'arriver, se penche vers elle pour la consoler, tandis que son
compagnon tient les chevaux. » (MASPERO, Cat., p. 401.)

372 — **Terre cuite** — Haut. 0^m,18, long. 0^m,37. — *Alexandrie.*

Bacchus, à demi supporté par un de ses compagnons, arrive sur un char traîné par deux centaures qui jouent du cor et de la lyre ; il se prépare à descendre pour accueillir l'hommage de trois personnages qui lui offrent un sacrifice. C'est, de cette série de bas-reliefs, celui où les traces de couleur sont le plus visibles.

373 — **Terre cuite** — Haut. 0^m,17, long. 0^m,32. — Epoque ptolémaïque. — *Alexandrie.*

« Mercure, reconnaissable à son caducée, à son chapeau et à ses sandales ailées, amène le bélier Phryxos à Jupiter, à Junon et à Neptune : le paon de la déesse et l'aigle semblent disposés à faire un mauvais accueil à la pauvre bête. » (MASPERO, Cat., p. 394.)

374 — **Terre cuite** — Haut. et larg. 0^m,32. — Epoque grecque. — *Alexandrie.*

« Un homme en costume civil s'adresse à un jeune soldat sans armure, le sein gauche découvert, qui tient une personne(?)de la main gauche, une lance de la main droite. Derrière l'orateur autre guerrier, casqué et revêtu de l'armure complète. Dans le fond deux jeunes femmes. Il faut peut-être reconnaître dans ce bas-relief Achille à Scyros. » (MASPERO, Cat., p. 399-400.)

375 — **Terre émaillée** — Haut, 0^m,103. — Epoque grecque.

« Petit vase richement décoré de feuillage. Une bande de coureurs forme frise autour de la panse. Ornements et figures s'enlèvent en émail jaunâtre sur un fond pers. » (MASPERO, Cat., p. 396.)

Sur la tablette supérieure, vases et figurines en terre cuite ; petit chapiteau en terre émaillée ; antéfixe en terre cuite peinte (N. 376 ; haut. 0ᵐ,25, larg. 0ᵐ,30), de même provenance et de même date que le N. 362.

377 — Terre cuite — Haut. 0ᵐ,20, larg. 0ᵐ,16. — Epoque ptolémaïque. — *Alexandrie.*

« Ce médaillon en terre cuite décorée paraît représenter une reine de la famille des Ptolémées avec la coiffure de Junon. » (MASPERO, Cat., p. 396.)

378 — Terre cuite — Haut. 0ᵐ,17, larg. 0ᵐ,21. — *Alexandrie.*

Personnage paraissant faire la voltige sur un cheval.

379 — Terre cuite — Haut. 0ᵐ,17, larg. 0ᵐ,112. — *Alexandrie.*

Berger assis.

380 — Terre cuite — Haut. 0ᵐ,245, long. 0ᵐ,019.

Personnage assis auprès d'une stèle, dans une attitude affligée.

ARMOIRE *B.*

Vases, figurines, fragments de statuettes. On peut citer :

381 — Calcaire peint — Haut. 0ᵐ,35, larg. 0ᵐ,26.—
Epoque ptolémaïque. — *Saqqarah.*

« Charmante stèle en forme de naos. Le fronton
triangulaire est soutenu par deux figurines de femmes
nues, coiffées à l'égyptienne ; dans le champ, un bœuf
Apis devant un autel et une inscription grecque en cinq
lignes, tracées rapidement à l'encre. C'est l'ex-voto
d'un devin qui interprétait les songes prophétiques aux
dévots. » (MASPERO, Cat., p. 385.)

382 — Morceaux de verre émaillés ou dorés.
— *Alexandrie.*

Fragments de mosaïque.

383 — Marbre blanc.

Fragment d'une statuette de Vénus.

384 — Granit noir — Haut. 1ᵐ. — *Ptolémaïs.*

Serpent du temple d'Esculape à Ptolémaïs (Cfr. Nᵒˢ
301, 304, 307). La tête a été ajoutée.

ARMOIRE *C.*

Collection de poteries grecques.

ARMOIRE *D.*

Terres cuites alexandrines.

ARMOIRE *E.*

Ivoires et panneaux de bois plaqués d'ivoires,
débris de coffrets d'époque romaine.

Dans la vitrine placée entre l'armoire *E* et l'armoire *F*, pierres gravées, cachets gnostiques, médaillons.

ARMOIRE *F*.

Statuettes alexandrines ; la plupart rappellent le style de Tanagra. Une des plus intéressantes (N. 385 ; terre cuite peinte ; hauteur 0^m,08, longueur 0^m,11 ; époque ptolémaïque ; Alexandrie) réprésente un faune.

« L'artiste a représenté un épisode ordinaire des fêtes de Bacchus. Le faune, en voulant danser, selon l'usage, sur une peau de bouc huilée et gonflée, est tombé à terre et serre dans ses bras le col de l'outre ; son vêtement, soulevé par la chute, s'enfle derrière lui et n'a pas encore eu le temps de s'affaisser. » (MASPERO, Cat., p. 406-407.)

ARMOIRE *G*.

Vases et statuettes. On peut citer :

386 — Terre émaillée bleue — Haut. 0^m,21, diam. 0^m,20. — Epoque ptolémaïque. — *Saqqarah.*

« Superbe vase dont le col et le pied sont ornés de guirlandes de fleurs d'olivier en relief. Une moitié seule est de travail antique ; le reste a été refait au musée. » (MASPERO, Cat., p. 385-386.)

387 — Marbre blanc — Haut. 0ᵐ,60. — Epoque ptolémaïque. — *Saqqarah.*

« Une Isis debout, vêtue de la tunique longue. De la main gauche elle relève les plis de sa robe; le bras droit qui tenait la patère avait été rapporté dans l'antiquité et manque. Les draperies sont lourdes et la tête n'est pas en proportion avec le reste du corps; l'ensemble ne manque pas cependant d'une certaine distinction. » (MASPERO, Cat., p. 383.)

388 — Marbre blanc.

Beau fragment de vase grec.

389 — Bronze.

Brûle-parfums.

390 — Granit noir — Epoque grecque. — *Naucratis.*

Statuette d'Isis. La déesse debout, vêtue d'une robe plissée, tient une fleur de lotus. Ses yeux étaient incrustés et sont vides aujourd'hui; les pieds manquent.

391 — Porphyre.

Fragment de statuette. La tête, les bras et les pieds qui étaient rapportés, et probablement en marbre, manquent.

392 — Calcaire blanc — Haut. 0ᵐ,215.

« Autel rond, dont la cuve renferme encore la cendre du sacrifice. Il est monté sur une base carrée d'un dessin très riche. » (MASPERO, Cat., p. 416.)

393. — *Mit-Farès* (Fayoum).

« Pot rempli de monnaies de bronze, agglutinées par
l'oxyde ; des types encore reconnaissables appartiennent
à Dioclétien, à Constantin et aux empereurs contemporains... Trouvé enfoui à Mit-Farès (Fayoum), sous le
seuil d'une maison antique. » (MASPERO, Cat., p. 386.)

ARMOIRE *H*.

Collection de statuettes en bronze, d'époque
gréco-romaine.

394 — Bois — Haut. 0ᵐ,92, long. 1ᵐ,98, larg. 0ᵐ,50. —
Epoque ptolémaïque. — *Sérapéum*.

« Sur une caisse rectangulaire repose une sorte de
toit pointu, servant de couvercle au cercueil. Dans
l'espèce de pignon triangulaire qui se dresse aux deux
bouts étaient encadrés des bas-reliefs en stuc peint
(voir N. 345), représentant des sirènes aux ailes et aux
pieds d'oiseau. » (MASPERO, Cat., p. 375.)

Ce cercueil représente bien une petite maison ; au
bord de la caisse est peinte une frise d'ornements à la
grecque ; le couvercle a la forme d'un toit dont les
trois arètes s'appuient sur trois montants de bois.
Ceux-ci sont composés d'une série de petits rouleaux bien
joints, donnant l'illusion des tuiles imbriquées qui couronnent le faîtage d'une maison. Les extrémités de ces trois
montants étaient ornées des petits médaillons à tête de
Méduse que nous avons vus sous le N. 345.

395 — Bois — Haut. 0ᵐ,46, long. 1ᵐ,93.

Sarcophage d'époque romaine. Peintures intéressantes ; fleurs et ornements variés le long des parois ; au pied du cercueil, derrière Anubis, un arbre et des arbustes assez bien exécutés. Les chairs des personnages sont peintes en rose.

396 — Long. 1ᵐ,05.

Petite momie avec portrait de jeune fille.

397 — Toile et cuir — Long. 1ᵐ,53 et 1ᵐ,62. — Epoque byzantine. — *Saqqarah.*

Momies d'homme et de femme.

« Le corps de la femme est enfermé dans une enveloppe en toile et en cuir cousu, dont les attaches sont maintenues par des sceaux intacts. Sur la face supérieure est peinte à la détrempe la figure de la femme ensevelie. Le costume, les chaussures, les bijoux sont byzantins et fort analogues au costume des mosaïques de Ravenne. — Le corps de l'homme a disparu et il ne reste plus que la partie supérieure du linceul ; encore est-elle assez détériorée. » (MASPERO, Cat., p. 377.)

Ces momies ont été considérées comme chrétiennes, et l'on a vu dans les figures estampées sur leurs genoux un mélange d'emblêmes chrétiens et païens : l'épervier d'Horus, un taureau, des figures nimbées (?), etc. Je ne suis pas sûr que ces emblèmes ne soient pas tous païens ; la figure ailée qui se trouve sur la momie de l'homme, et où l'on est tenté de reconnaître un ange, me paraît être une forme du *ba,* l'oiseau à tête humaine des anciens Egyptiens. C'est l'*âme* ou *principe vital* de leur système panthéiste, en train de se dégager de son enveloppe matérielle.

« Les trois masques exposés dans la même vitrine proviennent des momies païennes des derniers temps ; les têtes sont couronnées de fleurs et les yeux sont bordés de noir, pour imiter l'effet de la poudre d'antimoine. (MASPERO.)

398 — Long. 1^m,20.

Petite momie avec portrait de jeune fille.

399 — Granit gris — Haut. moy. 0^m,53.

Quatre statues trouvées à *Dimeh*. Inscriptions démotique et grecque (Cfr. le naos 305, provenant également de *Dimeh*, et daté du règne de Trajan.)

400 — Bois — Haut. 1^m,91, larg. 0^m,58.

Couvercle de cercueil d'un travail intéressant. Figure d'Osiris.

401 — Toile — Haut. 2^m, larg. 0^m,83.

Enveloppe de momie. Portrait sur toile.

Galerie 46.

Le visiteur repasse de la salle 45 dans la salle 44, et trouve à gauche un passage qui le conduit dans la galerie 46, ornée d'étoffes et broderies coptes, provenant d'Akhmim et du Fayoum. Cette galerie donne accès dans deux salles réservées aux monuments coptes, et une salle réservée aux monuments non égyptiens.

Salle 47.

ARMOIRE *A.*

Inscriptions en écriture copte (voir N. 313) sur parchemin, bois, ostraca ou tessons de poterie, omoplate de chameau. Marques d'amphores et cachets.

Sur les parois ouest et est, trois spécimens de papyrus coptes.

ARMOIRE *B.*

Ustensiles en bronze et ornements d'église; chandelier en forme de croix (N. 402); encensoirs (Nᵒˢ 403 et 404); brûle-parfums (N. 405), etc.

CAGE *C.*

Belles lampes d'église en bronze (Nᵒˢ 406 et 407, hauteur moyenne 0ᵐ,39).

« Ces lampes se composent d'un pied en forme de candélabre, surmonté d'un petit plateau rond et aplati, d'où sort une pointe aiguë, analogue à celle qu'on voit communément dans les chandeliers des églises italiennes, et qui supportait la lampe proprement dite. Celle-ci était ouverte à la partie supérieure et avait une poignée, mais surmontée d'une croix. Elle était munie d'une sorte de coquille en bronze, qu'on levait, pour servir de réflecteur, au moment d'allumer la mèche, et qu'on abaissait, en guise de couvercle, lorsque la lampe était éteinte. » (MASPERO, Cat., p. 384.)

Pots et bouteilles en bronze, bassines et marmites (Nos 408 et 409) ; aiguière ou burette ; lustre (N. 410).

ARMOIRE *D.*

Clefs (Nos 411 et 412), bagues, bijoux, cymbales à clochettes (413) employées dans les églises ; icône ou image sainte (414) du xe siècle (?), avec inscription copte et arabe.

ARMOIRE *E.*

Peignes en bois ; vases de Saint Mena (Nos 415 et 416) ; petit bas-relief avec symboles chrétiens du poisson et de la colombe (N. 417) ; croix ; épingles en bronze et en ivoire ; lampes en terre cuite et en bronze. Deux de ces lampes (Nos 418 et 419) sont en forme de colombe.

Sur la paroi nord, entre deux fenêtres, panneaux en bois sculpté avec images de saint Georges (Nᵒˢ 420 et 421); symbole chrétien de la colombe (N. 422); dessins coptes (N. 423). Chaîne en bronze ornée de trois croix, provenant du Fayoum.

Salle 48.

Poteries coptes. A l'angle sud-ouest de la salle, grand et beau vase (N. 424). Les deux poteries (425 et 426), aux angles nord-est et sud-est sont peut-être des fourneaux (?).

Sur la paroi nord, bassin en granit noir, s'ouvrant aux quatre points cardinaux; stèles funéraires en terre cuite; inscriptions coptes sur bois.

Sur les parois est et ouest, intéressantes boiseries coptes.

Sur la paroi sud, grande inscription copte du tombeau de *Tagi* ou *Dega*.

427 — Terre sèche blanchie à la chaux — Haut. 1ᵐ,30, larg, 1ᵐ,30. — *Thèbes* (Deïr-el-Bahari).

« Au mois de février 1883, en déblayant le tombeau où se trouvait le sarcophage de Tagi (N. 140), je découvris que les chrétiens l'avaient transformé en église consacrée à saint Epiphane, vers le Vᵉ siècle de notre ère, pour le compte d'une des nombreuses laures établies sur le versant de la vallée de Deïr-el-Bahari. Le

couloir du fond fut bouché ; le couloir d'entrée prolongé
par deux murs de briques, de manière à former avec la
chambre d'entrée du tombeau ancien une véritable
croix grecque. On y descendait par un petit escalier de
quatre marches ; de chaque côté du bras d'entrée,
comme des bras transversaux, les murs étaient décorés
de stèles en terre battue, arrondies au sommet, recou-
vertes d'un lait de chaux, sur lesquelles des moines
pieux et instruits avaient écrit à l'encre rouge des sen-
tences des pères saint Cyrille, saint Basile ; des profes-
sions de foi, des sermons entiers, pour la plupart traduits
du grec. J'ai retrouvé les débris de trois de ces stèles
avec des fragments de sermons sur la création, sur la
divinité du Christ sur la virginité de Marie, et une
stèle entière que j'ai réussi à détacher de la muraille et
à transporter au musée.

« Le texte est divisé en trois colonnes de largeur et de
contenance inégale. Il renferme un sermon contre les
hérésies, qui paraît être de saint Basile, et se termine
par la prière accoutumée en l'honneur de l'empereur et
de sa famille. La première moitié, environ, était écrite
sur une autre stèle, détruite aujourd'hui. Sur le cadre
de la stèle, le même moine avait copié un second sermon ; j'ai rétabli, à l'endroit où se voyaient des traces
d'écriture, un fragment appartenant à une autre stèle,
pour montrer au visiteur quelle était la disposition de
l'ensemble. » (MASPERO, Cat., p. 369-370.)

Cette inscription a été publiée par M. Bouriant dans
les *Mémoires de la Mission archéologique française
au Caire.*

La salle 48 contient encore trois momies d'époque copte, qui ne ressemblent pas du tout aux momies payennes et n'offrent qu'un aspect informe sous les toiles qui les enveloppent (Nᵒˢ 428, 429 et 430).

MONUMENTS DIVERS

(MONUMENTS NON ÉGYPTIENS — POIDS ET MESURES — AR-
CHITECTURE — INDUSTRIES — AMEUBLEMENT — ART DU
DESSIN — SCULPTURE — ÉCRITURES SUR OSTRACA ET SUR
PAPYRUS — INSTRUMENTS DES SCRIBES — OBJETS ET
PAPYRUS FUNÉRAIRES — OBJETS HISTORIQUES — MO-
MIES D'ANIMAUX — OBJETS CIVILS — CÉRAMIQUE — VÊ-
TEMENT — BIJOUX — SCARABÉES — OBJETS DU CULTE)

Salles 49 à 72

Salle 49 (Monuments non égyptiens).

431 — Bois — Long. 2^m,00, larg. 0^m,60, haut. 0^m,39.

Cercueil en bois très épais, avec une inscription
himyarite (les tribus de langue himyarite occupaient
les deux rives de la mer Rouge, l'Arabie méridionale
et l'Éthiopie).

Dans l'armoire *A* : vases avec inscriptions phé-
niciennes; l'un d'eux (N° 432) avec double inscription, en phénicien et en démotique, vient de Gournah (Thèbes).

Dans les deux vitrines *B* et *C* :

433 et **434**. — XVIIIe dynastie. — *Tel-el-Amarna,* 1887.

Séries de tablettes cunéiformes. — Ces tablettes
portent une partie de la correspondance entretenue
par la chancellerie du roi Khounaten ou Anénophis IV,

de la XVIIIe dynastie (voir N. 207), avec les princes de l'Asie, depuis la Syrie jusqu'à Babylone. On sait que les relations de ce prince avec les nations étrangères lui attirèrent la haine des prêtres d'Ammon, ennemis absolus des Asiatiques ; d'où résulta la proscription du culte d'Ammon et la persécution dirigée contre ses sectateurs. Cette correspondance récemment retrouvée (1887) des rois d'Asie avec les rois d'Egypte a été publiée dans les *Mémoires de l'Académie de Berlin* et étudiée par le Dr Sayce, le R. P. Scheil, le Dr Winckler et le Dr Zimmern.

Sur la paroi nord : inscription cunéiforme (435) et table d'offrandes avec inscription méroétique (N. 436).

Sur la paroi est : ossuaire juif (N. 437).

L'armoire *D* contient :

438 — Calcaire — Haut. 0[m],58, larg. 0[m],40. — Epoque persane. — *Basse-Egypte.*

« Stèle carrée en forme de naos. Sur la frise, le disque solaire étend ses ailes ; il est répété au-dessus de la porte. Dans l'intérieur du naos, sur un piédestal, est représenté à droite un dieu habillé à l'asiatique et coiffé de la haute mitre syrienne, mais tenant à la main le sceptre des dieux égyptiens ; il est debout sur un lion passant et reçoit l'offrande d'un personage qui, juché sur un tabouret fort haut, arrose de libations un petit autel. Sur la tête du dieu plane le disque solaire combiné avec le croissant de la lune ; deux autres croissants

lunaires sont dessinés à droite et à gauche, et au-dessus
deux oreilles, emblème du dieu qui écoute la prière du
fidèle. Aucune inscription ne nous révèle le nom de la
divinité, ni la date exacte du monument. » (MASPERO,
Cat., p. 358.)

439.

Bronze perse provenant de Daphné.

440 — Bronze.

Sphinx ailé, de travail perse.

441 et 442.

Papyrus phéniciens et araméens.

443.

« Cylindres babyloniens de Naboukoudounossour,
trouvés, dit-on, dans l'isthme. Enumération de quelques
édifices construits par le roi à Babylone, entre autres
un temple au soleil couchant. XXVIe dynastie. » (MAS-
PERO, Cat., p. 402.)

444.

Plaque contenant une écriture inconnue.

445 — Terre sèche crépie à la chaux — Haut. 0m,37, larg. 0m,30.

L'Oraison Dominicale en syriaque. Ce fragment a
été détaché des murs de l'église de saint Epiphane, découverte en 1883 (voir N. 427). — Petits cylindres et
pierres gravées.

Pour se rendre de la salle 49 à la salle 50, le visiteur revient par la galerie 46 aux salles 44 et 43 ; l'entrée de la salle 50 se trouve à l'angle nord-ouest de la salle 43.

———

Salle 50

(Poids, mesures et architecture de l'Egypte ancienne).

La salle 50 contient une collection des poids et et mesures de l'époque pharaonique, et quelques monuments de l'architecture civile des anciens égyptiens.

ARMOIRE *A.*

446 — Albâtre — Haut. 0m,37. — *Saqqarah.*

Vase portant les cartouches du roi Thoutmès III (XVIIIe dynastie). La légende inscrite sous les noms et titres royaux nous apprend que la capacité de ce vase était de 21 *hin*. Le *hin* était l'unité de mesure, dont il est facile, avec cette indication, de reconnaître la valeur (on a trouvé : 0l,4522).

Un autre monument nous fait connaître la valeur de l'*outen*, unité de poids (0gr,9044).

447 — Granit gris — Haut. 0m,25. Don de M. Wilbour. — XIXe dynastie. — *Caire.*

Poids en forme de tête de veau, du poids de 300 *outens* (indiqué par la légende) et portant les cartouches du roi Séti I.

« Les cassures au cou ne sont pas accidentelles. Le sculpteur, en taillant les pièces de ce genre, leur donnait à peu près le poids légal ; pour obtenir une approximation plus exacte, on abattait ensuite la pierre à petits éclats jusqu'à ce que le poids nouveau fît équilibre au poids étalon sur lequel on le réglait. » (MASPERO, Cat., p. 245.)

448 et **448** *bis* — **Bronze et argent** — Haut. 0m,10 et 0m,15.

Mesures avec divisions marquées jusqu'à $\frac{1}{128}$.

449, 450 et **451**.

Equerres et niveaux ou fils à plomb de peintre ou de maçon provenant de la tombe de *Sennot'em* (XXe dynastie) découverte à Thèbes (Deïr-el-Médineh) au mois de février 1886, sous la direction de M. Maspero. Cette tombe, qui n'avait jamais été fouillée, contenait un mobilier funéraire des plus complets et des plus intéressants, depuis les instruments de l'architecte jusqu'au texte d'un roman qui représentait la bibliothèque du mort. Nous rencontrerons successivement, dans la salle 50 et les salles suivantes, les différentes pièces de ce mobilier.

452 — **Bois** — Long. 0m,00.

Coudée provenant du tombeau de *Senrot'em*.

453.

Fragment de coudée.

454 — **Granit gris**.

Poids de 60 outens. (Cfr. le N. 447).

455.

Petite balance d'orfévre ou de pharmacien. — Poids de formes diverses.

ARMOIRE B.

Sur la paroi :

456 — Bois. — XIXe dynastie. — *Abydos.*

Queues d'aronde gravées au cartouche de Séti I, et trouvées dans l'épaisseur des murs du grand temple d'Abydos.

457 et **458 — Bois.**

Maillets de charpentier, de maçon ou de sculpteur.

459 — Bois — Haut. 0^m,27, larg. 0^m,34.

Modèle de pylône, tel qu'il s'en trouvait à l'entrée non seulement des édifices religieux, mais des riches demeures particulières.

460 — Terre cuite — Haut. 0^m,28, larg. 0^m,38, prof. 0^m,45.

Modèle de maison précédée d'une cour, et composée d'un rez-de-chaussée et d'un étage surmonté d'un toit plat ou terrasse. L'escalier se trouve dans la cour, à gauche ; il est surmonté d'un toit plat en communication avec la terrasse. La clôture de la cour est percée de trois ouvertures, au niveau des fenêtres de l'étage supérieur.

461 — Terre cuite.

Autre modèle de maison, comme on en voit encore aujourd'hui à Gournah. Un escalier en forme de rampe

très allongée conduit de la cour à la terrasse. La maison
se compose d'une chambre fermée et d'un hangar complètement ouvert sur la cour. Le toit est seulement
soutenu par une colonne, au point où la portée serait
trop longue du mur de gauche au mur de droite. —
Autres modèles de maisons.

462.

Grillage de fenêtre.

VITRINE *C*.

463 et **464** — **Calcaire émaillé et peint** —
Haut. 0ᵐ,38 et 0ᵐ,37, larg. 0ᵐ,98 et 0ᵐ,67. — xxᵉ dynastie. — *Tell-Yahoudich*, près de Chibin-el-Kanater.

Fragments d'autels (?) ornés de lotus et de fleurons.
Le N. 463 est exposé tel qu'il a été trouvé dans les
ruines du temple; le N. 464 est restauré. Le temple de
Tell-Yahoudieh, maintenant complètement démoli,
appartenait à l'époque de Ramsès III; sa décoration en
terre émaillée en faisait un monument unique dans
l'Egypte ancienne.

465 et **466** — **Calcaire** — Haut. 0ᵐ,49 et 0ᵐ,70.
Grillages de fenêtres (voir le N. 462).

467 — **Bois peint** — Haut. 1ᵐ,17, larg. 0ᵐ,77.
Battant de la porte du tombeau de Sennot'em (voir
le N. 449). Une partie de la serrure est restée fixée au
battant. — Les scènes peintes d'un côté du battant représentent le défunt et sa famille rendant hommage à
Osiris et à Ptah-Sokari. De l'autre côté on voit *Sennot'em* et sa compagne *Eineferta* (*la bienvenue*) assis

en présence d'une table à jeu, et d'une autre table couverte des aliments qui leur sont offerts.

468 — Haut. 1m,27, larg. 0m,70.

Autre porte en clayonnage, provenant des fouilles de Méer (été de 1892). Serrure en bois du côté de la porte.

———

Salle 51 (Industries).

Vitrine *A.*

Bronzes provenant de Saïs.

Armoire *B.*

Perles, émaux, mosaïques. Quelques émaux d'un travail très délicat, notamment le fragment N. 469 (fleurs sur fond blanc).

470 — Émail bleu.

Barque solaire, exposée avec la pierre où elle était encastrée.

471 — Bronze. — Fouilles de M. Naville à *Pithom.* Grillage de fenêtre.

Armoire *C.*

Émaux de Tell-Yahoudieh (voir N. 463). On peut remarquer une jolie bordure de lotus (N. 472);

une plaque émaillée, au nom de Ramsès III (473) ;
les restes d'une frise formée d'oiseaux fantastiques
(N. 474) ; un prisonnier nègre (N. 475). L'Asiatique
au vêtement orné de couleurs et de dessins variés (N. 475 *bis*) provient de Tell-el-Amarna (voir
N°ˢ 207 et 433).

Vitrine *D*.

Collection de bronzes (Cfr. vitrine *A*).

Armoire *E*.

Collection de briques estampées ; on remarque,
parmi les plus nettes, le nom d'Isitemkheb
(N. 476). Colonnes rondes formées de quatre
morceaux (N. 477).

Les pièces de bois dressées aux angles de la
salle ont été trouvées à Thèbes, dans le tombeau
des rois, où elles ont sans doute servi au trainage
des sarcophages.

———

Salle 52 (Ameublement).

Vitrine *A*.

Lits, sièges et tabourets en bois.

Armoire *B*.

Coffrets (N°ˢ 478, 479, 480) provenant pour la
plupart du tombeau de *Sennot'em* (voir N. 449).

Plaques de coffrets en bois, avec incrustations d'ivoire (N⁰ˢ 481, 482, 483). Pieds ou supports de fauteuils ou de lits en calcaire (N. 484), granit (N⁰ˢ 485 et 486), ou terre émaillée (N. 487). Petit chevet (488) et petit modèle de fauteuil (N. 489).

ARMOIRE *C*.

Hoyaux ou pioches en bois (N. 490). Fuseaux et quenouilles en bois et en bronze (N⁰ˢ 491 et 492); écheveaux de fil (N. 493); pelotes (N. 494); bobine terminée par deux têtes sculptées (N. 495).

496.

Lit peint en blanc, porté sur des pieds de lion; au nom de *Sennot'em* (voir N. 449).

Sur l'étagère de la paroi ouest, entre les deux fenêtres, pieds de lit et de fauteuil; barres de lits et de tabourets.

Salle 53 (Suite de l'ameublement).

ARMOIRE *A*.

Chaise et tabourets couverts en paille ou en fil (N⁰ˢ 497, 498 et 499). Sièges sans dossier, en bois peint (N. 500) ou baguettes entrecroisées, attachées par des liens en roseaux (N. 501). Pieds de meubles sculptés.

ARMOIRE *B*.

Ferrures de portes en bronze; lions en bronze ayant peut-être fait partie d'énormes serrures (N. 502).

ARMOIRE *C*.

Pieds et fragments de meuble avec légendes, peintures, dorures, incrustations en émail et lapis lazuli (Nos 503, 504, 505).

ARMOIRE *D*.

Paniers à offrandes, provenant d'Akhmîm (Nos 506 et 507). Paniers en jonc de couleurs variées, tels qu'on les fabrique encore aujourd'hui (N. 508); couffes (Nos 509 et 510); cordes, filets, balai (N. 511).

ARMOIRE *E*.

Boîtes en jonc tressés ; paniers, ouvrages de vannerie.

CADRE *F*.

Porte en bois (haut. 2m,20, larg. 1m,10) trouvée à Illahoun. Avec beaucoup d'attention, on peut discerner des figures gravées sur le milieu de cette porte, ainsi que le nom du roi Oserkon I (xxiie dynastie).

CADRE *G*.

Gonds en bronze et ferrures de porte.

ARMOIRE *H.*

Paniers en jonc et ouvrages de vannerie.

VITRINE *I.*

Sièges à dossier et sans dossier (N°s 512 et 513) ; à pieds sculptés (N°s 514 et 515); petit siège à trois pieds (N. 516) en usage chez les ouvriers cordonniers, ébénistes, ciseleurs, etc., qui travaillaient assis ; tabourets (N. 517); siège en forme de pliant (518).

VITRINE *J.*

Sièges de différentes formes, peints en blanc et garnis de cuir (N°s 519, 520, 521, 522), provenant du tombeau de Sennotem (voir N. 449). Chaise à pieds de lion, peinte en blanc, et banc-étagère (523). Tabouret à trois pieds et débris de sièges cannés.

Salle 54 (Art du dessin).

La salle 54 contient un grand nombre de dessins intéressants, la plupart sur ostraca ou lames de calcaire.

A-B.

524 — Trait noir.

Jolie tête de Pharaon.

525.

Prêtre agenouillé, coiffé d'un masque de chacal et tenant un vase. Légende : *Anubis, qui est à l'ensevelissement, à l'entrée de la demeure divine (l'autre monde); dieu beau, seigneur de la terre sainte.*

C-D.

Dessins ébauchés, quelques-uns d'une main très sûre ; d'autres trahissent l'inhabileté de l'artiste.

526. — Trait noir rehaussé de sanguine.

Le roi Ramsès IV, chaussé de sandales à pointe recourbée, présente une offrande au dieu Min. Sous ses pieds deux barbares agenouillés, les mains liées derrière le dos.

527 — Trait noir.

Ramsès IV traîne, liés à son char de triomphe, des prisonniers barbares que son lion fidèle menace de dévorer.

E-F.

528 — Sanguine.

Lion et griffon (?), ou animal fantastique.

529 — Trait noir.

Prêtre en prière, chaussé de sandales à pointe recourbée.

G.

530 — Trait noir.

Le dieu Ptah, revêtu d'écailles comme un poisson. Divers fragments représentant un roi avec une cuirasse d'écailles, un lion qui se jette sur un prisonnier asiatique, etc.

531 — Sanguine.

Combat à coups de flèches entre deux guerriers montés sur des chars.

H.

532 — Sanguine.

Animal fantastique.

I.

533 — Trait noir.

Princesse égyptienne.

J.

534.

Le dieu Harmachis et le roi Ramsès IV.

535.

Chacal dessiné à la sanguine. — Taureaux.

536 — Peinture sur bois et stuc.

Deux porte-enseignes.

K-L-M.

537 — Trait noir.

Le roi Sorkeri (Amenophis I).

538 — Trait noir et sanguine.

Le fonctionnaire Amenhotep, en présence du roi, portant les insignes du dieu Ammon. Date de l'an II, 23ᵉ jour du second mois de l'été.

N.

Dessins gravés à la pointe.

O-P.

539 — Trait noir et sanguine.

Ramsès IV sur son char ; Pharaon agenouillé ; épervier ; tête de lionne ; visage humain. (Exercices de dessin pour reproduire divers mouvements et diverses attitudes.)

Q.

540. — Collection des prêtres d'Ammon (?).

Figure agenouillée, sans doute un *ex-voto* consacré à un défunt par ses fils *Hori* et *Paarouskher*.

R.

541 — Trait noir rehaussé de rouge.

Deux lutteurs vont combattre pour le divertissement de Pharaon.

542 — Trait noir.

Deux chasseurs nègres ramènent une gazelle (?).

543 — Trait rouge.

Jolie figure de Pharaon.

Au-dessus de la vitrine :

544.

Prêtre en prière.

S.

545.

Esquisse d'une tête en couleurs.

Au-dessus de la vitrine, à droite :

546.

Amenhotep devant son souverain représenté sous la forme d'Horus (Cfr. N. 538).

T.

Au-dessus de la vitrine :

547 — Trait noir.

Déesse ou princesse agitant deux sistres devant le roi Ramsès-Meiamoun.

548 — Trait rouge.

Jolie figure de Pharaon.

U.

Au-dessus de la vitrine :

549 — Trait noir.

Ramsesnakhtou, premier prophète d'Ammon-Râ, roi des dieux, Il est chaussé de sandales à pointe recourbée.

550.

Vache représentant la déesse Hathor.

V.

Au-dessus de la vitrine :

551 — Trait noir et trait rouge.

Pharaon tenant deux barbares, tout petits auprès de lui.

X.

552 — Trait noir.

Deux personnages, coiffés de plantes aquatiques, représentent le Nil de la rive droite et le Nil de la rive gauche.

Au-dessus de la vitrine :

553.

Peinture d'une tête de Pharaon.

———

Salle 55 (Sculpture).

ARMOIRE *A.*

Modèles de sculpteur destinés à l'instruction des artistes qui devaient décorer les temples et les tombeaux. Parmi les plus remarquables, deux petits bas-reliefs représentant des béliers (N°s 554 et 555), puis un lion (N. 556).

ARMOIRES *B* ET *C.*

Autres séries de modèles.

ARMOIRE *D.*

Les N°s 557, 559 et 561 nous représentent des modèles seulement ébauchés pour montrer aux élèves la marche à suivre ; les N°s 558, 560 et 562 nous représentent les mêmes modèles achevés.

ARMOIRE *E.*

Vingt-neuf modèles de tête royale.

« Quinze de ces modèles proviennent de *Saqqarah,* onze de *Sân* (Tanis), et trois de *Mit-Farès* (Crocodilopolis), dans le Fayoum. La série de Saqqarah, la plus complète de toutes, est aussi la plus instructive ; c'est une véritable suite d'exercices gradués destinés aux élèves sculpteurs. Le N. 563 (haut. 0^m,23) nous fournit le point de départ, avec une tête à peine ébauchée. En regardant sur la face plane de derrière, on y distingue encore, tracés à la pointe, les traits de proportion qui indiquaient la place des yeux, du nez, de la bouche et toutes les parties du visage. La figure employée comme modèle était évidemment celle du roi régnant. C'était celle que les sculpteurs avaient le plus souvent à reproduire; aussi l'étudiaient-ils avec soin de face et de profil, jusque dans ses moindres détails. Le N. 564 (haut. 0^m,21) nous montre, en effet, vu de profil, le même personnage que tous les autres modèles nous montrent de face. Deux modèles de pied, découverts à Sân (N°s 565 et 566; long. 0^m,125), nous prouvent qu'on appliquait aux autres membres le procédé qui réussissait si bien pour la tête. » (MASPERO, Cat., p. 100-101.)

On remarque encore (N°s 567 et 568) une tête humaine et une tête de chacal finement travaillées; ce sont des couvercles de canopes; puis une tête royale à peine dégrossie (N. 569), montrant par quels procédés les sculpteurs entamaient le calcaire.

570 — Haut. 0^m,12, long. 0^m,346, larg. 0^m,115.

« Modèle d'architecture; il représente un petit autel auquel on arrive d'un côté par deux petits escaliers, de l'autre par deux rampes assez raides, où l'on se proposait probablement de tailler des marches. » (MASPERO, Cat., p. 101.)

561 — Calcaire — Haut. 0^m,44.

Statuette ébauchée, montrant, comme le N. 569, par quel procédé les sculpteurs dégrossissaient le cal-

caire. Ils se servaient du ciseau et taillaient largement ;
d'autres pierres exigeaient d'autres procédés.

572 — Basalte (?) — Haut. 0m,46. — *Mitrahineh.*

Statuette à peu près semblable à la précédente, mais
de matière différente. La pierre beaucoup plus dure n'a
pu être dégrossie qu'à la pointe.

573 — Serpentine grise — Haut. 0m,98. — *Mitrahineh.*

« La statue reste à l'état d'ébauche. Le personnage
est debout. Il tient devant lui un naos dans lequel
devait figurer une image de divinité qui n'a pas été
sculptée. Il a des sandales aux pieds et la longue robe
ramenée par un nœud sur la poitrine. La face est à
peine dégrossie. » (MARIETTE.)

574 — Calcaire — Haut. 0m,52. — *Tanis.*

Statuette inachevée d'un personnage assis, dans une
attitude dont la sculpture égyptienne ne nous offre
qu'un petit nombre de modèles (comparer la statue 251,
de l'époque de Psammétique I).

575 — Serpentine grise.

Statue à peine dégrossie d'un personnage debout. La
tête n'est encore qu'une masse informe.

VITRINE *F.*

Moules en calcaire et en terre cuite, qui servaient à fabriquer en grandes quantités des statuettes funéraires (N. 576), des offrandes votives

et des amulettes. Sous les N°s 577 et 578, 579 et
580, etc., on voit l'objet fabriqué à côté du moule.

« Ces moules en terre cuite ne paraissent pas avoir
été fabriqués à l'ébauchoir et au poinçon ; un objet
fabriqué à la main servant de modèle a été enfoncé
dans la terre molle, et l'image ainsi obtenue a été cuite
au four.

« Les objets représentés sont des plus variés : colliers, dieux grotesques sur les crocodiles, égides, scarabées, yeux mystiques, chats, dieux Bès, Isis, même
des statuettes funéraires avec leur inscription complète. Tous ces moules sont simples ; les pièces qu'on y
jetait n'avaient qu'une face en relief ; le dos était éga-
lisé d'un coup de racloir et ne recevait aucune em-
preinte. Je ne suis pas bien certain, du reste, que ces
moules aient eu un usage industriel ; j'en ai trouvé
quelques-uns dans les tombeaux, ce qui semblerait leur
assurer une valeur votive. Peut-être en mettant les
moules près de la momie, pensait-on procurer aux
morts le moyen de se fabriquer eux-mêmes des amulettes quand ceux qu'on leur avait prodigués étaient ou
volés ou bien usés. Cela expliquerait le genre des
figures et la simplicité du procédé ; le mort n'étant pas
d'ordinaire un potier, aurait été assez embarrassé de
manier les moules compliqués dont on faisait usage
dans l'industrie.

« L'autre série comprend des moules en calcaire ou
en albâtre. Le type est celui de l'oiseau *Bonou*, sorte
de demoiselle de Numidie consacrée à Osiris, et qui suggéra plus tard aux Grecs la légende du Phénix égyptien ;

l'un d'eux a encore les deux pièces dont la réunion servait à fabriquer l'oiseau complet (N. 581). Je ne pense pas que ce fût toujours de la terre qu'on coulait dans les creux de cette série. Certains indices me porteraient à penser que c'étaient plutôt des moules à pâtisserie. Le choix du Bonou comme forme de certains gâteaux d'offrande se rattachait alors aux idées de renaissance qu'exprimait cet oiseau. » (MASPERO, Cat., p. 287-289.)

Salle 56 (Ecritures sur ostraca).

Les Egyptiens écrivaient de préférence sur le papyrus, dont nous verrons de beaux exemplaires dans la salle 57. Mais le papyrus étant fort coûteux, ils employaient souvent, pour écrire des brouillons, des notes rapides, de courts inventaires, et parfois même de textes importants, soit des planchettes de bois, blanchies ou non (N⁰ˢ 582 et 583), soit des tessons de poterie (notamment les N⁰ˢ 584 et 585, dans la vitrine *I*), soit des lames et même de véritables blocs de calcaire. Ce sont ces deux dernières catégories d'écrits que l'on désigne sous le nom d'ostraca. Les textes exposés dans la salle 56 sont généralement en écriture cursive hiératique ; le plus remarquable (N. 586) provient du tombeau de *Sennot'em* (voir N. 449).

« C'est une pièce de calcaire brisée en deux morceaux (superposés dans la vitrine *A*), longue en tout d'un

mètre, haute de 20 centimètres en moyenne, couverte
d'assez gros caractères hiératiques ponctués à l'encre
rouge. La cassure n'est pas récente ; le calcaire avait
été brisé au moment de la mise au tombeau, comme
beaucoup des objets de parure ou de ménage qu'on déposait près de la momie. L'Egyptien s'attendait à jouir
dans l'autre monde des mêmes distractions qu'il s'était
procurées ici-bas. [Ici] c'est un roman qu'on lui avait
donné ; *en brisant la pierre sur laquelle [ce roman]
était transcrit, on la tuait, [et on l'envoyait ainsi]
dans l'autre monde,* où le double du mort s'en dé-
lectait quand il était en humeur de lire. (MASPERO,
Mémoires de l'Institut égyptien, 1886.)

Cet ostracon contient, en effet, le commencement
d'un roman fameux en Egypte, les aventures de
Sinouhit, dont on n'a connu longtemps que la fin,
par un papyrus de Berlin en partie détruit. C'est
l'histoire d'un Egyptien de la XIIe dynastie, mis par
hasard en possession d'un secret d'Etat qu'il
n'aurait pas dû connaître. Il craint que le roi ne
le fasse périr pour être assuré de son silence, et
s'enfuit en Syrie. Egaré dans le désert, mourant
de soif, il est recueilli par une tribu de Bédouins,
qui l'adopte. Il vit parmi eux pendant bien des
années et devient un de leurs chefs ; enfin le roi
lui envoie sa grâce, et l'invite à rentrer à la cour
d'Egypte, où il compose un récit curieux de ses
aventures et des mœurs des Bédouins.

Salle 57 (Ecritures sur papyrus).

Les Egyptiens employaient généralement, pour la fabrication de leur papier, les tiges de la plante appelée *cyperus papyrus*, qui croissait et était cultivée dans la Basse-Egypte.

« Après avoir coupé les extrémités de la tige, on détachait les fines membranes concentriques qui enveloppaient la moelle ; on posait à plat sur une planche une première couche de ces membranes, et on appliquait une seconde couche en travers sur la première. Les Romains appelaient la première couche *stamen* (chaîne), et la seconde *substemen* (trame). Il est impossible de savoir d'une manière certaine quel était le liquide dont on se servait pour adhérer le *substemen* au *stamen*. Lorsqu'on avait ainsi obtenu une feuille de papier, on la pressait, et divers feuillets (*plagulæ*), collés latéralement les uns au bout des autres, au nombre d'une vingtaine habituellement, et placés par ordre de finesse, les meilleurs d'abord, puis les plus grossiers, formaient un rouleau (*scapus*). Ces rouleaux variaient beaucoup plus en longueur qu'en hauteur, la hauteur étant déterminée par la dimension des bandes détachées de la plante, la longueur au contraire pouvant être prolongée indéfiniment par l'addition de nouveaux feuillets à la suite des premiers. » (PIERRET, *Dictionnaire d'archéologie égyptienne*, p. 413-414.)

La salle 57 contient plusieurs papyrus remarquables par l'intérêt des textes qu'ils renferment et par la beauté des vignettes qui les illustrent.

Ouest de la salle.

587 — Haut. 0m,24, long. 1m,98. — Trouvaille des prêtres d'Ammon, en 1891, à *Deïr-el-Bahari.*

Beau papyrus funéraire de *Heroub*, hiérodule de la déesse Maut, fille du grand prêtre d'Ammon *Ramenkheper* et de la princesse *Isitemkheb*, première grande supérieure des recluses d'Ammon-Râ, roi des dieux. Les vignettes de ce papyrus sont très finement dessinées et peintes. Elles représentent : la défunte en présence de Ptah-Sokar-Osiris ; le dieu Thot principe conservateur, et le dieu Horus, principe rénovateur, versent les germes de vie sur la défunte agenouillée ;— le cynocéphale, consacré à Thot, s'approche, accompagné de la défunte, de l'asile mystérieux où se prépare une renaissance ; — cet asile, disque porté par deux lions, contient l'enfant qui va paraître bientôt, à la lumière, et dont l'*oudja*, œil symbolique du soleil, semble attendre et préparer la venue. — Jolie figure de la défunte prosternée en présence du crocodile, seigneur de l'élément humide ; des arbres indiquent l'action fécondatrice de l'humidité ; — les semailles et la moisson dans les Champs-Elysées ; la défunte qui sème en suivant la charrue, puise les graines dans un sac semblable à ceux qu'on voit au dos de toutes les statuettes funéraires.

588 — Haut. 0m,22, long. 4m,60. — Trouvaille des prêtres d'Ammon, en 1891, à *Deïr-el-Bahari.*

Papyrus funéraire de *Shedsouhori*, directeur de la grande demeure d'Ammon-Râ, roi des dieux, c'est-à-dire, sans doute, du temple de Karnak, à Thèbes. Ce papyrus renferme un écrit de ce qu'il y a dans l'autre monde (Douaut), que le soleil parcourt pendant douze heures de nuit. Il est illustré d'une série des figures mythologiques et symboliques qui sont sculptées en grand dans les tombeaux des rois, à Thèbes.

Centre de la salle.

589 — Haut. 0m,23, larg. 2m,42. Mar., *Papyrus du musée de Boulaq*, t. I. — xxiie dynastie. — *Dëïr-el-Médineh.*

Papyrus opistographe écrit en hiératique (forme cursive des hiéroglyphes), monté entre deux verres. Curieux traité de morale, en forme de dialogue entre le scribe *Ani* et son fils Khonshotpou.

Nord de la salle.

590 — Haut. 0m,28, long. 1m,39. Mar., *Papyrus du musée de Boulaq*, t. I. — Époque grecque. — *Dëïr-el-Médineh.*

« Ce papyrus a été déchiré en plusieurs morceaux au moment de la trouvaille. La page du début, achetée par L. Vassalli bey, conservateur du musée, a été volée en 1877. La partie du milieu, achetée par Mariette, est exposée sous le N. 590. La fin, acquise par un touriste inconnu, est aujourd'hui cachée dans un château d'Angleterre. C'est un traité de géographie, mais d'une géographie un peu mythique. Il traitait du Fayoum et des localités voisines. Au début, on voit deux figures du dieu *Sobkou*, naviguant chacun en sa barque et recevant les prières de deux femmes coiffées de plantes fluviatiles ; c'est le dieu Sobkou du midi qui entre dans le lac Mœris et le dieu dieu Sobkou du nord qui en sort pour entrer dans le Nil. Derrière, et à mi-jambe, Râ s'avance, tandis que quatre divinités, deux à tête de grenouille, deux à tête de serpent, sont rangées deux à deux sur les rives. Les légendes indiquent que nous sommes au débouché du lac ; les dieux qui président à la scène sont les Khmounou, les huit dieux créateurs du monde.

« Une femme de forte taille, étendue le long du papyrus est la déesse-vache Mihoïrt, qui passait pour être *le fondement du bassin qui se trouve dans la terre de Tashe*, en d'autres termes, du lac Mœris qui est au Fayoum. De sa tête semble partir une sorte de canal, qui aboutit bientôt à la représentation conventionnelle du lac Mœris et des campagnes environnantes ; un rectangle oblong, divisé en huit compartiments longitudinaux. Les quatre compartiments du milieu représentent le lac lui-même et devaient être remplis, les deux compartiments internes de poissons, les deux externes, de canards et d'oies. Sur chaque rive, un compartiment semé de figures d'arbres simulait le terrain planté qui bordait le lac. Un dernier compartiment, occupé par une inscription hiéroglyphique, servait de cadre au tableau. Mais le scribe ayant, par erreur, laissé en blanc l'un des compartiments du milieu, toute l'économie de la composition s'est trouvée dérangée. Les poissons ont envahi le compartiment des oiseaux d'eau ; ceux-ci sont descendus dans le domaine des arbres, et les arbres, à leur tour, se sont rejetés sur la place réservée à l'inscription hiéroglyphique qui courait sur la rive méridionale. Des deux côtés du bassin et du canal, sont rangées les localités importantes pour l'histoire de la guerre que les dieux Hor et Sit se sont livrée dans le Fayoum, Hàonat, Parohes, Pakhnoum, etc. Les légendes nons révèlent l'idée qui a présidé à la rédaction de cet ouvrage. Les dieux égyptiens avaient l'habitude de se rendre visite dans leurs temples, et ces visites étaient, chaque année, l'occasion de fêtes splendides. Notre papyrus est l'itinéraire que suivait le dieu Sobkon, le dieu Crocodile, roi du Mœris, quand il rendait visite à l'une des divinités voisines. » (MASPERO, Cat., p. 197-199.)

Au-dessus du manuscrit du lac Mœris :

591.

Autre papyrus moins important, mais d'une merveilleuse finesse.

Est de la salle.

592.

Quelques exemplaires du *Livre des morts* qu'on plaçait sur les défunts pour les guider en vue des épreuves d'outre-tombe, et de l'examen à subir devant Osiris et les quarante-deux juges des morts; l'âme était pesée dans la balance divine, et le défunt devait prononcer une apologie ou confession négative, énumérant toutes les fautes dont il se déclarait innocent.

« Je n'ai commis aucune fraude envers les hommes. Je n'ai pas tourmenté la veuve. Je n'ai pas menti devant le tribunal. Je ne connais pas le mensonge. Je n'ai pas imposé à un chef de travailleurs, chaque jour, plus

de travaux qu'il n'en devait faire. Je n'ai pas été né-
gligent. Je n'ai pas été oisif. Je n'ai pas desservi l'esclave
auprès de son maître. Je n'ai pas affamé. Je n'ai pas
fait pleurer. Je n'ai pas tué. Je n'ai pas ordonné le
meurtre en trahison. Je n'ai pas eu de gains frauduleux.
Je n'ai pas usurpé dans les champs. Je n'ai pas faussé
l'équilibre de la balance. Je n'ai pas enlevé le lait de la
bouche des nourrissons. Je suis pur, je suis pur, je suis
pur ! O magistrats, en ce jour du jugement suprême,
donnez au défunt de venir à vous, lui qui n'a point
péché, qui n'a point menti ni fait le mal, qui n'a commis
nul crime, qui n'a point rendu de faux témoignage, qui
n'a rien fait contre lui-même, mais vit de vérité et se
nourrit de justice. Ce qu'il a fait, les hommes en parlent
et les dieux s'en réjouissent ; il a donné des pains à
l'affamé, de l'eau à l'altéré, des vêtements au nu ; il a
offert des sacrifices aux dieux, des repas funéraires aux
défunts. Sa bouche est pure, et ses deux mains sont
pures. » (Cfr. Cat. Masp., p. 195-197.)

Pendant la pesée de l'âme, Horus, à tête d'épervier,
faisait miséricordieusement pencher la balance du bon
côté, et Thot à tête d'ibis, inscrivait les résultats et
proclamait le jugement.

Enfin, nous signalerons (paroi ouest et côté cor-
respondant de la vitrine centrale) les papyrus
funéraires de *T'anefer*, hiérodule de *Khnoum*
(forme du dieu Ammon à tête de bélier) et de
Katseshni, fille du roi-prêtre d'Ammon *Ramenkheper* (Nos 593 et 594).

La vitrine *A-O* nous montre les instruments dont se servaient les scribes égyptiens; palettes en bois ou en ivoire (N⁰ˢ 595, 596 et 597) avec godets pour contenir la couleur ou l'encre, et entailles où l'on insérait les calames ou roseaux taillés pour l'écriture; palettes votives en albâtre (N. 598), que le défunt devait tenir en récitant une prière à Thot, dieu de l'écriture (ch. xciv du *Livre des morts*); pains de couleur pour préparer l'encre (N⁰ˢ 599, 600, 601, 602, 603); petits mortiers avec des pilons pour broyer les pains de couleur (N⁰ˢ 604 et 605); tablettes à six godets contenant encore les couleurs préparées (N. 606); couleurs broyées (N. 607); enfin, les N⁰ˢ 608, 609 et 610) nous indiquent les papyrus tels qu'on les retrouve aujourd'hui. Il faut maintenant, pour les dérouler, une attention minutieuse et des soins spéciaux.

Salle 58 (Objets funéraires).

ARMOIRE *A*.

Réseaux et tissus de perles qu'on plaçait sur les momies; quelques-uns de ces ouvrages sont d'un travail très fin, notamment le N. 611, avec figures d'Anubis, et les N⁰ˢ 612 et 613 (visages humains).

ARMOIRE *B*.

Masques de momies, peints ou dorés; hypocéphales en terre cuite (N. 614), en bronze (N. 615) ou en cartonnage (N. 616). Placés sous la tête de la momie les hypocéphales devaient, par la vertu des formules dont ils étaient couverts, conserver au corps sa chaleur vitale pour la résurrection.

ARMOIRE *C*.

617. — Trouvaille des prêtres d'Ammon, en 1891, à *Deïr-el-Bahari*.

Linceul avec figure d'Osiris. Ce linceul enveloppait la momie du prêtre d'Ammon *Nespanoferhir*, directeur des jeunes garçons consacrés au culte d'Ammon.

ARMOIRE *D*.

Cartonnages trouvés avec les momies ; semelles qu'on leur mettait sous les pieds, pour qu'aucun contact impur ne souillât la demeure d'Osiris.

618 — Panneau de bois peint.

Figure du taureau Apis.

ARMOIRE *E*.

619.

Linceul qui enveloppait la momie du prêtre d'Ammon *Khonsounrenp*, écrivain des commandements de la maison d'Anhour (dieu de *Thini*, près d'Abydos), et écrivain des commandements de la maison d'Osiris, seigneur d'Abydos. Le défunt est représenté debout devant Osiris.

ARMOIRE *F*.

Momie serrée dans une gaîne de jonc (N. 620), provenant du tombeau de *Sennot'em* (voir N. 449). Deux masques de momie en fort cartonnage, provenant du même tombeau (Nᵒˢ 621 et 621 *bis*). Chevet en bois (N. 622).

ARMOIRE *G*.

Masques de momies ; réseaux ; larges colliers en cartonnage (623) ; semelles et sandales.

Sur les armoires.

Statuettes d'Osiris en bois évidé, à l'intérieur desquelles on enfermait souvent des papyrus funéraires ; caisses en bois où l'on déposait au nom d'un défunt un grand nombre de petites figurines funéraires, telles que nous en allons voir dans les trois salles suivantes (Nᵒˢ 59, 60 et 61). Ces caisses portaient une inscription au nom du défunt ; le couvercle était scellé de son cachet.

VITRINE *H*.

Pectoraux ou ornements de momie en forme de petite chapelle contenant un scarabée, symbole des transformations par où la vie se renouvelle. Ce scarabée est représenté entre Isis et Nephthys (N. 624), ou seul (N. 625). D'autres pectoraux

représentent Anubis, dieu de l'ensevelissement
(N. 625); Osiris et Horus (N. 526), ou l'épervier
d'Horus, en bronze ou en bronze doré, les ailes déployées (Nᵒˢ 627 et 628). D'autres sont en forme
de scarabées bleus, aux ailes d'or émaillées de
bleu (N. 629).

« Quelle que fût l'image, le pectoral avait pour vertu
de mettre le mort sous la protection des divinités représentées et de l'identifier au soleil levant pour la
résurrection..... Le scarabée volant, emblème du soleil,
jouait sur sa poitrine le même rôle que le pectoral en
forme de naos. » (MASPERO, Cat., p. 235.)

Puis une collection d'yeux mystiques en cuir
(N. 630), en toile et en cire (N. 631).

« Ces yeux mystiques, en égyptien *ouza* (*oudja*)
sont, à proprement parler, les yeux du dieux Rà, considéré comme dieu suprème; l'œil droit est le soleil, l'œil
gauche est la lune. L'œil, isolé de la figure divine à
laquelle il appartenait, devenait une divinité *ouza Hor*,
l'œil d'Hor, qui avait son existence indépendante et
jouait un certain rôle dans la légende osirienne; il avait
pleuré en différentes occasions, et ses pleurs avaient
donné naissance à toutes les substances utiles : au vin,
à l'huile, etc. Menacé par Sit, il n'échappait à un danger
que pour retomber dans un autre, mais sortant toujours
victorieux de chaque épreuve; aussi les vivants et les
morts avaient-ils l'habitude de se mettre sous sa protection, et d'opposer sa puissance à tous leurs ennemis.
On le consacrait en récitant sur lui certaines prières, le

chap. CXL du *Livre des morts*, par exemple, puis on l'attachait au poignet de l'individu, à son cou, sur sa poitrine, ou bien on le mettait avec d'autres amulettes dans la cavité du ventre, après l'extraction des intestins. On le fabriquait en toutes matières, en lapis, en cornaline rouge, en feldspath vert, en agathe, en bois, en pâtes émaillés, etc., et on en variait la forme et la grandeur à l'infini. « (MASPERO, Cat., p. 267-268.)

Les N°s 632 et 633 nous montrent deux exemplaires des scarabées du cœur.

« Ces gros scarabées étaient le symbole du cœur. Après avoir enlevé le cœur du mort, on le remplaçait par un scarabée, sur lequel était gravée une formule magique (*Livre des morts*, ch. XXX et LXIV, l. 33-36) : « O mon cœur qui me vient de ma mère, mon cœur de « quand j'étais sur terre, ne te lève pas contre moi, ne « porte pas témoignage en ennemi contre moi par « devant les chefs divins ; ne m'abandonne pas devant « le dieu grand, seigneur de l'Occident ! Salut à toi, « cœur d'Osiris, qui vis dans l'Occident ; salut à vous, « viscères divins, salut à vous, dieux à la barbe tressée, « puissants par votre sceptre ; dites du bien du mort et « accordez qu'il prospère par l'intermédiaire de Nahb-« koou. » Le cœur était placé dans la balance, au moment du jugement suprême et son témoignage décidait du sort de l'homme (voir N. 592) ; la formule avait pour effet de le contraindre à ne dire que le bien devant les dieux et à taire les mauvaises actions. Pour plus d'efficacité, on joignait souvent à la prière des représentations de divinités qu'on gravait sur les élytres, sur le corselet, même sur le plat du scarabée...... Ces scarabées du cœur étaient fabriqués à l'avance et s'achetaient tout faits chez le marchand. On en trouve où les lignes sont marquées, mais non remplies, où la formule a été gravée et le nom laissé en blanc, où la formule est incomplète et où les signes n'offrent aucun sens. » (MASPERO, Cat., p. 228-230.)

634. — *Deïr-el-Bahari*, 1891.

Bretelles trouvées sur les momies des prêtres d'Ammon.

« Vers la fin de la grande époque thébaine, les momies portaient sur leur maillot des bretelles en toile, terminées par des bouts en parchemin bordés de cuir rouge. Ces bouts en parchemin, fabriqués par les prêtres, portaient ordinairement, comme marque d'origine, une scène d'adoration à Ammon-Râ par le grand prêtre ou par le roi régnant. » (MASPERO, Cat., p. 99.)

Ces bretelles de momies sont donc précieuses, comme fournissant des indications certaines sur la date des ensevelissements.

VITRINE *I*.

Cette vitrine contient un certain nombre de pièces provenant de la découverte des prêtres d'Ammon, notamment un pectoral ou scarabée aux ailes éployées (N. 635), un scarabée en lapis-lazuli (N. 636), et un cœur en quartz (N. 637), trouvés sur la momie de *T'etoukhonsouaufankh*.

Le cœur était un des principaux symboles de renaissance ; il représentait le fruit des arbres, contenant la graine ou la semence d'où sortira une existence nouvelle.

Puis de petits génies en cire, représentant *Amset*, *Hapi*, *Tiaoumautef* et *Kebhsennouf*, gardiens des viscères du défunt.

———

Salle 59 (Suite des objets funéraires).

ARMOIRE *A.*

Nombreuses statuettes funéraires, de diverses provenances et de diverses époques ; la plupart cependant sont de l'époque saïte.

« On nommait ces statuettes *Ouoshbiti* ou *Shbiti*, *les Répondants*, à cause de la fonction qu'elles remplissaient dans l'autre monde : elles devaient *répondre* à l'appel du nom du défunt et se présenter à sa place pour exécuter les corvées qu'Osiris avait le droit d'exiger de lui. Les formules diverses qu'on trouve écrites sur elles ne laissent subsister aucun doute à cet égard : « Je suis *X*, le serviteur de l'Enfer » ; ou : « Je suis *X*, « le serviteur d'Osiris ». La plupart s'adressent aux statuettes elles-mêmes, et les conjurent de venir fidèlement en aide du défunt : « O Répondant d'Ahmos ! » Si Ahmos est appelé pour travailler dans l'Enfer, il crie : « Me voici ! » Cette idée développée avait fini par deve-

nir une oraison assez longue, qui est le chap. IV du
Livre des morts, et qu'on gravait fort souvent tout
entière sur les statuettes : « O ces Répondants ! si l'on
« appelle, si l'on dénombre le monarque Phtahmos,
« pour qu'il fasse tous les travaux qu'il y a faire dans
« l'autre monde — lui qui a combattu l'ennemi, —
« comme un homme qui doit la corvée, pour ense-
« mencer les champs, pour remplir les canaux, pour
« transporter les grains de l'est à l'ouest : « C'est moi,
« me voici ! » exclamez-vous et puisses-tu être appelé
« à toute heure, au cours de chaque jour. »

« Pour rendre leur service plus efficace, on les déposait en très grand nombre, par milliers même, avec les
momies. Tantôt elles sont jetées au hasard dans le sarcophage, tantôt on les a rangées debout contre le sarcophage ou répandues sur le sable de la chambre. On les
entassait souvent dans des boîtes spéciales, grandes ou
petites. Elles sont en toutes matières, mais les plus
vieilles, celles qui sont antérieures à la XVIIIe dynastie, sont plutôt en bois, en granit, en calcaire ou en
albâtre. Sous la XVIIIe dynastie, la terre cuite, recouverte d'un émail bleu, commence à paraître, et sous la
XXVIe, la terre émaillée verte l'emporte, presque à
l'exclusion du reste. Au début, les statuettes funéraires
ne sont qu'une dégénérescence des statues en calcaire qui
servent de support au double ; aussi leur donne-t-on
l'aspect et le costume de l'homme vivant, plus rarement
le costume et l'aspect de la momie. Plus tard, l'idée de
leur usage détermina de plus en plus la forme de leur
costume : on leur mit à la main la pioche pour travailler la terre, ou le sac à grains pour ensemencer,

parfois un vase à libations ou une croix ansée, signe de la vie. Aux dernières époques, leur identification avec le mort est si complète qu'elles ne sont plus que des momies de petite taille. » (MASPERO, Cat., p. 131-133).

Beaucoup de figures portent la simple mention : « Illumination de l'Osiris un tel », vœu d'assimilation au soleil, en faveur du défunt.

Nous noterons, dans l'armoire *A*, une statuette en bois de Dirga (XIXᵉ dynastie), couchée dans son cercueil, sous le N. 638.

639 — Calcaire — Haut. 0ᵐ,50, larg. 0ᵐ,30. — XIIIᵉ dynastie. — *Abydos*.

« Au fond de chaque temple, il y avait une chapelle monolithe semblable pour la forme, sinon pour les dimensions, au N. 639 ; c'était la qu'était censé résider le dieu du temple, et on y renfermait soit l'emblème de ce dieu, soit l'animal vivant qui lui était consacré.

« L'usage voulait qu'on plaçàt parfois des naos de ce genre dans les tombeaux. Celui-ci avait une statue, aujourd'hui perdue, du mort auquel il était destiné, Iouf, fils de Sonit. Il est décoré à l'extérieur de deux scènes d'adoration, dont l'une occupe deux faces et l'autre une seule ; la famille et les amis, conduits par la dame Sazit, défilent devant Iouf et lui font l'offrande. » (MASPERO, Cat., p. 140.)

ARMOIRE *B*.

Tablettes ou stèles de bois, provenant de Gournah et appartenant à diverses époques, depuis la

XXe dynastie jusqu'à l'époque Ptolémaïque. L'une
d'elles (N. 640) offre un exemple fort rare d'un
paysage égyptien.

« La montagne peinte en jaune rayé de rouge,
couvre le champ de gauche ; deux petites portes sur-
montées de pyramidions marquent la tombe de la dame
Zodamen Efònkh. Une femme agenouillée se lamente et
s'arrache les cheveux en signe de deuil ; des arbres
dessinés derrière elle figurent le jardin funéraire, où
l'âme viendra s'ébattre et se nourrir à la table qui
l'attend chargée d'offrandes. Au registre supérieur, la
dame Zodamen Efònkh vient réclamer auprès d'Harmachis sa part des sacrifices que lui font ses parents.
XXIIe-XXVIe dynastie. » (MASPERO, Cat., p. 131.)

Sur la tablette supérieure de l'armoire *B*, série
de chevets en bois (Cfr. N. 622) et en pierre.

« Comme les Nubiens en emploient encore aujour-
d'hui pour reposer leur tête pendant le sommeil. Ceux
qu'on donnait aux morts étaient destinés à leur procurer des nuits paisibles dans l'autre monde ; certains
manuscrits du *Livre des morts* ont même un chapitre
du chevet, dont des extraits sont gravés quelquefois
sur les chevets funéraires. Rarement on les trouve sous
la tête de la momie ; presque toujours ils sont à terre,
à côté du cercueil. » (MASPERO, Cat., p. 130.)

Les armoires *C* et *D* contiennent des figurines
funéraires de diverses époques.

6

Dans l'armoire *E* l'on voit de beaux chevets en bois et en albâtre, avec inscriptions (Nᵒˢ 641 et 642); une enveloppe de-chevet en jonc tressé (N. 643); une jolie petite stèle votive en albâtre (N. 644), au nom du gouverneur *Shiti* et de la dame *Hotpoui* (xiiiᵉ dynastie, *Abydos*); un certain nombre de tablettes ou petites stèles en bois peint; quelques-unes appartiennent à la collection des prêtres d'Ammon, notamment le N. 645, au nom de *la vénérable Katseshni* (Cfr. N. 594).

646 — Calcaire — Haut. 0ᵐ,37, larg. 0ᵐ,24, prof. 0ᵐ,22. — xiiiᵉ dynastie. — *Abydos*.

Naos (Cfr. N. 639) de *Nakht;* la chapelle contenait une statuette du défunt, que nous retrouverons dans la salle 63, armoire *C*.

À droite et à gauche de l'armoire *F*, figurines funéraires de diverses époques. Au centre, jolies statuettes, les unes debout, les autres couchées dans le cercueil; leurs couleurs ont conservé toute leur fraicheur. Toutes sont de la xxᵉ dynastie et proviennent du tombeau de *Sennot'em* (voir N. 449). On peut noter la statuette vernie N. 647, et les Nᵒˢ 648 et 648 *bis*, portant le costume civil, au lieu de l'emmaillotement des momies; les Nᵒˢ 649 et 650, avec leurs petits cercueils.

651 et **651** *bis* **— Bois peint et doré —** Haut· 0ᵐ,84. — *Hassaïa*.

Coffrets à quatre compartiments où l'on enfermait les viscères du défunt retirés du corps pour l'embaumement. Très souvent, ces coffrets étaient remplacés par quatre vases canopes, comme ceux que nous allons voir sur les étagères *H* et *I*.

ARMOIRE *G*.

Statuettes funéraires en bois, granit, albâtre, terre cuite peinte ou peinte et émaillée (XIIIᵉ-XXIᵉ dynasties). On peut noter les Nᵒˢ 652 (XIIIᵉ dynastie), 653 et 654 (XVIIIᵉ dynastie), 655 et 656 (XIXᵉ dynastie).

ÉTAGÈRES *H* ET *I*.

Collection de vases canopes, en calcaire et en albâtre, d'époques saïte et ptolémaïque. Les vases canopes recevaient les viscères du défunt, retirés du corps pour l'embaumement, et confiés à la garde de quatre génies funéraires, fils d'Osiris (voir salle 58, vitrine *I*, des images en cire de ces génies).

L'estomac, renfermé dans le premier vase canope, était gardé par *Anset*, génie à tête humaine.

Dans le second vase, les intestins étaient sous la garde de *Hapi*, génie à tête de cynocépale.

Dans le troisième vase, *Tiaoumautef*, génie à tête de chacal, gardait les poumons. Enfin le foie était placé dans le quatrième vase, sous la protection de *Kebhsenouf*, génie à tête d'épervier.

Armoire *J.*

Statuettes funéraires en bois, granit, albâtre, terre cuite, émaillée ou non émaillée (xiiie-xxie dynastie). Les plus anciennes de ces statuettes sont en bois ou en calcaire ; l'émail n'apparaît qu'à partir de la xviiie dynastie. On peut noter le N. 657 (xiiie dynastie), le N. 658 (xviiie dynastie) ; l'âme, sous la forme d'un oiseau à tête humaine, vient se poser sur la poitrine du défunt, pour ranimer son cœur ; le N. 659, etc.

Cages *K* et *L.*

660 et **661** — **Bois peint** — Haut. 1^m,09. — Trouvaille des prêtres d'Ammon, en février 1891, à *Deïr-el-Bahari.*

Jolies statues d'Isis et Nephthys, les deux pleureuses d'Osiris défunt, qui jouaient un rôle important dans le mystère du renouvellement de la vie, reproduit plus tard par les Grecs, dans les cérémonies d'Eleusis. Les statues en bois de l'ancienne Egypte sont fort rares ; on peut comparer celles-ci (xxie dynastie) à celles de l'ancien empire (N°s 19, 35, 95).

Cage *M.*

Aux angles de la cage *M*, statues agenouillées des deux pleureuses Isis (662) et Nephthys (663), provenant de Hassaïa (Cfr. N°s 660 et 661). Isis porte sur la tête un siège, hiéroglyphe de son nom, Nephthys, la façade d'un édifice. — Statuettes en bois d'Osiris, destinées souvent à contenir des papyrus funéraires, et accompagnées d'éperviers en bois, images d'Horus, ou d'éperviers à tête humaine, représentant l'âme ou le principe vital. Un de ces Osiris, accompagné de l'âme porte le N. 664. — Un beau coffret à figurines funéraires (N. 665), porte le nom d'*Amennouitnakhtou*, chef des ouvriers en métaux du temple d'Ammon (trouvaille des prêtres d'Ammon). — Enfin on remarquera (666) une stèle en bois peint, opisthographe, au nom d'*Ankhefenkhonsou*, prêtre de Mentou.

VITRINE *N*.

667 — Calcaire blanc et granit noir — Haut. du sarcophage 0m,20, long. 0m,31, prof. 0m,15.

« L'âme égyptienne était figurée par un épervier à tête et à bras d'homme : il s'envolait à la mort et l'un des souhaits adressés au défunt était que « son âme pût « rejoindre son corps à son gré ». Le petit monument représente cette réunion de l'âme et du corps. La momie, enveloppée de son maillot et couchée sur le lit funéraire à pieds de lion, attend ; l'épervier est descendu dans le tombeau et, posé à côté d'elle, place les deux mains sur l'endroit où était le cœur, en regardant attentivement, la face impassible. Le mouvement du petit oiseau symbolique, l'expression douce et presque suppliante de l'âme, le contraste entre la vie qui anime ses traits et l'immobilité de la momie font de ce groupe un véritable chef-d'œuvre en son genre. Il était enfermé dans un sarcophage de calcaire blanc, couvert d'inscriptions et de figures : Isis, à la tête, Nephthys aux pieds, sur les côtés Anubis et les génies des morts.

« Le personnage étendu sur le lit funéraire était premier héraut du roi et s'appelait Râ. — XXIIe dynastie. » (MASPERO, Cat., p. 130-131.)

La vitrine *N* contient encore (N. 668 : serpentine grise ; haut. 0^m,045 ; long. 0^m,16 ; larg. 0^m,05) le petit sarcophage :

« Lit funèbre du chef des scribes Miri ; l'âme est venue s'abattre à côté de lui et lui met les deux mains sur la poitrine. La formule est celle qu'on trouve sur les statuettes funéraires. XXe dynastie. » (MASPERO, Cat., p. 146.)

Puis, quelques statuettes funéraires couchées dans leurs petits cercueils.

VITRINE *O.*

Petits cercueils blancs tenant lieu de canopes et contenant des intestins.

VITRINE *P.*

Un certain nombre de terres cuites représentant une femme couchée sur son lit ; souvent avec un petit enfant qu'elle allaite. La femme est peut-être une image d'Isis et l'enfant une image d'Horus (N. 669). — Deux figurines funéraires taillées dans le même morceau de granit noir (N. 670). Pavillon (?) en terre cuite sur lequel Hathor, la Vénus égyptienne, est représentée dans une barque entre deux figures de Bès, l'Hercule égyptien, et généralement l'Hercule grotesque (N. 671).

Aux angles de la vitrine : pleureuses en terre cuite.

Sur les armoires, statuettes d'Osiris servant de boîtes à papyrus (voir salle 58, armoire *G;* voir aussi N. 664) ; coffrets à figurines funéraires, et coffrets à canopes (voir salle 58, armoire *G :* salle 59, étagères *H* et *I,* et N. 651).

———

Salle 60 (Suite des objets funéraires).

Les quatre armoires *A, B, C, D* contiennent des figurines funéraires. Toutes proviennent de la trouvaille des prêtres d'Ammon. La plupart sont en terre cuite recouverte d'un bel émail bleu ; d'autres sont peintes en blanc. Parmi celles-ci, nous signalerons dans l'armoire *D,* quatrième rangée, la jolie série des statuettes d'*Amennouitnakhtou ;* nous avons vu (salle 59, vitrine *M,* N. 615) le coffret qui contenait ces statuettes.

———

Salle 61 (Suite des objets funéraires).

L'armoire *A* et l'armoire *F* sont remplies de figurines funéraires des prêtres d'Ammon.

L'armoire *B* renferme des vases canopes (voir salle 50, étagères *H* et *I*) de diverses époques. On peut noter les Nᵒˢ 672 et 672 *bis* (xiiiᵉ dynastie); au milieu de l'armoire le N. 673 (xixᵉ dynastie); et quatre vases bleus émaillés d'époque ptolémaïque (Nᵒˢ 674, 675, 676 et 677).

Les armoires *C* et *D* contiennent des séries de figurines funéraires, d'époques et de provenances diverses.

Dans l'armoire *E* nous remarquons, sous les Nᵒˢ 678 et 679, de beaux vases canopes d'époque saïte, en albâtre oriental; et sous les Nᵒˢ 680 et 680 *bis* de jolis coffrets provenant d'Akmîm.

———

Salle 62 (Papyrus funéraires).

La cage du milieu contient une série de ces statues d'Osiris où l'on enfermait des papyrus funéraires (voir salle 58, armoire *G*; salle 59, cage *M*, etc.). On voit souvent des éperviers au pied de ces statuettes; au N. 681, l'épervier est posé sur le couvercle d'un sarcophage, dont les quatre angles supportent quatre autres éperviers plus petits.

Parmi les papyrus exposés dans la salle 62, nous citerons :

Est de la salle.

682.

Papyrus orné de dessins esquissés à grands traits par une main exercée, modèle de l'habilité et de la hardiesse des dessinateurs égyptiens.

Centre de la salle.

Vitrine *K.*

683.

Fragment du *Livre des morts*, au nom de Mapoui. Ce papyrus est opistographe.

Ouest de la salle.

684. — Trouvaille des prêtres d'Ammon.

Papyrus de sept mètres de long, au nom de *T'et-khonsouaufânkh.* Les vignettes sont fort curieuses; quelques-unes sont de véritables caricatures (notamment la scène qui se trouve au-dessus de la vitrine *N*).

Vitrine *Q.*

685.

Papyrus d'une finesse remarquable dont nous avons vu un fragment dans la salle 57, au-dessus du papyrus du lac Mœris (paroi nord).

Vitrine *R.*

686. — *Thèbes* (Deïr-el-Bahari).

Papyrus au nom de la dame *Nesikhonsou.* Copie en belle écriture cursive (hiératique) d'un décret rendu par Ammon pour assurer dans l'autre monde le bonheur de la défunte. (Ce papyrus et le numéro suivant appartiennent à la collection des momies royales).

VITRINE *T.*

687. — XXIᵉ dynastie. — *Thèbes* (Deïr-el-Bahari).

Papyrus de la reine Makeri, dont nous verrons la momie dans la salle royale, auprès de la momie de sa petite fille, morte et ensevelie avec elle. Vignettes d'une finesse et d'une fraîcheur admirables.

———

Salle 63 (Objets historiques).

ARMOIRE *A.*

688 — Basalte vert — Long. 0ᵐ,15, larg. 0ᵐ,12.

« Pieds et socle d'une statue représentant le roi Tahraka (XXVᵉ dynastie). Vingt-huit captifs enchaînés (quatorze Asiatiques et quatorze nègres, symbolisant autant de nations ennemies) servent d'ornements au socle. » (MARIETTE.)

689 — Albâtre — Haut. 0ᵐ,31. — XIXᵉ dynastie.
Belle tête royale.

690 — Calcaire — Haut. 0ᵐ,52. — *Thèbes* (Assasif).

« Stèle de *Besmaut*, prêtre du soleil, né l'an 18 de Psammétique I (648 avant notre ère) et mort à l'âge de 99 ans, c'est-à-dire sous la 23ᵉ année d'Amosis. 549 avant notre ère. » (MARIETTE.)

691 et **691** *bis*. — xviiie dynastie. — *Tell-el-Amarna*.

Stèles (voir N. 207). Le scribe royal Anoui se rend sur son char chez le roi, où il sera le bienvenu (691), Le même, assis sur un siège pliant, reçoit des offrandes funéraires (691 *bis*).

692 — **Terre émaillée bleue** — Haut. 0m,28. — xxe dynastie.

Casque royal.

792 *bis* — **Albâtre** — Haut. 0m,14. — *Karnak*.

« Fragment de vase sur lequel on lit la légende d'un roi dont le prénom était Menkhopirrî, et dont le nom, martelé avec soin, devait probablement se lire Séti. Ce roi, qui ne régna que sur la Thébaïde, vivait à la fin de la xxve ou au commencement de la xxvie dynastie. » (Maspero.)

693.

Fragment de bas-relief, avec la figure d'Aménophis I.

694 — **Porcelaine bleue** — Haut. 0m,30. — xxviie dynastie. — *Memphis*.

Sistre, avec le cartouche de Darius.

695 et **695** *bis*.

Pierres avec inscriptions, vases votifs, amulettes d'époque saïte (695) et d'époque ptolémaïque (695 *bis*), trouvées par M. Petrie dans les fondations des édifices de Naucratis et de Tanis.

696 — **Bronze** — Haut. 0m,10. — xxvie dynastie. — *Sérapéum de Memphis*.

Egide surmontée d'une tête finement sculptée du roi Amosis.

697 — Calcaire — Haut. 0m,11, long. 0m,173. — xixe dynastie.

Personnage écrasant le grain. Le nom est Amen-hotep.

698 — Calcaire — Haut. 0m,60. — xviiie dynastie. — *Thèbes* (Médinet-Habou).

« Cette jolie statue, au profil si pur, qui rappelle les plus beaux portraits de Séti I au temple d'Abydos, représente Ammon debout, la face peinte en bleu, ou plutôt représente le souverain à qui elle est due en Ammon. L'époque de son érection est inconnue. Sur la ceinture, on lit, tracée en encre rouge, la légende d'Aménophis I. La figure en pied de *la royale épouse qui l'aime, Ahmes Neferari*, femme d'Amosis (ou Ahmès), prédécesseur d'Aménophis, occupe un des côtés du pilier qui sert d'appui au monument. Le derrière de ce même pilier est gravé au nom de Séti. — Si la base n'avait pas été détruite, nous y verrions, sans doute, les cartouches d'Amosis qui deviendrait le fondateur du monument. » (Mariette.)

Angle sud-est de la salle.

699 — Granit gris — Haut. 0m,19, long. 0m,80, larg. 0m,34 — xxe (?) dynastie. — *Médinet-Habou.*

Socle d'une statue, supporté par deux figures de rois vaincus, le chef de *Koush* (Ethiopie) et le chef de *Naharaïn* (Syrie du nord). Les côtés du socle sont ornés de figures d'oiseaux fantastiques.

ARMOIRE *B.*

Tablette supérieure.

700 — Albâtre. — Haut. moy. 0ᵐ,25. — xviiiᵉ dynastie.

« Quatre vases sans couvercles, trouvés dans un même coffre avec la momie de la reine Aah-hotep. Ils contenaient des matières animales embaumées, et faisaient office de canopes. Pas d'inscription. » (MARIETTE.)

Deuxième tablette.

701 — Bronze — xxvᵉ dynastie.

Gond de porte avec le nom de *Piankhi.*

701 *bis* — **Calcaire** — Haut. 0ᵐ,27, larg. 0ᵐ,21. — xxviᵉ dynastie. — *Sérapéum.*

Stèle du roi Apriès ; dans le centre une inscription carienne inexpliquée jusqu'à présent.

702 et **702** *bis* — **Albâtre** — Haut. 0ᵐ,11 et 0ᵐ,10. — xviiiᵉ dynastie. — *Thèbes* (Assassif).

« Deux vases contenant du bitume et portant le cartouche de Toutmès III. Ils ont été trouvés à Thèbes sur le sol de la tombe d'un fonctionnaire nommé *Roma.* » (MARIETTE.)

703 — Statuette en bronze.

Une reine assise.

704 — Bronze — Haut. 0ᵐ,12. — *Saqqarah* (Sérapéum).

« Une reine debout, vêtue de la chemise collante. Elle a la perruque ronde à courts tuyaux. Deux longues plumes lui servent de coiffure symbolique. » (MARIETTE.)

705 — Calcaire — Haut. 0^m,21. — xxe dynastie.

Fragment de figurine funéraire au nom de Ramsès III.

706 — Bronze — Haut. 0^m,07. — Don de M. V. Maunier.

Statuette représentant Horus enfant, coiffé de la double couronne du midi et du nord. Le socle porte quatre cartouches, parmi lesquels celui d'Ahmès.

707. — xxiiie-xxe dynastie. — *Grandes pyramides.*

Deux captifs, un Syrien et un Éthiopien, sont liés dos à dos.

708 — Granit rose — Diam. 0^m,25 — xviiie dynastie. — *Tell-el-Amarna.*

Fragment d'autel (?), (voir N. 32) au nom de Khounaten.

709 et 709 *bis.* — xxvie dynastie.

Ferrures de porte, ou pièces de serrures en bronze, aux noms de Psammétique II et d'Amasis.

710 — Terre émaillée bleue — Haut. 0^m,30. — xxe dynastie. — *Abydos.*

Statuette funéraire du roi Ramsès IV.

711 — Calcaire.

Admirable tête de prisonnier asiatique.

712 — Schiste noir — Haut. 0^m,19.

Fragment de statuette d'un personnage vêtu d'une robe d'étoffe plissée. La tête est coiffée de l'urœus.

713 — Feldspath vert — Haut. 0^m,07, long. 0^m,12, larg. 0^m,048. — xxvie dynastie.

Petit sphinx brisé aux cartouches d'Apriès.

714 — Haut. 0m,22. — xxvɪe dynastie.

Vase en forme de cœur, avec les cartouches de Psammétique I.

715 — Porcelaine bleue — Haut. 0m,11. — *Thèbes*
(Drah Abou'l Neggah).

« Curieux flacon à poudre d'antimoine (pour noircir
le bord des paupières). Il a la forme extérieure d'un
épervier mitré. La mitre sert de bouchon. On y lit la
légende du roi Ahmès I. » (MARIETTE).

Troisième tablette.

Figurines funéraires de rois ou de grands prêtres d'Ammon ; nous citerons les Nᵒˢ 716 et 717,
aux noms de Nectanébo I et Nectanébo II
(xxxe dynastie).

Quatrième tablette.

718 — Calcaire — Haut. 0m,43.

Remarquable stèle de Nébouaou, hiérodule de *Hagt*,
déesse à tête de grenouille, qui symbolisait l'état embryonnaire, ou la transition entre la fin d'une existence
et le commencement d'une autre. Une colonne dont le
chapiteau est une tête d'Hathor surmontée de deux
plumes d'autruche, divise la stèle par le milieu. C'est
la frontière symbolique qui sépare le monde des vivants
de l'autre monde ou demeure divine. Le roi Thoutmès III
est représenté deux fois à droite et à gauche de la
colonne, c'est-à-dire en ce monde et dans l'autre ; son
image de droite et son image de gauche se tendent la
main ; l'une est sa personne vivante, l'autre son double.

719 — Calcaire — Haut. 0^m,41. — XXe dynastie. — *Abydos.*

Stèle gravée en l'honneur du roi *Ramsès III* et de son père *Setnekht*, au nom de *Merinatef*, prêtre du roi Setnekht.

720. — Granit noir — Haut. 0^m,55. — XVIIIe dynastie.

Fragment d'une statue appuyée contre un autel (?) gravé au nom d'Aménophis III.

Sud-ouest de la salle.

721 — Bronze — Haut. 0^m,27, long. 0^m,64. — XXVIe dynastie. — *Horbeit.*

Magnifique lion, au nom du roi *Apriès.*

« Il porte entre les pattes de devant l'attache d'une chaîne, dont nous n'avons plus aujourd'hui qu'un morceau plus ou moins long. A la partie postérieure de l'espèce de boîte oblongue à travers laquelle les lions semblent passer, est un trou quadrangulaire qui permet d'introduire la main.

« Il est à peu près certain que ce monument est une sorte d'énorme serrure ou de cadenas.

« A l'extrémité de la chaîne devait être ajusté un appareil qu'on introduisait dans l'ouverture quadrangulaire de l'autre extrémité (Cfr. M. Brugsch, *Zeitschrift für Ægyptische Sprache,* nov. 1863). Une fois l'appareil en place, le cadenas était fermé.» (MARIETTE.)

Ouest de la salle.

722 — Grès peint — Haut. 0^m,39. — *Gournah.*

Tête royale cciffée du casque dont nous avons vu un exemplaire sous le N. 692.

ARMOIRE *C*.

723 — Serpentine — Haut. 0^m,22. — *Éléphantine*.

Statuette assise d'*Ousori*. Mention d'*Anouké*, déesse des cataractes.

724 — Basalte gris — Haut. 0^m,10. — XXVIe dynastie. — *Saqqarah* (Sérapéum).

Tête de statue d'un style soigné, mais un peu sec, d'époque saïte. A comparer à la belle tête en calcaire de l'ancien empire, N. 725, provenant des grandes pyramides.

726 — Basalte vert — Haut. 0^m,37. — Don de M. le comte Michel Tyszkiewicz.

« Belle statue dont il est très difficile de déterminer l'époque..... Ce portrait en pied est certainement antérieur à la XVIIIe dynastie peut-être est-il de la VIe. » (MARIETTE.)

727 — Calcaire — Haut. 0^m,28.

Statuette thébaine du moyen empire. Personnage debout, vêtu d'une longue jupe à raies horizontales.

728 — Calcaire — Haut. 0^m,31. — Époque saïte.

Personnage assis, les genoux relevés.

729 — Calcaire — Haut. 0^m,09. — *Saqqarah*.

« Tête provenant d'une statue brisée. Style un peu mou. On y reconnaît cependant à première vue l'art des anciennes dynasties. » (MARIETTE.)

730 — Granit noir — Haut. 0m,21. — xii° dynastie. — *Abydos.*

Personnage assis à l'orientale. Il est enveloppé d'une robe à franges. Il s'appelait *Khati,* fils d'Hathor. » (Mariette.)

731 — Granit noir — Haut. 0m,40. — xviii° dynastie. — *Abydos.*

Statue du prêtre Anhour, contemporain d'Aménophis II.

732 — Calcaire — Haut, 0m,23. — xix° dynastie. — *Karnak.*

La tête de cette statue d'un habitant de Thèbes à été sculptée, dit Mariette, à la ressemblance du roi Séti I, souverain alors régnant.

733 — Serpentine — Haut. 0m,17. — xiii° dynastie. — *Abydos.*

Statue de Nakht, trouvée dans le naos N. 646.

734 Calcaire — Haut. 0m,41.

Statuette naophore, d'époque saïte; les chairs étaient dorées, ainsi que l'image d'Osiris qu'on voit dans le naos.

735 — Albâtre — Haut. 0m,18. — vi° dynastie (?). — *Eléphantine.*

Statuette de la femme d'*Ousori* (N. 723), prophète d'Anouké.

736 — Calcaire noir — Haut. 0^m,17. — XIIIe dynastie. — *Abydos*.

Statuette de *Kemhou*, fils de la dame *Petou*.

737 — Granit noir — Haut. 0^m,10. — XIIIe dynastie. — *Abydos*.

« Personnage assis à l'orientale et enveloppé de la longue chemise nouée par devant. Ses mains sont étendues sur ses cuisses ; par exception la paume en est tournée en dehors vers le spectateur. » (MARIETTE.)

Nord de la salle.

738 et **739.**

Papyrus funéraires du roi Pinotém et de la princesse Nésikhonsou, provenant de la collection des momies royales de Deïr-el-Bahari. Le premier est écrit en hiéroglyphes linéaires ; le second, en écriture cursive hiératique.

Sud-est de la salle.

VITRINE *D.*

740 — Pâte bleue. — XXVIe dynastie.

Gros scarabée, avec les cartouches d'Apriès.

741. — XXIe dynastie.

Feuilles d'or avec le cartouche du roi Siamen.

742 — Schiste. — XVIIIe dynastie. — *Abydos*.

Scarabée gravé à l'occasion du mariage d'Aménophis III avec Taïa ou Tii.

742 *bis* — **Schiste émaillé.** — xviiie dynastie. — *Abydos.*

Scarabée. L'inscription raconte qu'Aménophis III avait tué cent deux lions, de l'an i à l'an x de son règne.

743 — **Pâte verte** — Haut. 0m,06. — xxvie dynastie.

Scarabée au nom du roi Néchao, qui vainquit à Mageddo Josias, roi des Juifs, et fut battu à Karke-misch par Nabuchodonosor.

744 — Long. 0m,38. — xviie dynastie. — *Thèbes* (Drah Abou'l Neggah).

Hachette portant les cartouches du roi Kamès, trouvée avec la momie de la reine *Aah-Hôtep* (voir salle 70, vitrine *K*). Ce tranchant est de bronze pesant, le manche de corne translucide.

745 et **745** *bis*. — xxiie dynastie.

Bouts de bretelles de momie, avec les cartouches du roi Osorkon.

Sud-ouest de la salle.
Vitrine E.

746.

Brique votive au nom de Ramsès II.

Dans la même vitrine, nombreuses tablettes en terre bleue émaillée, avec les cartouches du roi Psioukhânou Miamoun, de la xxie dynastie; elles ont été trouvées sous le dallage du grand temple de Tanis (Cfr. Cat. Maspero, p. 97).

Nord-ouest de la salle.

VITRINE *F*.

Outils votifs, la plupart gravés au nom de Thoutmès III.

Nord-est de la salle.

VITRINE *G*.

Petits objets historiques, scarabées, cylindres, cachets, avec des noms royaux.

747.

Vase émaillé en diverses couleurs. Mention d'Amémophis III et de la reine Tii (Cfr. N. 742).

748, 749, 750 et **751 — Bronze** — Haut. moy. 0^m,03 et 0^m,05.

« Ces petits cubes proviennent du temple de Tanis. Ils semblent avoir servi de pieds à des coffrets en ivoire et en bois précieux. Chacun d'eux porte, gravés au trait, puis relevés d'argent, des noms de divinités, le cartouche du dieu thébain Khonsou, etc. Le style des inscriptions nous ramène à la XXIe dynastie, plutôt même à l'époque saïto-persane. » (MASPERO, Cat., p. 95.)

752 — Jaspe rouge — Haut. 0^m,03. — XVIIIe dynastie. — *Karnak.*

Belle tête de lion, avec les cartouches de la reine *Hatshepsitou.*

Centre de la salle.

Au milieu des vitrines, statue en granit gris de Hornakht, deuxième prophète d'Ammon.

Vitrine *H.*

Divers amulettes en terre émaillée ; *ouza* ou œil symbolique (voir N. 630) ; *dad* ou petit édifice à quatre étages, emblème de stabilité (N. 753) ; le même amulette combiné avec la croix ansée, symbole de la vie, et le sceptre à tête de lévrier, emblème de prospérité ; contrepoids de colliers dit *menat* (N. 754) ; colonnettes en forme de tiges de lotus, symboles de rajeunissement (N. 755) ; tête de Bès, l'Hercule grotesque ; cuisses votives, emblèmes de régénération, etc.

Vitrine *I.*

Suite de la série des amulettes ; on remarquera le cœur (voir N. 637) et la boucle de ceinture, talisman qui plaçait sous la protection d'Isis et d'Horus (N. 756).

Vitrine *J.*

Têtes de serpent (N. 757) talisman contre les piqûres des serpents ; petites barques contenant l'asile mystérieux où se prépare le renouvellement des existences ; plumes d'Ammon, symbole de la lumière solaire ; amulettes appelés *Sam* (N. 758), emblème, dit-on, de la réunion de l'âme au corps, et aussi de la prise de possession de la

terre par le défunt renaissant ; disques solaires
apparaissant au-dessus de l'horizon (N. 759) ; ornements de colliers en cornaline (N. 760) ; bœufs
votifs dont les pieds sont liés, images des victimes
offertes pendant le sacrifice funéraire (761) ; contrepoids de colliers (N. 762, voir 754) ; petites
égides avec la tête de lionne de la déesse solaire
Sekhet (N. 663).

Vitrine *K*.

Couronnes du midi et couronnes du nord, en
terre bleu émaillée (Nᵒˢ 764 et 764 *bis*) ; coiffures
et pièces de coiffures divines ; barbes de statues en
bronze (N. 765).

Vitrine *L*.

Bagues et anneaux munis de sceaux ou cachets ;
médaillons, la plupart avec figures du dieu Bès ;
groupe du vautour et du serpent, emblème de la
possession du midi et du nord (N. 766) ; fleurs de
lotus en émail bleu et blanc (N. 767) ; poissons,
grappes de raisin et pommes de pin, attributs
d'Osiris-Bacchus (Nᵒˢ 768 et 768 *bis*).

Vitrine *M*.

Yeux symboliques (*Ouzas* ; Cfr. N. 630) parmi
lesquels on peut remarquer le N. 769 ; colonnettes
en forme de tiges de lotus (Cfr. N. 755) ; petits chevets votifs (Cfr. N. 640) ; sceau (770), considéré
comme emblème d'éternel renouvellement.

Vitrine *N* et *O*.

Jolis spécimens des amulettes déjà rencontrés dans les autres vitrines; colliers provenant [d'Abydos (N. 771); petites plaques finement émaillées, avec l'image d'un singe ramassant un fruit (N°s 772 et 772 *bis*; fleurs en émail bleu ou en émaux de couleurs variées; tête de singe en terre émaillée de plusieurs couleurs (N. 773); cœurs, oreilles, mains, etc.; tablette (vitrine *O*) couverte de croix ansées, emblème de vie; de boucles (Cfr. N. 756) d'amulettes *dad* (Cfr. N. 753), de luths, symboles de la bonté, et de petites plaques au cartouche de Ramsès II ; petite tête humaine en émail bleu, d'un travail très fin (N. 774); sceaux (Cfr. N. 770).

Salle 64 (Objets funéraires).

Armoire *A*.

Petites tables d'offrandes en terre cuite (N°s 775 et 775 *bis*), à comparer aux luxueuses tables en albâtre et en granit que nous avons vues dans les salles du rez-de-chaussée ; objets d'offrandes de l'ancien empire, provenant des Pyramides, pains coniques (N. 776), vases de fruits et de grains (N. 777); pièces de viande (N. 778) représentées en calcaire; statuettes en bois de porteurs et de porteuses (N°s 779 et 779 *bis*).

ARMOIRE *B*.

Petites rames et barques avec leur équipage. Les barques du moyen empire (N°s 780, 781, 782 783, 784) ont été découvertes à Méïr pendant l'été de 1892.

CADRES *C – T*.

Linceuls tirés de la collection des prêtres d'Ammon, aux noms de *Sensen* ou *Senou* (*C*), de *Nespakashouti* (*D*), de la chanteuse *Dirpou* (*F*), de l'initié aux plus profonds mystères d'Ammon, *Padouamen* (*I*); de la supérieure des recluses d'Ammon, *Tentapet* (*N*); du premier prophète *Pinotem* (*O*); du prêtre *Shedsouamen* (*P*); de la chanteuse d'Ammon *Zotmaut* (*S*) et du prophète de Maut *Paarouskher* (*T*).

Salle 65 (Suite des objets funéraires).

ARMOIRE *A*.

Statuettes osiriennes (boîtes à papyrus) et coffrets à figurines funéraires de la collection des prêtres d'Ammon. On peut citer le coffret 785, au nom du prêtre officiant *Paifaza*.

786.

Objets votifs (?) en schiste, provenant de Gebelein. Images grossières d'animaux, de poissons, etc.

ARMOIRE *B*.

Statuette osirienne debout sur un pavois ou brancard (N. 787), provenant des fouilles de M. Petrie, au Fayoum. — Coffrets funéraires du prêtre d'AmmonPakhali (N°s 783 et 788 *bis*). la vache Hathor y est représentée sortant de la montagne (788 *bis*).

Au centre de l'armoire :

787 — Terre cuite — Haut. 0^m,40, diam. 0^m,35. — XXe dynastie. — *Abydos*.

« Petit naos trouvé dans le sable, à Abydos ; sur un des côtés, une porte quadrangulaire avec corniche, surmontée d'une rangée d'urœus. D'un montant de la porte à l'autre s'étendent des tableaux qui font le tour à l'extérieur de l'édicule. Ils représentent Osiris recevant l'hommage d'une famille d'Abydos. » (MASPERO, Cat., p. 287.)

760. — Fouilles exécutées, en été 1892, à *Méir*.

Barque à voile du moyen empire. Spécimen probablement unique.

ARMOIRE *C*.

Cartonnages de momies (Cfr. salle 58).

ARMOIRE *D*.

Coffrets à figurines funéraires. On peut signaler, sur la tablette inférieure, les N°s 791 et 791 *bis*, provenant du tombeau de *Sennotem* (voir N. 449) ; sur la tablette supérieure, des coffrets surmontés d'obélisques (N⁰ˢ 792 et 792 *bis*) et de petits obélisques en bois (N⁰ˢ 793 et 793 *bis*), provenant des fouilles de M. Petrie.

Armoire *E*.

Momies d'animaux sacrés, ibis (794), singe (795), crocodile (796), chat (797), épervier (798). Cercueil de chat (799) et cercueil d'ibis (800), en forme de vase canope, avec l'image de Thot, le dieu à tête d'ibis. Ce dernier cercueil provient d'Abydos.

801 — Bois — Haut. 1ᵐ,15. — *Akhmim*.

Cercueil d'enfant, avec tête d'épervier coiffée de la couronne du midi et du nord.

Armoire *F*.

Momies de chien (802), de veau (803), de bouc (804), de chèvre (805).

Armoire *G*.

Momies d'animaux avec leurs cercueils, singe (806), chat (807), scarabée provenant de Saqqarah (808 et 808*bis*). Cercueil de chacal (809).

Armoire *H*.

Masque de momie (810) provenant des fouilles de Méir (moyen empire). Naos avec statuettes ; vases canopes en terre cuite ; petits cercueils, la plupart en bois ; le plus remarquable, en terre cuite, est de forme ovale ; le défunt est représenté appuyant la tête sur un bord, les pieds sur le bord opposé, et se soulevant avec les bras comme pour se hisser hors du cercueil (N. 811).

VITRINE *I.*

Séries de cônes funéraires en terre cuite rouge. M. Maspero (Cat., p. 138) y reconnaît des offrandes fictives, simulant des pains de forme conique. Ils sont estampés au nom du défunt, sans doute pour lui parvenir plus sûrement dans l'autre monde. On n'a jusqu'à présent découvert de cônes funéraires qu'à Thèbes ; les plus anciens sont de la xie dynastie, les plus modernes, de la xxvie.

———

Salle 66 (Industries).

ARMOIRE *A.*

Petits vases en albâtre, granit, et autres matières dures.

ARMOIRE *B.*

Bouchons de vases en terre estampée ou en paille, la plupart trouvés à Thèbes.

ARMOIRE *C.*

Vases en bois. Les N°s 812, 812 *bis*, 813 813, *bis*, 814, proviennent du tombeau de Sennot'em (Cfr. N. 449).

ARMOIRE *D*.

Ustensiles en bronze. On peut remarquer le vase à goulot N. 815, souvent représenté sur les monuments de l'ancien et du moyen empire; deux plateaux provenant du Fayoum (816 et 816*bis*); une passoire (817); un plat creux à anses mobiles (818).

ARMOIRE *E*.

Vases et plateaux en albâtre, granit, etc. Les Nos 819 et 819*bis* sont en brèche rouge. Le vase d'albâtre 820 est une figure grotesque représentant une femme agenouillée, les bras collés au corps.

ARMOIRE *F*.

Vases en granit, en albâtre, en brèche. On peut noter, parmi les grands vases, les Nos 821, 822, 823, au centre de la vitrine; puis un vase noir et blanc, en brèche (N. 824); et un petit pot à collyre contenant encore l'aiguille mousse ou petit bâton qui servait à appliquer le fard autour des yeux (824*bis*),

---

Galerie 67 (Objets civils).

ARMOIRE *A*.

Bâton de commandement, avec un crochet; canne avec inscription au nom de *Sennot'em*, xxᵉ dynastie (Cfr. N. 449); outils et fragments d'outils.

ARMOIRE *B*.

Arcs (N°s 825 et 825 *bis*); flèches (N°s 826 et 826 *bis*), terminées tantòt par une pointe aiguë, tantòt par une petite lame tranchante, très beau carquois en cuir (N. 827) : pointes de flèches en bronze.

ARMOIRE *C*.

Divers outils de bronze, herminette provenant d'Abydos (N. 828); instrument tranchant dont les cordonniers se servaient pour couper le cuir (N. 829); rasoirs (N. 830); haches (N. 831); pierres à aiguiser (N. 832); instruments de chirurgie (N. 833); ciseaux et pinces.

ARMOIRE *D*.

Massues, sabres de bois, boumerangs.

ARMOIRE *E*.

Bàtons et pointes de lances en bronze.

———

Salle 68 (Céramique).

ARMOIRE *A*.

Pots et bouteilles en terre cuite émaillée. Bouteilles de nouvel an, souhait de féconde prospérité (N°s 834 et 834 *bis*). Vases pour contenir le fard (Cfr. N. 824 *bis*). Coupes peintes; images de poissons (835). Petite bouteille verte de forme élégante (N. 836) et flacon blanc de forme originale (836 *bis*), simulant un bracelet ou un anneau. — Pot bleu, provenant des fouilles de M. Naville à *Tukh el Gamous* en 1887 ; la légende, en écriture hiératique annonce le don d'un vase..... à Isis, en faveur du bon chef des (?)...... *Pauarma* (Naville).

ARMOIRES *B, C, D, E, F, G.*

Poteries de diverses époques. Une des poteries de l'armoire *E* représente Bes tirant la langue (N. 837).

VITRINE *H.*

Poteries de la XVIIIe à la XXe dynastie. Les N°s 838 et 838 *bis*, décorés de couleurs encore fraîches, proviennent du tombeau de *Sennot'em* (Cfr. N. 449). Le grand vase du centre est orné de dessins où l'on remarque un oiseau pêcheur (N. 839). Puis des vases bleus de diverses formes ; de petits pots avec des inscriptions en écriture hiératique.

VITRINE *I.*

Poteries du moyen empire provenant de la Haute-Égypte, les N°s 840 et 840 *bis* sont ornés de dessins d'un style barbare.

Sur les armoires et les étagères, vases destinés à recevoir le vin, l'huile, les grains, etc. On peut citer le N. 841, sur lequel est tracée une figure de taureau.

———

Salle 69 (Vêtement).

Les armoires *A* et *C* contiennent du linge de la XIe dynastie, appartenant à la dame Ament, prêtresse d'Hathor, dont nous avons vu la momie sous le N. 115. Les deux pièces d'étoffe N°s 842 et 842 *bis*, disposées à droite et à gauche de l'armoire *F*, appartiennent également à cette prêtresse. La lingerie contenue dans les armoires *B*, *D*, *E*, *F*, provient de la collection des prêtres d'Ammon. L'armoire *B* nous montre des étoffes ornées de jolies bordures bleues aux dessins variés, de festons et de franges ; l'armoire *D*, des tissus d'une merveilleuse finesse (N°s 843 et 843 *bis*), comparables à la plus belle batiste ; l'armoire *F*, une sorte de grande chemise ou vêtement cousu, avec des ouvertures ménagées pour passer la tête et les bras (N. 844). Les chemises et les autres pièces de linge trouvées sur les momies des prêtres d'Ammon portaient souvent la marque AMENPER (Maison d'Ammon).

VITRINE *H*.

Chaussures, sandales et semelles en bois et en cuir. On remarque le travail des lanières multicolores qui fixaient sur le cou de pied la paire de sandales N°s 845 et 845 *bis*.

VITRINE *I*.

Sandales en jonc tressé, d'un travail assez délicat. Quelques-unes se terminent par la pointe recourbée que nous avons remarquée sur divers dessins de la salle 54 (N°ˢ 526, 529, 549).

Salle 70 (Bijoux et suite des objets civils).

ARMOIRE *A*.

Collection de miroirs. Les miroirs égyptiens étaient formés d'un disque en bronze poli, ou revêtu d'un vernis d'or, avec un manche de bois, d'ivoire ou de bronze. Ce manche était généralement une colonnette ou une tige de lotus, souvent surmontée d'une tête d'Hathor (N. 846), la Vénus égyptienne (visage de femme, oreilles de vache) ou de Bès, l'Hercule grotesque et le dieu de la toilette (N. 847). Quelquefois c'était une statuette de femme ou de déesse, en ivoire (N. 848) ou en bronze (N. 849). On peut encore signaler le manche à jour du N. 850, le N. 851 avec légende hiéroglyphique, et le N. 852, provenant de la trouvaille des momies royales. Enfin sur la tablette inférieure, un miroir d'assez grandes dimensions.

ARMOIRE *B*.

Instruments de musique, jeux et jouets d'enfants :

Instruments de musique. — Lyre en bois (N. 853), provenant des fouilles exécutées à Méir

7

en 1892 ; guitares (Nᵒˢ 854 et 854 *bis*); cymbales de bronze (Nᵒˢ 855 et 855 *bis*) ; sistre de bronze (N. 856) ; cloches de bronze (N. 857) ; tambourins provenant d'Akhmîm (Nᵒˢ 858 et 858 *bis*), décorés de peintures qui représentent précisément des joueusesde tambourin : flûtes simples et flûtes doubles (Nᵒˢ 859 et 859 *bis*) ; fragment d'instrument de musique (N. 860).

Jeux. — Damiers en bois ; (Nᵒˢ 861 et 861 *bis*), le second avec une légende au nom d'*Abibi* (Thèbes, xviiiᵉ dynastie) ; planches de pions pour le jeu de dames (terre cuite bleue émaillée, Nᵒˢ 862 et 862 *bis*) : pions en ivoire (863) et en bois (864) ; cubes en terre émaillée et en verre (865) pour le jeu de dés ; boîte à jeu en bois incrusté d'ivoire, avec tiroir en ivoire contenant des pions (N. 866, Thèbes, xviiᵉ dynastie) ; jeu de solitaire qui se jouait au moyen d'épingles d'ivoire enfoncées dans les trous d'une des parois de la boîte à jeu (ivoire et bois, N. 867).

Jouets. — Poupées (N. 868) ; poupée ou pantin articulé qu'on faisait manœuvrer en tirant une ficelle (N. 869) ; petits animaux (N . 870), grenouille avec mâchoire articulée (N. 871) ; balles pour jouer (872) couvertes de peau, autres balles en ficelle ou (872 *bis*) en feuilles de papyrus découpées et tressées (Thèbes, xiᵉ dynastie).

ARMOIRE C.

Sur les trois tablettes supérieures, colliers de diverses époques, en terre émaillée, cornaline,

cristal, etc. Sur la tablette inférieure, larges col-
liers de la XIe dynastie, trouvés à Saqqarah (N°s 873
et 873 *bis*).

ARMOIRE *D.*

Tablette supérieure.

Vases en verre coloré, d'une élégance et d'une
richesse merveilleuses (N. 874). Groupe (N. 875)
de deux statuettes funéraires (schiste, haut. 0^m,18),
représentant *Meni* avec sa femme *Hontonou*
(XVIIIe dynastie). Miroir de bronze, en forme de
feuille de lotus (N. 876).

877 — Faïence bleue — Haut. **0^m,13,** long. **0^m,21.** —
XIe dynastie. — *Drah Abou'l Neggah.*

« Hippopotame debout marchant dans les marais. Le
dessinateur a tracé à l'encre noire, sur le corps de la bête,
des roseaux, des lotus, au milieu desquels volent des
oiseaux et des papillons : c'est uue manière naïve de
montrer l'hippopotame dans son milieu habituel. Ce
curieux morceau a été découvert dans une tombe de la
XIe dynastie avec l'hippopotame, N. 887 *bis* (extrémité
gauche de la deuxième tablette). » (MASPERO, Cat.,
p. 103.)

878, 879, 880 et 881 — Bois — Haut. **0^m,11!,**
0^m,208, 0^m,185 et 0^m,175. — *Saqqarah.*

« Sous les dynasties thébaines on avait pris l'habitude
de remplacer les statues en pierre ou en bois de grandes
dimensions qu'on déposait jadis dans les tombeaux par
des statuettes en bois de plus en plus petites. Beaucoup

d'entre elles étaient fort soignées, et le Musée de Turin en possède une vingtaine, dont quelques-unes comparables aux plus beaux ouvrages de l'ancien empire. Les Nos 878-881, sans être des chefs-d'œuvre, sont d'un art très fin et très délicat. Ce sont quatre personnages revêtus du costume d'apparat de la xxe dynastie; ils marchent droit devant eux, d'un mouvement mesuré, le buste bien effacé, la tête haute. L'expression de la physonomie, calme et rusée, montre qu'on a voulu faire des portraits; les traits de la face rappéllent le type japonais plutôt que le type égyptien ordinaire. On remarquera le petit œil mystique que la statuette 878 a au poignet : c'est un exemple presque unique de la manière dont les Egyptiens portaient cet amulette. » (MASPERO, Cat., p. 106, 107 et 108.)

882 — Bois — Haut. 0m,45.

Statuette de femme, vêtue d'une longue robe plissée et portant une grosse perruque.

882 *bis* **— Calcaire peint** — Haut. 0m,32. — xviiie-xxe dynastie. — *Thèbes.*

Statuette d'une jeune fille vêtue d'une longue robe blanche, et tenant une fleur contre sa poitrine. Travail très délicat.

Deuxième tablette.

883 — Quartz blanc — Haut. 0m,105.

Petit vase en quartz très pur; le goulot est tout à fait transparent.

884 — Bronze incrusté d'or — Haut. 0m,06.

Tête d'Hathor.

885 — Bronze — Haut. 0m,12.

Taureau redressant la tête avec un très beau mouvement.

886 — Ivoire — Haut. 0m,15.

Sorte d'épingle ; tige de lotus d'où sort un petit personnage. Pièce trouvée à Thèbes avec la statuette N. 727.

887 — Albâtre — Haut. 0m,24.

Vase en albâtre, ou plutôt en onyx, de forme très allongée.

888 — Bois — Long. 0m,22.

« Cuiller à parfums, représentant un chien qui se sauve emportant un poisson dans sa gueule ; le corps du poisson est le bol de la cuiller.» (Maspero, Cat., p. 108.)

889 — Bois — Haut. 0m,25. — xviii-xxe dynastie.

« Cuiller à parfums ; une jeune fille, debout sur une barque, cueille des lotus ; les fleurs et les fruits du lotus, réunis en gerbe autour de sa tête, ont été creusés pour recevoir le parfum. » (Maspero, Cat., p. 108).

890 et **890** *bis* **— Bronze —** Haut. 0m,11 et 0m,12.
Statuettes royales.

891 — Émail blanc, bleu, jaune et violet —
Haut. 0m,195. — xxe dynastie. — *Abydos.*

« Cette statuette est la plus belle de toutes les statuettes funéraires connues jusqu'à présent. Sur un fond blanc les hiéroglyphes et les détails de sculpture ont été gravés en relief, puis remplis de pâtes vitrifiées à la cuisson. Le visage et les mains sont bleu turquois ; la coiffure est jaune à raies violettes ; violets, également sont les hiéroglyphes et le vautour qui déploie ses ailes sur la poitrine. Le tout est harmonieux et fondu sans que la moindre bavure d'un émail émousse la netteté du trait. Ce résultat est d'autant plus remarquable, que les verres employés pour obtenir les couleurs sont fusibles à des températures assez différentes, et que la statuette a dû être passé au feu un certain nombre de fois avant d'être achevée. Cette statuette, unique en son genre, appartenait à un nomarque, premier prophète d'Ammon, du nom de Phtahmos. » (MASPERO, Cat., p. 105.)

892 — Bois — Long. 0^m,175.

Cuiller à parfums, dont le manche est une figure de d'antilope.

893 — Bois — Haut. 0^m,015. — Époque saïte — *A obusir*.

« Un singe debout tend un arc. L'obélisque dressé en face de lui et qu'il semble viser était la boîte qui le renfermait. » (MASPERO, Cat., p. 118.)

894 — Jaspe — Haut. 0^m,06. — Epoque saïte.

« Vase en forme de cœur. D'un côté est gravé un scarabée, de l'autre le chapitre XXX du *Livre des morts.* » (MASPERO, Cat., p. 118.)

895 — Email vert — Haut 0^m,30. — XXVIe dynastie. — *Kom el Qalâa.*

« Un homme debout a les mains appuyées sur un petit naos posé à terre, et qui renferme Osiris momie.

La statuette est posée sur un socle assez haut, couvert d'inscriptions sur toutes ses faces. Le personnage était prince héréditaire, et l'un des principaux officiers du roi; il s'appelait *Nofirabri*. » (MASPERO, Cat., p. 124 et 125.)

Tablette inférieure.

896 et **896** *bis* — **Bois** — Long. 0ᵐ,30.

Boîtes à parfums.

« Une jeune fille nue, sauf une ceinture étroite qui lui serre les hanches, nage tenant la tête bien hors de l'eau. Ses deux bras allongés soutenaient un canard creusé en boîte et les deux ailes, s'écartant, formaient le couvercle. C'est un des motifs que les dames égyptiennes préféraient pour leurs boîtes à parfums: la jeune fille servait de manche, et le canard recevait la pâte odorante. » (MASPERO, Cat., p. 107.)

897 — **Schiste rouge** — Haut. 0ᵐ,14, larg. 0ᵐ,06.

Groupe de deux figures debout, dieu et déesse, adossés à une tablette de schiste rouge. Un autre personnage beaucoup plus petit qui se trouvait entre eux est aujourd'hui détruit; c'était peut être une figure de Bés. Les visages des autres personnages sont également brisés; la déesse est Bast, le dieu est Horus ou Thot. Les détails de ces statuettes sont d'une finesse admirable.

Au dos de la tablette de schiste, deux inscriptions hiéroglyphiques, et une scène en trois registres. Au registre supérieur, Isis, coiffée des cornes et du disque, et Horus à tête d'épervier, coiffé de la double couronne du midi et du nord, assistent au triomphe d'Horus enfant ou renaissent sur les principes destructeurs. Il est debout, foulant aux pieds les crocodiles, tenant prisonniers entre ses mains le lion et le scorpion, animaux malfaisants, et la gazelle, symbole de l'impureté. Puis il monte sur son char attelé d'un griffon. et poursuit de ses flèches, ses ennemis, scorpions, serpents et crocodiles. Au registre inférieur, Harshewi, ou Horus guerrier, debout en face de Thoueris, frappe encore les animaux malfaisants. Ce petit monument, chef-d'œuvre de délicatesse, est donc une sorte de variante des stèles d'Horus sur les crocodiles.

898 — Bois — Long. 0m,18. —xxvie dynastie.

« Ce joli monument est un modèle de corne à boire, du genre de celles que les Grecs appelaient *rhyton*. Le corps est en écorce, le bouchon en bois fin. La partie inférieure d'où jallissait le liquide en filet mince, est une tête de vache en bois surmontée d'un disque solaire. Je ne crois pas qu'un autre musée possède une pièce du même genre. » (MASPERO, Cat., p. 115-116.)

899 — Bois — Haut. 0m,06, long. 0m,12. — xxe dynastie.

« Veau couché, d'un travail fort délicat, creusé pour servir de boîte : la tête et le dos de l'animal s'enlèvent et font couvercle. » (MASPERO, Cat., p. 105.)

900 et **900** *bis* — **Bronze** — Haut. 0m,19. — xxe dynastie. — *Saqqarah.*

Les statuettes funéraires en bronze sont excessivement rares. Celles-ci sont aux nom de l'intendant des troupeaux Amenmès, et de Hori, domestique du roi.

901 — Bronze — Haut, 0m,05. — Epoque saïte. —
Saqqarah (Sérapéum).

Personnage assis à terre, enveloppé dans une longue robe.

902 — Émail vert — Haut. 0m,076, — Époque saïte.—
Mitrahineh.

« Tête rase, probablement du dieu Imhotpou, fils de Phtah. La finesse des traits et la perfection du modelé justifient le surnom que lui donnaient les Egyptiens de *dieu à belle face.* » (MASPERO, Cat., p. 104.)

903 — Bronze — Haut. 0m,18. — *Saqqarah* (Séra-péum).

« Un personnage debout, la tête rasée. Le bras droit est étendu, le bras gauche soutient une petite figurine d'Osiris. » (MARIETTE.)

904 — Bois — Haut. 0,m22. — xxe dynastie.

Statuette de la dame Honttoou, en costume d'apparat, serrant un bouquet contre sa poitrine.

905 — Haut. 0m,15.

Débris de boite. Plaque incrustée d'ivoire. Taureaux attaqués par des lions ; fleurs et arbustes, etc.

906 — Lapis — Long. 0m,085.

Gros scarabée.

907 — Bois et ivoire — Haut. 0m,07, long. 0m,09,
larg. 0m,06.

Petit coffret en marqueterie.

908 — Bois peint. — Époque saïte.

Jolie tête de statuette.

909 — Porcelaine bleue — Haut. 0m,054. — xxviᵉ dynastie.

« Tête de statuette royale, peut-être Neko II ou Apriès. » (MASPERO, Cat., p. 107-108.)

910 — Bois — Haut. 0m.17. — xxᵉ dynastie.

« Un esclave chauve, à tête en pain de sucre, plie sous le poids d'une grosse jarre. La jarre est le bol, et l'esclave la manche d'une cuiller à parfums. » (MASPERO, Cat., p. 110.)

911 — Brèche verte — Haut. 0m,15.

Statuette de Pthah, dieu de Memphis ; une scalier de cinq degrés conduit à l'autel où il siège.

911 *bis* — Or repoussé.

La statuette 911 était revêtue d'or. Ce revêtement est exposé sous le N. 911 *bis*, supporté par un moulage en plâtre.

912 — Ivoire — Haut. 0m,14. — *Grandes pyramides*

Statuette à moitié brisée, trouvée dans une tombe de la vᵉ dynastie.

Enfin on pourra remarquer sur les deux tablettes supérieures un certain nombre de statuettes d'époque saïte, en terre émaillée verte ; les détails de l'équipement, généralement un peu négligés sur les figurines funéraires, sont ici exécutés avec le plus grand soin ; notamment les instruments aratoires que le personnage serre sur sa poitrine.

ARMOIRE *E*.

Rangée supérieure.

Chevets en albâtre, statuettes ; texte hiéroglyphique sur une tablette, pour présenter à Osiris
une offrande en faveur d'un défunt.

Deuxième rangée.

Statuettes de la XIIe dynastie, provenant des
fouilles faites à Meïr en 1892. Parmi ces statuettes il
en est deux qui représentent le même personnage,
nommé Nakht ; l'une est en bois (N. 913) ; l'autre,
en bronze, est une pièce unique (N. 913 *bis*). Gros
scarabée ptolémaïque en pâte de verre bleu, provenant également de Meïr (N. 914) ; il faisait partie d'un masque de momie. Petit panier en tresse
extrêmement fine ; petite table d'offrandes, pectoral, etc.

Troisième rangée.

Pièces du mobilier funéraire trouvé avec la
momie de la dame Ament, prêtresse d'Hathor (voir
N. 115, et salle 69, armoires *A*, *C*, *F*). Miroirs
(915 et 915 *bis*) ; le manche du miroir 915 *bis* surmonté d'une tête d'Hathor aux yeux rapportés, est
en bois r evêtu d'incrustations bleues et rouges.
Vases à parfums en albâtre ; l'un d'eux, fermé
d'un linge, est encore scellé (N. 916). Ces vases
se trouvaient dans les jolis filets Nos 917, 918 et
918 *bis*, ornés de perles bleues. Deux anses de fil
servaient à soulever ou à suspendre ces filets ; à

l'extrémité inférieure, une sorte de couronne, également en fil, était le socle ou le support sur lequel se tenaient debout les vases sans pieds, au fond arrondi.

919 — Bronze — Long. 0ᵐ,057, larg. 0ᵐ,08. — Epoque grecque.

« Table d'offrandes d'un aspect particulier. Elle représente une sorte de plateforme, sur les côtés de laquelle sont assis deux chacals et deux cynocéphales se faisant face : trois petits personnages, agenouillés dans le fond, présentent l'offrande et versent une libation. » (MASPERO, Cat., 119-120.)

Rangée inférieure.

Lions de bronze (N. 920) provenant de Tell-el-Moqdam. Petite stèle en calcaire (N. 921); un singe monte à un arbre et cueille des fruits pour sa maîtresse, qui, d'une main, le tient en laisse, et de l'autre porte un panier à fruits.

VITRINE *F*.

922 — Argent.

Vases trouvés dans les ruines de Mendès (*Tell-Tmaï*).

« Ils faisaient partie du mobilier sacré du temple et avaient été déposés dans une cachette où ils sont restés oubliés jusqu'à nos jours. Ils sont ornés de lotus épanouis et de boutons au repoussé. L'un d'eux est un couvercle, dont la poignée est formée de deux fleurs réunies par la tige. Rien n'indique l'âge de ces objets; mais qu'ils soient de l'époque grecque ou de l'époque thébaine, le

travail en est purement égyptien. Ils sont identiques
de tout point aux vases d'or et d'argent qu'on voit si
souvent représentés entre les mains des prêtres et des
rois, sur les murs des temples, à la XVIIIe et à la XXe
dynastie. » (MASPERO, Cat., p. 120-121.)

923 et **923** *bis* — **Argent**. — *Mansourah*.

Ornements d'argent qui protégeaient les angles d'un
naos.

924.

Collier incrusté de pierres.

ARMOIRE *G*.

Objets de toilette (parfumerie). Boîtes à parfums en bois ; les unes de forme arrondie, sont
ornées de jolis dessins (N. 925); d'autres représentent un canard dont les ailes se soulèvent
(couvercle à deux battants, le manche est une statuette de nageuse ; Cfr. N. 896), ou un poisson
évidé qui se fend; l'un des côté est le fond de la
boîte, l'autre le couvercle (926). Le poisson 926*bis*
est orné du cartouche de Thoutmès III. Les parfums
et les pommades étaient extraits de la boîte, avec
des cuillers de bois ou d'ivoire (927) et des spatules
de bronze (928). La cuiller (N. 929, bois, hauteur
0^m,202) a la forme d'un cartouche qui sort d'un
lotus épanoui. La cuiller 929*bis* se termine par un
cou d'oie recourbé. Un brûle-parfums provenant
de *Saqqarah* (émail vert, haut. 0^m,05) appartient
à l'époque saïte. C'est un petit singe assis, soutenant de ses deux mains un grand plat qui repose

sur un chapiteau à feuilles de palmier (N. 930 ; Cfr. Cat. Masp., p. 111). Les singes ou cynocéphales servent aussi très fréquemment de sujets d'ornement aux pots ou étuis à collyre (931). Ces étuis sont très nombreux dans l'armoire G, avec ou sans ornements ; à un, deux, trois, quatre ou cinq compartiments ; en bois, albâtre, ivoire. terre émaillée ; accompagnés parfois de l'aiguille en bois ou en bronze qui servait à appliquer le collyre autour des yeux (Nᵒˢ 932, 933, 934). De petits coffrets de toilette sont ornés en marqueterie ou en incrustations d'ivoire (N. 935).

On remarque enfin sur la tablette supérieure (936) une plaque en bois (haut. $0^m,21$, larg. $0^m,129$) « où l'on a évidé avec soin les formes d'un manche de miroir et de deux petits godets. On y coulait de la cire sur laquelle on établissait ensuite les moules qui servaient à la fonte des objets en question. » (MASPERO, Cat., p. 111.)

VITRINE *H*.

Bijoux et amulettes en or, cornaline, jaspe, émail, etc., trouvés par M. Petrie dans une sépulture à Hawara (Fayoum). Ils sont disposés actuellement dans l'ordre même où il étaient au moment de la découverte de la momie.

ARMOIRE *I*.

Tablette supérieure.

Plaques d'ivoire, débris d'un coffret.

Deuxième tablette.

Peignes en bois et en ivoire (N°s 937 et 938). Cuillers, spatules en ivoire (N°s 939 et 939 *bis*) et en bois. Epingles en ivoire.

940 — Bois — Haut. 0^m,08. — xie dynastie. — *Thèbes* (Drah Abou'l Neggah).

« Petite tortue (formant pelote). Les trous pratiqués sur son dos servaient à fixes des épingles de toilette en bois, terminées par des têtes de chien. Cet ustensile a été trouvé dans une tombe de la xie dynastie. » (Mariette.)

941 — Bois — Haut. 0^m,15.

Couronnement d'un manche d'éventail au nom de *Khemnakht* ou *Minnaht*, scribe de la maison du Soleil.

« Les éventails égyptiens se composaient d'un manche et d'une pièce centrale qui couronnait le manche et dans laquelle venaient s'engager les plumes maintenues au moyen d'un roseau. » (Maspero, Cat., p. 109-110.)

Troisième et quatrième tablette.

Manche d'éventail complet ; anneaux fendus, en ivoire, cornaline et or, qui servaient peut-être de boucles d'oreilles. Une série de ces anneaux (planchette 942) provient des fouilles faites à Mitra-hineh en 1892 ; une autre série (planchette 942 *bis*) a été trouvée à Mendès.

VITRINE *K*.

Collection des bijoux de la reine *Ahhotpou* (xviie dynastie), mère ou grand'mère du roi Aahmès I, vainqueur des Hycsos et fondateur de la xviiie dynastie.

« La momie de la reine Ahhotpou fut découverte par les fouilleurs arabes en 1860, et confisquée par le moudir de Qéneh, qui la fit ouvrir et s'empara de ce qu'elle contenait. Le bruit de la trouvaille s'étant répandu, Mariette mit la main sur le cercueil et sur les bijoux qui sont exposés dans la vitrine *K*, mais pas assez à temps pour empêcher que beaucoup d'objets précieux eussent été volés.

« Le cercueil de cette reine avait été trouvé couché à même dans la sable à Draḥ Abou'l Neggah ; il est certain que jamais momie royale n'a été enterrée de la sorte ; c'est donc par un accident déjà fort ancien qu'elle a été déposée dans l'endroit où les Arabes l'ont découverte. Je pense que vers la fin de la xxe dynastie elle aura été enlevée par une des bandes de voleurs dont le papyrus Abbott nous a révélé les exploits : cachée par eux en attendant qu'ils eussent le loisir de la dépouiller en sûreté, il est probable qu'ils furent pris et mis à mort avant d'avoir pu exécuter ce beau dessein. Le secret de leur cachette périt avec eux et n'a été révélé que de nos jours. » (MASPERO, Cat., p. 77-78.)

La plupart des notices qui suivent sont empruntées au catalogue de Mariette.

943 — Or et pâte de verre bleu.

« Bracelet à double charnière. Figures d'or finement gravées sur le fond de pâte de verre bleu imitant le lapis. Amosis est à genoux : devant lui et derrière lui, le dieu Seb et les génies de la terre dans l'une des postures de l'adoration. Style très fin ; un des meilleurs morceaux de la collection. » (MARIETTE.)

944.

« Un beau diadème. Si ce bijou n'avait pas été trouvé sur le sommet de la tête de la reine, en partie engagé dans ses cheveux, j'y verrais plutôt un des plus magnifiques spécimens de bracelet d'humérus que l'on puisse voir.

« La décoration est très riche. Une boîte en forme de cartouche royal, gardé de chaque côté par deux petits sphinx affrontés, en forme le motif principal. Le couvercle de la boîte reproduit le cartouche d'Amosis, or sur fond de pâte bleu imitant le lapis. Les deux sphinx sont aussi en or. Si petits qu'ils soient, les yeux sont rapportés..... Le reste du diadème ne saurait être bien décrit sans le secours d'un dessin. » (MARIETTE.)

945.

« Une magnifique chaîne à laquelle est appendu un scarabée. Elle a 0^{m},90 de longueur, et se termine à à chaque extrémité par une tête d'oie recourbée. D'autres exemples nous entraînent à dire que cette chaîne ne se fermait pas autrement qu'en liant les deux têtes d'oie au moyen d'une ficelle. Ici encore le nom d'Amosis se lit sur le cou de ces animaux.

« Le scarabée mérite toute l'attention du visiteur. Les pattes, qui sont d'un travail si fin, qu'on les croirait moulées sur nature, sont soudées au corps, qui est d'or massif. Le corselet et les élytres sont en pâte de verre bleu tendre, rayée par des ligne d'or. La flexibilité de cette chaîne atteste une habileté de main-d'œuvre vraiment surprenante. » (MARIETTE.)

946.

« Un bracelet. Perles d'or, de lapis, etc., enfilées sur des fils d'or assez espacés pour que le jour se voie à travers. Sur le fermoir, légende d'Amosis.» (MARIETTE.)

947.

« Plusieurs armilles ou anneaux de jambe en or. Ces anneaux sont plats et creux ; ils sont ourlés à leur circonférence extérieure d'une chaînette en fils d'or tressés imitant le filigrane. Plusieurs autres anneaux du même travail ont été trouvés avec les précédents.» (MARIETTE.)

948 — Bois et or.

« Manche d'éventail (Cfr. N. 914) en bois lamé d'or. Sur la tranche on voit encore les trous où s'emboîtaient les plumes d'autruche. Sur les plaques d'or le roi Kamos fait une offrande au dieu Khonsou. » (MASPERO, Cat., p. 83.)

949 — Ebène, or et bronze doré.

Miroir de la reine Ahhtpou.

950.

« Une hache. Le manche est en bois de cèdre recouvert d'une feuille d'or. Des hiéroglyphes y sont découpés à jour. Ces hiéroglyphes sont précieux pour la science, en ce qu'ils révèlent pour la première fois, au complet, le protocole royal d'Amosis. Des plaquettes de lapis, de cornaline, de turquoise et de feldspath y sont encastrées et en rehaussent l'éclat.

« Le tranchant est de bronze, orné d'une épaisse feuille d'or. Ce tranchant est enrichi sur ses deux faces de représentations. D'un côté sont des bouquets de lotus dessinés en pierres dures sur un champ d'or ; de l'autre, sur un fond bleu sombre donné par une pâte si compacte qu'elle semble être de la pierre, se détache la figure d'Amosis, les jambes écartées, le bras levé pour frapper un barbare qu'il a saisi par les cheveux. En dessous de cette scène est une sorte de griffon à tête d'aigle. Dans les récits de batailles, les rois sont souvent comparés au griffon pour la rapidité de leur course quand ils se précipitent au milieu des ennemis. En effet, le griffon est ici appelé Month, que nous savons déjà être le dieu des combats. L'expression *aimé de Month*, qui accompagne son image, s'applique à Amosis.

« Le tranchant de notre hache adhère au manche au moyen d'une simple entaille dans le bois, consolidée par un treillis en or. » (MARIETTE.)

951.

« Un poignard d'or et son fourreau également en or. Monument sans égal pour la grâce et l'harmonie des formes. Quatre têtes de femme en feuilles d'or repoussées sur le bois, forment le pommeau. La poignée est décorée d'un semis de triangles or, lapis, cornaline et feldspath, arrangés en damier. La soudure de la lame au manche est artistement cachée par une tête d'Apis renversée.

« La lame est la partie la plus remarquable de ce magnifique monument. Le pourtour est en or massif. Une bande d'un métal dur et noirâtre occupe le centre. Sur cette bande sont des figures obtenues par une sorte de damasquinage.

« D'un côté est l'inscription : *Le dieu bienfaisant, seigneur des deux pays, Ra-neb-pehti, vivificateur, comme le Soleil, à toujours.* Cette inscription est suivie par une représentation très rare qui n'est pas exempte d'une certaine influence asiatique, celle d'un lion se précipitant sur un taureau. Quatre sauterelles qui vont en s'amincissant jusqu'à l'extrémité de la lame terminent la scène.

« De l'autre côté on lit près de la poignée : *Le fils du Soleil et de son flanc, Ahmès-nakht, vivificateur, comme le Soleil, à toujours.* Quinze jolies fleurs épanouies qui, comme sur l'autre face, se perdent vers la pointe, complètent l'ornementation. » (MARIETTE.)

952.

Un beau poignard à manche d'or massif, à lame de bronze pâle.

953.

« Pectoral (Cfr. N. 624). Ce pectoral est, avec le bracelet à fond bleu et le poignard damasquiné, l'un des trois objets les plus précieux de la collection. La forme générale du monument est celle d'un petit *naos*, ou petite chapelle. Au centre, Amosis est représenté debout sur une barque. Deux divinités, Ammon et Phré, lui versent sur la tête l'eau de purification. Deux éperviers planent au-dessus de la scène comme des symboles du soleil vivifiant.

« Le travail de ce beau monument est tout à fait hors ligne, le fond des figures est découpé à jour. Les figures elles-mêmes sont dessinées par des cloisons d'or, dans lesquelles on a introduit des plaquettes de pierres dures (cornaline, turquoise, lapis, pâte imitant le feldspath vert). Ainsi disposée, cette sorte de mosaïque, où chaque couleur est séparée de celle qui l'avoisine par un brillant filet d'or, donne un ensemble aussi harmonieux que riche.

« Par la finesse et la netteté de sa gravure, l'envers du naos d'Amosis, qui est d'or simple, est aussi remarquable que la face principale. » (MARIETTE.)

954.

« Un collier formé de plusieurs rosaces auxquelles sont suspendus des ornements en forme d'amande. Les rosaces sont en or avec incrustations de pierres entre cloisons. Les amandes sont également en or. Les couleurs bleu et rouge qui les distinguent, sont obtenues cette fois par des pâtes de ces deux nuances imitant l'émail. » (MARIETTE.)

955 — Or, argent, bois et bronze.

« Sur un petit chariot en bois, à roues de bronze, est montée une barque d'or massif. Douze rameurs en argent massif voguent sous les ordres du timonier et du pilote d'avant. Au centre un petit personnage est assis, qui tient la hache et le bâton de commandement. Un cartouche, gravé derrière le timonnier, nous apprend que le mort à qui était destinée primitivement cette barque était le roi Kamos..... Le mort devait se rendre à Abydos par eau, afin de passer dans l'autre monde ; la barque servait à l'accomplissement de la traversée. » (MASPERO, Cat., p. 82.)

956 — Argent — Long. 0^m,38.

« Barque à dix rameurs et à un pilote... Les quatres petits anneaux qu'on remarque sous la carène servaient à fixer la barque sur un petit chariot à quatre roues.» (MASPERO, Cat., p. 123.)

957.

Une hache. Le manche est de corne, rehaussé d'or à son extrémité inférieure. Le tranchant est d'argent.

958.

« Un poignard. La lame est de bronze jaunâtre très pesant. Le pommeau est un disque lenticulaire d'argent.

« On se sert de cette arme en appuyant le pommeau sur la paume de la main fermée, et en faisant passer la lame entre l'index et le médium. » (MARIETTE.)

959 — Or et argent.

Deux mouches. On a pensé que ces mouches étaient une sorte de décoration officielle ; rien n'est venu jusqu'à présent confirmer cette hypothèse.

960 — Or massif.

Bracelet en or massif, épais, sans aucune décoration.

961.

« Deux anneaux creux en or, ayant probablement servi
de bracelet, comme l'armille dont se paraient les femmes
dans l'antiquité classique, particulièrement en Grèce. Il
est sans ornements. La collection des bijoux de la reine
Aah-hotep en comprend plusieurs de ce modèle. » (MA-
RIETTE.)

962 — Or.

« Un magnifique collier *ousekh*. Le collier *ousekh* est
déposé sur les momies en vertu d'une prescription du
Rituel. Il s'agrafe sur les épaules et ne couvre que la
poitrine, qu'il cache complètement.

« Celui que nous avons sous les yeux est d'une composition aussi riche qu'inusitée. Des cordes enroulées,
des fleurs à quatre pétales épanouies en croix, des lions
et des antilopes courant, des chacals assis, des éperviers, des vautours, des vipères ailées, en forment le
dessin. Les deux agrafes, selon l'habitude, sont à tête
d'épervier.

« Tous ces ornements sont en or repoussé. Ils étaient
cousus aux linges de la momie par le moyen de petits
anneaux soudés par derrière. » (MARIETTE.)

963 et 963 *bis* — Or et pierre.

« Deux bracelets d'or et de perles. Les perles sont d'or,
de lapis, de cornaline rouge et de feldspath vert. Elles
sont enfilées sur des fils d'or. L'ensemble forme un
damier dont chaque case est de deux couleurs. Une lame

fendue en deux parties qui se séparent et se ferment au moyen d'une aiguillette d'or, opère la fermeture. On y lit le nom d'Amosis. » (MARIETTE.)

964.

« Un bracelet composé de deux parties réunies par une charnière.

« La partie extérieure représente un vautour, les ailes éployées. Le jeu des plumes a été imité par des pierrettes de lapis, de cornaline et de pâte de verre de la couleur du feldspath, enchâssées dans des cloisons d'or. Ce travail est celui que faisaient le plus communément les orfèvres égyptiens.

« La partie postérieure, plus mince, est formée de deux bandeaux parallèles, ornés de turquoises, dont un dessin seul pourrait faire connaître la disposition.

« Si ce bracelet a servi, il n'a pu, à cause de ses dimensions, être qu'à l'humérus. » (MARIETTE.)

965 — Bronze et or.

« Deux têtes de lion. L'une en bronze, l'autre en bronze revêtu d'or. La tête du lion est l'hiéroglyphe du mot *peh*, qui signifie *vaillance*. Nos deux monuments ont sans doute été introduits parmi les objets précieux dont était enrichie la momie de la reine, parce qu'ils font partie du cartouche-prénom d'Amosis (*Rab-neb-pehti*). On remarquera l'attitude fière de la tête de lion en or. » (MARIETTE.)

966 — Or et argent.

« Neuf petites hachettes, trois d'or et six d'argent. Dans les hiéroglyphes, la hachette, répétée neuf fois, désigne l'ensemble des dieux. » (MARIETTE.)

967 — Or.

« Une chaîne d'or. Trois mouches en or massif y sont suspendues. Cet ensemble constitue une sorte d'ornement qui se portait passé au cou (Cfr. N. 959). » (MARIETTE.)

968 — Bois et argent.

« Un bâton de bois noir, recourbé à son extrémité et entouré d'une large feuille d'or en spirale. Spécimen unique. Peut-être, à l'époque de Kamès et d'Amosis, était-il un signe de commandement. On le trouve aujourd'hui, exactement sous la même forme, entre les mains de la plupart des Nubiens et des Soudaniens, pour lesquels il n'a plus aucune signification symbolique. » (MARIETTE.)

Les autres bijoux exposés dans la vitrine *K* n'appartiennent pas à la collection de la reine Ahhotpou.

Nous citerons, parmi les plus remarquables, deux charmants bracelets cloisonnés, en or, lapis-lazuli et cornaline (Nos 969 et 969 *bis*), provenant de la momie du roi Pinotem (Deïr-el-Bahari, XXIe dynastie, trouvaille des momies royales); et un pectoral en or (N. 970) au nom du roi Ramsès III (trouvaille des momies royales, Deïr-el-Bahari, XXe dynastie). Puis une émeraude brute (N. 971) enfermée dans une résille d'or, dont les mailles ont dû être soudées successivement l'une après l'autre (travail de la XXe dynastie). Enfin un grand nombre de petits amulettes, la plupart en or; et deux oiseaux à tête humaine, symboles de l'âme, en or émaillé.

Vitrine *L.*

Bijoux de diverses provenances et de diverses époques.

972 et **972** *bis.*

« Une paire de magnifiques pendants d'oreilles en or recouverts d'un riche vernis rougeâtre. Ces ornements pesants n'ont pu servir qu'attachés par un fil, soit à l'oreille elle-même, autour de laquelle ce fil se serait enroulé, soit à la coiffure symbolique dont était décoré le personnage auquel ces pendants d'oreilles furent destinés.

« Un disque lenticulaire, garni à sa cironférence d'une gorge de poulie, forme la partie principale de nos deux monuments. A ce disque sont suspendus cinq urœus coiffés du soleil qui, eux-mêmes soutiennent, au bout de sept chaînettes d'or, sept urœus également munis du globe emblématique.

« Le disque principal a des ornements sur ses deux faces. D'un côté sont cinq autres urœus (deux d'entre eux sont coiffés de la couronne *Atef*, les autres portent sur la tête le globe ordinaire) ; de l'autre côté on lit, dessinés en fils d'or soudés au champ du disque, les nom et prénom de Ramsès XIII. Une dentelure de triangles en grenetis complète la décoration.

« Un vieux sanctuaire, où les débris de la VIe et de la XIIe dynastie abondent, existe à Abydos, dans la partie septentrionale des ruines de cette ville célèbre. Une momie, sans légende qui nous fasse connaître ses titres et son nom, avait été ensevelie sous le dallage de ce sanctuaire. C'est sur cette momie qu'on été trouvés

les deux pendants d'oreilles que nous venons de mettre
sous les yeux du visiteur. » (MARIETTE.)

973 — Or massif.

« Avec la même momie ont été découverts les débris
d'un bel ornement de poitrine, composé de petites égides
d'or massif. Le travail de ces imperceptibles monuments
est extrêmement fin. Les têtes symboliques de Pascht,
d'Hathor, d'Anhour, de Phré son traitées avec une délicatesse si grande, que quelques-unes d'entre elles ne
perdent rien à être étudiées à la loupe. » (MARIETTE).

974 — Or.

« Une sorte de bandeau coupé en forme d'ovale dans
une feuille d'or (0^m,20 dans sa plus grande longueur).
Une chaînette, également d'or, relie les deux extrémités.
Au centre du bandeau est une tête de Gorgone re-
poussée. La destination de cet objet, qui semblerait être
un ornement de tête, est assez difficile à préciser. »
(MARIETTE.)

975, 976, 977, 978 et 979 — Or massif.

« Cinq bracelets composés de deux ou trois tours mas-
sifs d'or. Ils sont en forme de serpent. Les têtes sont
ciselées. L'une d'entre elles est ornée d'une émeraude. »
(MARIETTE.)

980 — Or et incrustations.

Restes d'un collier à trois rangs ; le premier rang
composé d'*ouzas* en or ; le second de fleurs de lotus et
d'amandes en or incrusté de pierres ; le troisième de
têtes hathoriennes en or.

981 — Or massif.

Statuette représentant le dieu crocodile Sébek (Sobkou) dieu du Fayoum (voir N. 590).

982 — Or massif.

Une statuette de Phtah.

983 — Or massif.

Une statuette d'Ammon.

984 — Or massif.

« Un urœus dressé sur sa queue. Il porte le disque
sur sa tête. » (MARIETTE.)

985 — Lapis-lazuli.

« Amulette en forme de stèle. D'un côté, image de
Phré en relief ; de l'autre Hathor et Toum en creux. »
(MARIETTE.)

986.

Plusieurs scarabées montés en bague. L'un d'entre
eux est d'or massif. —

987.

« Collection de bagues. On en remarque une qui est
composée de trois autres bagues soudées par le milieu
du corps des scarabées, qui leur servent de chatons. »
(MARIETTE.)

988.

« Une paire de pendants d'oreilles. Style gréco-égyp-
tien. Rosaces en creux, relevées par des ornements en

filigrane. Fleurs fermées et épanouies faisant office de pendeloques. » (MARIETTE.)

989 — Or.

« Feuille d'or imitant plus ou moins une langue humaine. On trouve ces feuilles sur les langues des momies gréco-égyptiennes, conservées dans les hypogées de Saqqarah. » (MARIETTE.)

990.

« Bijou représentant une âme sous la forme d'oiseau à tête humaine. Les ailes sont étendues. Cette forme de pectoral est commune à Memphis sous les Ptolémées. Notre bijou vient de Saqqarah. » (MARIETTE.)

La vitrine *L* contient encore de nombreux bijoux, bracelets, bagues, pendants d'oreilles en or à tête de chèvre, de fabrication syrienne (indication de M. le Dr Fouquet). Bijoux des époques persane (plaque d'or repoussé avec l'image d'Ormuzd ailé, N: 991, provenant de Tméi el Amdid), grecque, romaine et byzantine.

Salle 71 (Scarabées).

Nous avons indiqué (N. 148) que le scarabée est un symbole de transformation. Suivant les doctrines égyptiennes reprises par Pythagore, rien ici-bas ne s'anéantit. Tout ce qui meurt,

meurt pour renaître ; l'âme est destinée à passer dans un corps nouveau après la dissolution de l'ancien ; mais les éléments de cet ancien corps, momentanément désagrégés, rentrent dans le mouvement fécond de la nature, où la Providence les remet en œuvre pour la formation d'existences nouvelles. Le scarabée, symbole de ces changements qui maintiennent la vie dans la création, est donc en même temps le symbole de l'immortalité. Aussi le mettait-on à la place du cœur des défunts, du cœur considéré comme la graine dont la dissolution ferait germer une vie nouvelle (voir N. 637) ; il portait alors le chapitre du cœur dont nous avons vu l'explication (Cfr. N. 632).

Les vitrines *A*, *B*, *C* nous montrent une série de ces scarabées funéraires. Dans la vitrine *A*, le N. 992 est revêtu d'un placage en pâte de verre bleu. Dans la vitrine *B* plusieurs scarabées portent sur leurs élytres les images d'Osiris en face d'Horus Soleil ; on sait qu'Horus est *Osiris transformé* ou renaissant. Scarabées aux ailes éployées, ayant servi de pectoraux (Cfr. N. 629).

Dans la vitrine *C*, scarabée en pâte bleuâtre. La vitrine *D* contient des cachets en terre et en cire ; la plupart ont servi à sceller des coffrets de statuettes funéraires (voir salle 58, armoire *G*).

Dans les vitrines *E* et *F*, un grand nombre de petits scarabées.

VITRINE *G*.

Scarabées en granit, hématite et cornaline. Gros scarabée à tête humaine. Beau scarabée ailé ou pectoral en terre émaillée verte, provenant de Gaou el Kebir, ainsi que quatre figurines représentant les génies de l'embaumement ou génies protecteurs des viscères du défunt (voir salle 59, étagères *H* et *I*).

VITRINE *H*.

Scarabée aux ailes éployées ou pectoral en terre émaillée ; scarabée en verre irisé (N. 993).

VITRINES *I* ET *J*.

Choix de scarabées historiques portant des cartouches des rois d'Egypte depuis la ıvᵉ dynastie. On peut signaler le cartouche d'Osiris considéré comme un roi fabuleux des dynasties divines antérieures à Ménès (N. 994) et le nom du dieu Shou (N. 995), fils du Soleil, autre roi des dynasties mythiques.

VITRINES *K* ET *L*.

Gros scarabées portant le chapitre du cœur (voir N. 632).

VITRINES *M* ET *N*.

Scarabées emblématiques. Devise du roi du midi et du nord (N. 996). Représentation de la divinité entre *Set*, principe destructeur, et Horus, principe rénovateur (N. 997). Image des deux Nils, Nil du sud et Nil du nord, Nil de la rive droite et Nil de la rive gauche (N. 998). Combinaison de lignes et de symboles mystérieux; de simples ornements, etc.

VITRINES *O* ET *P*.

Petites stèles représentant Horus enfant sur les crocodiles; la stèle 998, en feldspath vert, est une des plus remarquables. Nous avons dit que l'image de cet enfant foulant aux pieds des crocodiles, tenant prisonniers entre ses mains le lion, le scorpion, les serpents et la gazelle; animaux malfaisants ou impurs, symbolise le triomphe du principe rénovateur sur le principe destructeur, l'enfant qui se lève rend vaine l'œuvre de la mort qui a frappé le vieillard. Aussi les textes appellent-ils ce jeune Horus *le vieillard qui redevient enfant*. Ces monuments sont donc bien à leur place auprès des scarabées qui symbolisent la transformation. La figure du jeune Horus, *vainqueur des monstres*, est généralement surmontée d'une tête de *Bès, l'Hercule égyptien;* quelquefois (N. 999) Bès lui-même prend la place d'Horus et tue un énorme serpent. Je pense qu'il faut reconnaître ici l'origine de la légende grecque des douze travaux d'Hercule; ces douze travaux s'accomplissent dans les douze heures que le bon principe passe à triompher du mauvais, en combattant les monstreset en luttant pour dissiper les ténèbres. Le sarcophage de *Nesipanoub*, prêtre d'Ammon, portemême l'image de Bès soutenant le Ciel comme Shou et comme Hercule; comme Hercule, ce dieu est vêtu d'une peau de lion. Les Grecs paraissent donc avoir formé leur Hercule des traits combinés d'Horus triomphant et de Bès; l'Horus guerrier ou *Harshewï*, forme nouvelle de *Shou* que nous avons vu massacrer les monstres (voir N. 897), a fourni les traits du héros; Bès avec sa figure bizarre est devenu surtout l'Hercule gourmand et grotesque (voir les *Oiseaux* d'Aristophane).

On peut signaler encore dans la vitrine *P* un collier (N. 1000) composé de jolies figurines funéraires, et des amulettes que nous avons vus sous les Nos 753 et 756.

Vitrines *Q* et *R*.

Mains en bois et en ivoire (Nos 1001 et 1001 *bis*); ce sont probablement des talismans destinés à conjurer les influences néfastes. Je ne saurais encore préciser la signification des autres pièces d'ivoire demi-circulaires (Nos 1002 et 1002 *bis*) exposées dans les vitrines *Q* et *R*.

Vitrines *S*, *T*, *U*, *V*.

Cœurs en améthyste (Nos 1003 et 1003 *bis*); le N. 1003 *bis* est surmonté d'une tête humaine. Scarabées pectoraux (voir N. 629) et scarabées funéraires en basalte, granit, terre émaillée, etc.

Vitrine *W*.

Scarabée sculpté sur l'image même du cœur (N. 1004).

VITRINE X.

Scarabée en feldspath vert (N. 1005).

VITRINES Y. 1-6.

Nombreux scarabées emblématiques.

Salle 72 (Objets du culte).

Au centre de la salle, un magnifique vase cordi-forme en granit noir (N. 1006), consacré au dieu Thot par le roi Apriès (xxvie dynastie), domine les vitrines *A-H*.

VITRINE *A.*

1007 — **Bronze** — Haut. 0^m,35. — Epoque saïte. — *Zagazig.*

Image d'Isis ou Nephthys, debout, étendant les bras. Le bronze, évidé en plusieurs endroits, avait dû être incrusté d'émaux et de pierres dures.

1008 — **Bronze** — Haut. 0^m,074, larg. 0^m,079. — *Abydos.*

Un poisson lépidote, consacré à la déesse Mehit, est posé sur un naos quadrillé. Une femme debout présente un miroir.

Puis une petite stèle d'Horus sur les crocodiles (Cfr. 998) en pierre saponaire (époque grecque) ; un Ammon ou Khnoum en bronze, à tête de bélier (époque saïte); une déesse Noub (forme d'Isis), en schiste, assise et levant les deux bras (époque saïte); images du dieu Bès; génies funéraires et divers amulettes.

Vitrine *B*.

Images d'animaux consacrés: singes et cynocéphales (consacrés au dieu Thot); chats (consacrés à la déesse Bast); éperviers (attributs d'Horus et des divinités solaires); truies ou pourceaux (consacrés à Set ou Typhon); béliers (consacrés au dieu Ammon sous sa forme de Khnoum); lions (emblèmes du soleil); lièvres (attributs des génies qui gardaient les portes des enfers et quelquefois attributs d'Osiris lui même); ibis (attributs du dieu Thot); crocodile (attribut de Sebek, dieu du Fayoum); serpents à jambes et à bras humains, (consacrés au dieu *Nehbka*, qui semble symboliser le rejeunissement), etc. L'éléphant ne paraît avoir été consacré à aucune divinité. Le N. 1009 (terre émaillée verte, Saqqarah, époque saïte) mérite donc d'attirer l'attention, tant par la rareté de l'image que par la beauté du travail.

Vitrine *C*.

Beaux pectoraux en forme de naos (voir N. 624); amulettes en jadéite noire et calcaire noirci (Abydos et Saqqarah, époque saïte), figurant deux doigts réunis, l'index et le médius, et destinés à conjurer le mauvais œil et les influences funestes (Cfr. N. 1001).

Vitrine *D.*

Sceptres et emblèmes de divinités.

1010 — Email vert—Haut. 0^m,036.— Epoque saïte.—
Saqqarah.

« Le plus fréquent des sceptres est celui que les textes appellent *ouôb, oïs, zââmou ;* il est surmonté d'une tête de quadrupède au museau allongé, aux yeux longs, aux oreilles carrées, que l'on croit être la gerboise, consacrée au dieu Sit. Champollion l'appelait, sur une indication erronée de Kircher, le sceptre à tête de coucoupha, et ce nom est encore usité dans l'école. Ce sceptre signifiait la puissance et la fermeté ; il assurait au porteur l'empire sur l'univers. On l'assimilait aux piliers du ciel. » (MASPERO, Cat., p. 238.)

Puis des sceptres en bois à tête de chacal, signifiant la force et la richesse ; des fouets ou fléaux en bronze, emblèmes de fécondité ; une sorte de crochet en bronze, partie inférieure d'un sceptre ; des égides en bronze d'où sortent les têtes des divinités solaires Shou et Tafnout, etc. La plupart de ces objets sont de l'époque saïte et proviennent de Zagazig.

Vitrines *E* et *F.*

Divers amulettes et figurines provenant de sarcophages trouvés au Fayoum dans les ruines voisines de Hawara, où Lepsius plaçait le labyrinthe.

1011 — Pâte de verre de diverses couleurs.
Image de la déesse Mât.

1012 — Email bleu et noir.

Tête de femme d'un joli travail.

1013 — Obsidienne.

Deux chacals accroupis, images d'Anubis du nord et d'Anubis du sud ; ce dieu est appelé ouvreur ou guide des chemins du nord quand Osiris défunt s'en va dans l'autre monde ; ouvreur des chemins du sud quand Osiris renaissant ou Horus revient sur la terre.

1014 — Pâte de verre.

Série de petites figurines.

Vitrine *G.*

Collection d'amulettes et de figurines, un grand nombre en pâte de verre.

Vitrine *H.*

Collection d'amulettes, yeux mystiques (*Ouzas*, Cfr. N. 630) ; têtes du dieu Bès, fleurs de lotus, pains d'offrande fictifs, etc. Au centre de la vitrine, groupe d'amulettes *dad* et de plaques émaillées qui formaient les pièces d'un collier au nom de Psammétique.

Est des vitrines A-H.

1015 — Bronze — Haut. moy. 0ᵐ,60. — *Saïs.*

Quatre belles statues de la déesse solaire Pacht ou Sekhet, à tête de lionne, et une statue d'Horus à tête d'épervier, coiffé du pschent ou double couronne du midi et du nord. Les yeux des déesses sont rapportés, la prunelle est en or. Ces cinq statues ont été trouvées à Saïs.

Ouest des vitrines A-H.

1016 — Serpentine verte, polie — Haut. 0ᵐ,96 — XXVIᵉ dynastie. — *Karnak*.

Statue.

« Ce disgracieux hippopotame au ventre arrondi et aux flasques mamelles de femme est un des personnages importants du Panthéon égyptien, *Apit, Toïrapit, Toïri*, ou plus souvent, avec la désinence grecque, Thouéris. Appuyée de la patte gauche sur un nœud de corde mystique, elle avait protégé, contre son propre mari Set Typhon, Isis enceinte d'Horus ; elle passait depuis pour veiller l'âme des justes dans l'autre monde, et, le couteau à la patte, elle luttait contre les mauvais esprits. Les Thébains de l'époque saïte et ptolémaïque paraissent avoir eu pour elle une vénération particulière ; son temple est encore debout aujourd'hui, à l'est du temple de Khons à Karnak. La statue a été découverte à Thèbes, au milieu de la ville antique, par des fellahs en quête de *sebakh* ; elle était debout dans une petite chapelle en calcaire blanc sculpté, que lui avait dédiée le prêtre Pibisi, au nom de la reine Nitocris, fille de Psammétique I et de la reine Shapenap. » (Maspero, Cat., p. 76-77.)

Cette petite chapelle est exposée dans la salle 33 sous le N. 261.

Nord de la salle.

1017 — Basalte vert — Long. 0^m,71, larg. 0^m,46. —
XXXᵉ dynastie. — *Saqqarah.*

Table d'offrandes au nom d'un fonctionnaire contemporain de Nectanébo I, et nommé Psammétique. La gravure est extrêmement soignée, mais on peut remarquer dans le texte de l'inscription une certaine affectation d'archaïsme. Ainsi l'un des titres de la légende si fruste que porte la statuette archaïque N. **1**, se retrouve sous la même forme finement gravé dans la légende de Psammétique. Ce même personnage a fait encore exécuter les trois monuments suivants, trouvés également à Saqqarah.

1018 — Basalte vert — Haut. 0^m,90.

Statue d'Osiris.

1019 — Serpentine — Haut. 0^m,89.

Statue d'Isis.

1020 — Serpentine — Haut. 0^m,97, long. 1^m,03.

Psammétique lui-même représenté debout devant la vache Hathor. Ces statues, d'un très beau travail, sont remarquables surtout comme exemple de difficulté vaincue ; la serpentine étant pour le sculpteur une matière des plus rebelles.

VITRINE *I.*

La divinité à tête d'ibis est Thot ou Hermès, personnification de l'intelligence divine, principe conservateur de la création, dieu des lettres et des sciences, inventeur de l'écriture. Il était adoré à *Achmounein* (Hermopolis magna). L'ibis, le singe et le cynocéphale lui étaient consacrés.

La divinité à tête de chacal est Anubis, dieu funéraire qui présidait à l'ensevelissement, et guidait les défunts dans les chemins de l'autre monde (voir N. 101. 3) Il était le dieu principal de Siout, et de quelques villes de la Haute-Egypte; mais il était vénéré dans toute la vallée du Nil, immédiatement après Osiris, dont on ne le séparait guère.

VITRINE *J.*

Images du dieu Ptah et de Pacht ou Sekhet déesse à tête de lionne.

Ptah ou Vulcain était le dieu suprême de Memphis. Il possédait dans cette ville un temple célèbre dans les ruines duquel on vient de retrouver les deux magnifiques statues que nous avons vues sous les N°s 185 et 186. Il avait fourni les éléments de la création et façonné le monde.

On le représente debout ou assis, souvent sur une coudée ou sur un autel à degrés (Cfr. N. 911), et tenant un sceptre des deux mains. Sa figure est fine et souriante; il est coiffé d'un serre-tête. Quelquefois il porte sur la tête le scarabée, symbole des transformations qui maintiennent la vie dans la création.

La déesse solaire Sekhet, à tête de lionne, était associée à l'œuvre de Ptah, ainsi que son fils Imhotep, le protecteur des sciences et le dieu de la médecine, l'Esculape des Grecs. Imhotep est représenté assis, coiffé du serre-tête comme Ptah, lisant un rouleau de papyrus étalé sur ses genoux. La déesse Bast à tête de chatte, qu'on adorait à Bubastis, était une forme adoucie de l'ardente Sekhet, qui brûlait les ennemis du soleil ; Bast était la personnification de la chaleur bienfaisante.

ARMOIRE *K*.

Tablette supérieure.

Statuettes en bronze de petits personnages agenouillés portant la coiffure royale, et présentant des offrandes.

1021 — Bronze — Haut. 0ᵐ,15.

Tête d'Hathor sortant d'une fleur de lotus.

Deuxième tablette.

Coiffures divines et barbes en bronze (Cfr. N. 765).

1022 — Bronze — Long. 0ᵐ,55.

Encensoir ou brûle-parfums. Il a la forme d'un bras ; le foyer qu'il supporte est un cartouche tenu par un petit personnage agenouillé.

1023 — Bronze — Haut. 0ᵐ,36. — Epoque saïte.

« C'était une de ces enseignes qu'on promenait au bout d'un bâton en tête des processions religieuses. Un crocodile, posé sur une fleur de lotus, porte la barque sacrée de Râ. Un naos, ouvert et vide, surmonté d'un épervier couronné, en occupe le milieu. A l'avant on voit le chacal d'Apmatonou (Anubis), puis le prêtre qui tient à deux mains le vase à parfums, Hor à tête d'épervier levant la pique, et deux personnages brisés. Derrière le naos, Isis est debout avec Anubis à tête de chacal, et deux Hor à tête d'épervier manient les deux gouvernails. » (Maspero, Cat., p. 120.)

Une autre enseigne sacrée en forme de barque est également d'époque saïte (voir sur la tablette inférieure).

Vitrine *L.*

1024 — Bronze — Haut. 0m,31, larg. 0m,24.

Statue du taureau Apis sur un traîneau.....

« .....telle qu'on la promenait aux grandes fêtes. Le taureau Apis était l'*image vivante de Ptah* sur la terre : on le gardait dans une des cours du temple de Ptah à Memphis où il rendait des oracles. Il n'y avait jamais qu'un Apis à la fois ; on le reconnaissait à certaines marques, un croissant sur le front, un scarabée sous la langue, un vautour sur le dos, etc., que les prêtres se chargeaient de découvrir. Une fois intronisé, il restait en fonctions jusqu'à la mort ; quelques-uns vécurent jusqu'à ving-sept et vingt-huit ans. Mort, Apis devenait, comme tous les morts, un Osiris : on l'embaumait et on le transportait en grande pompe au Sérapéum, dans la sépulture réservée aux Apis. Là il avait un temple, où il était encore dieu, sous le nom d'Osorhapi, dont les Grecs ont fait Sérapis. » (Maspero, Cat., p. 178-179.)

1025 — **Bronze** — Haut. 0m,09, long. 0m,16. — Epoque saïte. — *Sérapéum.*

« Bœuf Apis agenouillé contrairement à l'usage. » (MASPERO, Cat., p. 162.)

Série de statuettes d'Apis.

1026 — **Bronze** — Haut. 0m,40. — Epoque saïte. — *Sérapéum.*

« Superbe Nofirtoum, incrusté d'émaux et d'or. Nofirtoum était le fils de la déesse Bast ou Sekhet (voir vitrine *J*), et paraît avoir représenté une des formes du soleil de la nuit, celle qui précède immédiatement l'aurore, il était souvent représenté debout sur un lion couché, la main droite armée d'un sabre recourbé, la tête couronnée d'un lotus épanoui d'où sortent deux grandes plumes. » (MASPERO, Cat., p. 156, 157, 161.)

1027 — **Bronze** — Haut. 0m,27, — Epoque saïte. — *Sérapéum.*

« Le dieu Anhouri, coiffé de quatre longues plumes réunies en faisceau, lève les mains dans l'attitude du soldat qui perce de la pique un ennemi terrassé. Anhouri est une forme jumelle de Shou ; les Grecs l'identifiaient à Arès (ou Mars). » (MASPERO, Cat., p. 160-161.)

Anhouri était la divinité locale de Thini, près d'Abydos.

1028 — Bronze — Haut. 0^m,165. — Epoque saïte. —
Sérapéum.

« Le dieu Nil (Hapi) debout, portant sur la tête le
signe de l'eau, d'où sort un bouquet de fleurs. Il est
représenté avec les chairs molles et la poitrine pendante
en signe d'abondance. Il était adoré à Silsilis. Ses statues sont fort rares. » (MASPERO, Cat., p. 162.)

1029 — Bronze — Haut. 0^m,19. — Epoque saïte. —
Sérapéum.

« Apis, sous forme d'homme à tête de taureau, le
disque et l'urœus au front. » (MASPERO, Cat., p. 180).

1030 — Bronze — Haut. 0^m,26. — Epoque saïte. —
Sérapéum.

« Le dieu a sur la tête une coiffure formée de deux
cornes et de deux petites pousses, sur lesquelles est
posée une étoile à cinq branches. Les pieds manquent.
Mariette pensait que cette figure représentait Sib, le
dieu de la terre, je préférerais y reconnaître, d'après
les peintures astronomiques, Osiris-Sâhou, dieu de
l'étoile Orion. Osiris-Sâhou était aussi le conducteur
des âmes dans l'autre monde.» (MASPERO, Cat., p.161.)

1031 — Bronze — Haut. 0^m,15, Epoque grecque.

Dieu Bès combattant (Cfr. N. 999). Bès guerrier
lutte contre le mal et les ténèbres ; il a remplacé dans
ce rôle le dieu *Set*, devenu, sous le nom de Typhon, la
personnification du mal, après avoir été l'adversaire du
serpent destructeur Apophis. Nous avons dit aussi
(N. 999) qu'un monument de la XXIe dynastie nous

montre Bès, vêtu de la peau du lion, soutenant le ciel comme Hercule, ou comme le dieu égyptien Shou. Enfin Bès jouait de le harpe ; il était le dieu de la toilette et son image ornait souvent le manche des miroirs des dames égyptiennes (voir N. 847) ; la fable grecque d'Hercule filant chez Omphale et se parant comme une femme, est peut-être un souvenir de ce dernier rôle du dieu égyptien.

VITRINE *M.*

1032 — Bronze — Haut. 0m,37.

La déesse Neit debout, coiffée de la couronne du nord, d'autres fois elle a pour coiffure la navette, dont l'image est l'hiéroglyphe (*Neit*) de son nom, souvent aussi elle est représentée armée de l'arc et des flèches. Les Grecs l'assimilèrent à Minerve. Personnification de l'espace céleste, elle était surtout adorée à Saïs, bien qu'elle eût des temples à Thèbes.

1033 — Pierre dure — Long. 0m,24. — *Saïs.*

Poisson. — Le poisson et, en particulier, l'oxyrhynque, était consacré à la déesse Hathor ou Vénus.

1034 — Bronze — Haut. 1m,155. — Epoque saïte.— *Sérapéum.*

« Ichneumon assis sur le train de derrière, les pattes de devant levées en attitude de défense. » (MASPERO, Cat., p. 159.)

L'ichneumon paraît être consacré à la divinité qui s'engendre elle-même, et est à la fois père et mère)Cfr. Cat. Mariette, N. 191).

1035 — Bronze — Haut. 0m,17.

« Déesse Selk ; elle a pour coiffure le scorpion, qui lui était consacré. Selk est une des quatre déesses protectrices des entrailles qu'on enfermait dans les vases dit canopes. » (MARIETTE.)

1036 — Bronze — Haut. 0m,05.

« Bout de sceptre. Le dieu Horus était debout sur un crocodile qu'il frappait de sa lance ; c'est le soleil sortant chaque jour vainqueur de son combat avec les ténèbres. » (MARIETTE.)

Ce monument n'est plus entier : il ne reste de l'Horus que ses pieds sur le dos du crocodile.

1037 — Bronze — Haut. 0m,16.

« Bout de sceptre. Un épervier est perché au sommet. L'animal divin porte la coiffure de Month. » (MARIETTE.)

1038 — Bronze — Haut. 0m,18.

Le dieu Khnoum, forme d'Ammon à tête de bélier, qu'on adorait en Nubie et spécialement aux cataractes. Le temple d'Esneh lui était aussi consacré. Il est appelé le modeleur ou fabricateur des dieux et des hommes.

1039 — Terre émaillée — Haut. 0m,13.
La déesse Thoueris (voir N. 1016).

1040 — Bronze — Haut. 0m,335. — Epoque saïte. —
Sérapéum.

« Le dieu Khnoum à tête de bélier est assis sur un fauteuil qui lui-même repose sur une fleur de lotus. Le tout formait une enseigne sacrée qu'on portait dans les processions. » (MASPERO Cat., p. 170.)

1041 — Bronze — Haut. 0m,15, long. 0m,31, larg. 0m,84. — Epoque saïte. — *Sérapéum.*

Boîte en bronze, où était enfermée une momie de serpent. L'urœus figurée sur le couvercle avait une tête humaine coiffée du pschent; c'est l'aspect que présentent certains génies infernaux dans les peintures des tombes royales. » (MASPERO, Cat., p. 162.)

1042 — Bronze — Haut. 0m,23. — Epoque saïte. — *Saqqarah.*

La déesse Mât ou la Vérité, fille du Soleil. Elle est représentée sous la forme d'une femme coiffée d'une plume d'autruche (*mat*), hiéroglyphe de son nom.

1043 — Bronze — Haut. 0m,40. — Epoque saïte. — *Thèbes* (Assassif).

Le dieu Ammon Râ, coiffé du mortier surmonté de deux longues plumes. Il était adoré à Thèbes et dans toutes les colonies thébaines : à Napata, en Ethiopie, en Nubie, dans les Oasis. Ses prêtres jouèrent un grand rôle dans l'histoire d'Egypte; nous en parlerons avant d'étudier les salles 76-83.

1044 — Bronze — Haut. 0m.18.

La déesse Mout ou Maut, épouse d'Ammon et mère de Khonsou, formait avec ces deux divinités la triade adorée à Thèbes. Elle est ordinairement coiffée du *pschent* ou double couronne du midi et du nord.

1045 — **Bronze** — Haut. 0ᵐ,15.

La déesse Nohemâit, forme d'Hathor, adorée à Hermopolis. Elle porte sur la tête une sorte d'édicule à l'image du sistre consacré à Hathor.

Vitrine *N.*

1046 — **Bronze** — Haut. 0ᵐ,30. — Epoque saïte. — *Sérapéum.*

Un des génies d'Héliopolis, représentés sous la forme d'hommes à tête d'épervier, adorant le soleil.

1047 — **Bronze** — Haut. 0ᵐ,084, long. 0ᵐ,098. — Epoque saïte. — *Sérapéum.*

« Le bœuf Apis est debout sur un traîneau. A droite Isis debout lui flatte l'épaule ; par derrière, Nephthys lui tient les deux cuisses. » (Maspero, Cat., p. 183.)

1048 — **Bronze** — Haut. 0ᵐ,16. — Epoque saïte. — *Sérapéum.*

Le dieu Nil ou *Hapi*, assemblait les fleurs du lotus et du papyrus, symboles du midi et du nord de l'Egypte. Ce monument n'étant plus entier, le dieu n'a dans la main que les queues de ces fleurs.

1049 — **Bronze** — Haut. 0ᵐ,085, larg. 0ᵐ,063. — Epoque saïte. — *Sérapéum.*

Trois statuettes sur un socle commun, Horus et Thot versent l'eau de régénération sur un défunt agenouillé entre eux (Cfr. Nᵒˢ 360 et 587).

1050 — **Bronze** — Haut. 0m,175. — xxvie dynastie. —
Sérapéum.

Taureau Apis. Autour du socle une légende bilingue,
hiéroglyphique et carienne.

1051 — **Bronze incrusté d'or.** — Haut. 0m,00.

Imhotep ou Esculape, fils de Ptah (voir vitrine *J*).

1052 — **Bronze** — Haut. 0m,22. — Epoque saïte. —
Sérapéum.

Hathor, déesse de la montagne, qui séparait la terre
d'Egypte de l'autre monde. Elle était représentée sous
la forme d'une vache ou d'une femme à oreilles de
vache. C'est la Vénus égyptienne, déesse de la beauté.
Le temple qui lui fut consacré à Denderah est encore
debout et presque intact.

1053 — **Bronze** — Haut. 0m,17.

Le dieu Thot-Lunus (voir vitrine *I*), représenté sous
la forme du cynocéphale, qui lui était consacré.

1054 — **Bronze** — Haut. 0m182,.

Admirable statuette du dieu Ammon (voir N. 1043).

1055 — **Bronze** — Haut. moy. 0m,16. — Epoque
saïte. — *Sérapéum.*

Osiris, Isis, et Nephthys.

1056 — **Bronze** — Haut. 0m,268.

La déesse Isis, femme et sœur d'Osiris, et mère
d'Horus. C'est la Cérès des Grecs. Isis était, comme
Osiris, adorée dans l'Egypte entière.

1057 — **Bronze** — Haut. 0m,19. — Epoque saïte.

La déesse *Mihit* ou *Hat-mihit*, dame de Mendès, coiffée du poisson silure, reçoit l'offrande d'Ameniritis.

1058 — **Bronze** — Haut. 0m,275.

Statuette d'Hator (voir N. 1052).

1059 — **Bronze** — Haut. 0m,16. — Epoque saïte. — *Sérapéum.*

Anubis incrusté d'or.

1060 — **Bronze** — Haut. 0m,282.

Osiris incrusté d'or. Osiris, dieu d'Abydos et dieu des morts, était adoré dans l'Egypte entière. Il était le symbole de la vie qui s'en va pour revenir sans cesse, le soleil qui s'éteint chaque soir pour reluire chaque matin, la plante que l'on coupe et qui repoussera, l'homme qui meurt et qui revivra dans sa race, etc.

1061 — **Serpentine** — Haut. 0m,25.

La déesse Thoueris (Cfr. 1016).

1062 — **Bronze** — Haut. 0m,21.

Jolie statuette d'Horus enfant (Harpocrate), fils d'Isis et d'Osiris défunt, et principe rénovateur qui triomphe chaque jour du principe destructeur (Cfr. N. 998).

1063 — **Bronze** — Haut. 0m,28. — *Sérapéum.*

Un ichneumon debout. Même attitude qu'au N. 1034.

1064 — Bronze — Haut. 0m,23.

Diadème *atef*, coiffure divine composée de la triple mitre ou couronne du sud, en forme de lotus, avec deux plumes d'autruche et des cornes de bélier. On y ajoutait encore des urœus et d'autres ornements.

1065 — Bronze — Haut. 0m,24, larg. 0m,10. — Epoque saïte. — *Sérapéum.*

« Le dieu Osiris-Lune est assis entre Nofirtoum (voir N. 1026) d'un côté, et Harpocrate (voir N. 1062) de l'autre ; une chatte est couchée à ses pieds, un petit personnage agenouillé adore ce groupe de divinités. » (MASPERO, Cat., p. 181.)

1066 — Bronze — Haut. 0m,22.

Mentou ou Month, dieu adoré en Thébaïde et particulièrement à Hermonthis. C'est le soleil dans toute son énergie : on lui compare souvent les Pharaons victorieux qui font sentir leur force aux ennemis de l'Egypte ; c'est donc aussi un dieu guerrier. Il est représenté avec une tête d'épervier surmontée de deux plumes et du disque ; il tient le sabre à la main.

1067 — Argent pur — Haut. 0m,105.
Vautour.

1068 — Bronze — Haut. 0m,12. — Epoque saïte. — *Sérapéum.*

« Osiris-momie, debout entre Isis et Horsiîsi (Horus fils d'Isis) à tête d'épervier ; derrière Osiris, un sceptre à fleur de lotus sur lequel est posé un serpent lové. » (MASPERO, Cat., p. 183.)

1069 — Bronze — Haut. 0ᵐ,235.

La déesse Sekhet (voir vitrine *J*), assise, coiffée du disque solaire.

1070 — Bronze — Haut. 0ᵐ,23.

Dieu panthée, à deux têtes. Ce dieu, qui personnifie la force créatrice, réunit en lui les attributs d'Ammon, de Khnoum, d'Anubis, d'Horus. Le scarabée placé sur la poitrine est l'image des transformations par lesquelles la création se renouvelle sans cesse (voir salle 71).

1071 — Bronze incrusté d'or — Haut. 0ᵐ,04.

Tête de taureau.

1072 — Bronze — Haut. 0ᵐ,13.

Masque représentant une tête de chacal ; c'est l'image du dieu Anubis.

1073 — Marbre blanc — Haut. 0ᵐ,19. — Epoque grecque.

« La déesse Selk, identifiée à Isis et agenouillée, tient un petit matelas sur lequel est étendu Osiris-momie ; elle écarte du dieu les scorpions et les reptiles malfaisants. » (MASPERO, Cat., p. 188.)

1074 — Bronze incrusté d'or — Haut. 0ᵐ.14.

Bès guerrier (Hercule) brandissant sa massue. (Cfr. N. 999).

Armoire *O*.

Tablette supérieure.

Stèles ; l'une d'elles, autrefois revêtue d'or, a été, dans les temps antiques, grattée par des voleurs, qui prirent soin seulement de respecter la figure d'Osiris (N. 1075).

Tablettes inférieures.

Bouts de bâtons magiques en forme de têtes de bélier ; têtes d'Hathor (N. 1076) ; vases en bronze, qui contenaient de l'eau consacrée pour les purifications des morts et les cérémonies du culte. Le vase N. 1077 (bronze, haut. $0^m,215$; Zagazig, époque saïte) porte une inscription hiéroglyphique, nous apprenant qu'il appartenait au prêtre Psamitik, fils de Shishonq et de la dame Miritiouri (Cfr. Cat. Masp., p. 127).

Nous repassons maintenant vers le côté ouest de la salle. Le côté est a été réservé surtout aux images des dieux des vivants ; le côté ouest est consacré aux images des dieux des défunts et de la renaissance.

Armoire *P*.

Stèles du Sérapéum, monuments commémoratifs déposés dans la tombe des Apis à Saqqarah. On peut citer la stèle qui représente Apis transporté au tombeau dans sa barque montée sur quatre rouleaux en bois ; il est pleuré par Isis et Nephthys, (N. 1078, tablette inférieure, haut. $0^m,234$, larg.

0ᵐ,346, Kom-el-Fakhri, xxvıᵉ dynastie); le N. 1079, daté du roi Nékao (troisième tablette); le N. 1080, daté de l'an 37 du roi Seshonq IV (xxııᵉ dynastie) ; et, comme modèle de petitesse, la stèle 1081.

Vitrine *Q*.

Nombreuses statuettes d'Isis et d'Osiris; d'Isis allaitant Horus. On peut signaler une Isis ptérophore (N. 1082, bronze; haut. 0ᵐ,13) et une égide surmontée d'une tête d'Isis (N. 1083, bronze ; haut. 0ᵐ,37).

Une statuette, en bois, d'Isis accroupie, pleurant la mort d'Osiris, est exposée drapée dans du linge de momie, telle qu'elle a été trouvée à Saqqarah (époque saïte).

Vitrine *R*.

Statuettes d'Horus. Petit Horus enfant, en bronze, sortant d'une fleur de lotus (N 1084). Grande statuette d'Horus en calcaire (N. 1085). Joli siège d'Horus, porté par deux lions (N. 1086, bronze, haut. 0ᵐ,105, Sérapéum), le dossier est un vautour qui déploie ses ailes. Statuette en bronze de la déesse Sati, coiffée de la couronne blanche (N. 1088). Figure d'Imhotep, fils de Ptah (N. 1089, bronze, haut. 0ᵐ,16).

1090 — Bronze — Haut. 0ᵐ,25. — *Grandes pyramides.*

Horus sous la forme d'un épervier coiffé du pschent (double couronne du midi et du nord).

1091 — Bronze — Haut. 0m,15.

Bout de sceptre ; Horus représenté sous la forme d'un épervier.

1092 — Bronze — Haut. 0m,27.

Horus à tête d'épervier, appuyé contre un obélisque, symbole de résurrection et de régénération.

1093 — Calcaire compact — Haut. 0m,14, larg. 0m,36.

Crocodile à tête d'épervier.

Vitrine *S.*

Osiris et Isis, en pierre et en bronze.

1094 — Bronze — Haut. 0m,47. — Epoque saïte. — *Sérapéum.*

« Un Osiris-momie, coiffé d'un long bonnet et de deux plumes, est debout sur une estrade carrée en forme de naos, entourée d'une balustrade sur trois côtés. Un petit autel qui se trouvait devant Osiris a disparu, mais la place en est encore indiquée par un trou carré. Pour arriver à l'autel, le prêtre devait monter un escalier de huit marches. C'est probablement en petit la disposition qu'on trouvait dans certains temples. » (Maspero, Cat., p. 172.)

1095.

Statuette d'Osiris en bronze, avec un masque en or.

1096 — Diorite et électrum — Haut. 0ᵐ,29, long. 0ᵐ,54.

Osiris prêt à ressusciter se retourne sur son lit et redresse sa tête, coiffée des cornes de bélier et des deux plumes en électrum.

Armoire *T.*

Statuettes d'Osiris en pierre et en bronze. Statuette d'Horus en bronze (N. 1096, haut. 0ᵐ,33). Statuette de Ptah, en terre bleue émaillée (N. 1097, haut. 0ᵐ,31).

Armoire *U.*

Images en terre émaillée des déesses Sekhet, à tête de lionne, et Bast, à tête de chatte.

Armoire *V.*

Images du dieu Shou élevant les bras pour soutenir le ciel (N. 1098), du dieu Ptah (N. 1099) et du dieu Nofertoum (N. 1100).

Armoire *W.*

Images du dieu Bès (Cfr. N. 999). On peut noter le Bès en électrum (N. 1101) ; sa face est semblable à celle du lion, dont la dépouille était un attribut d'Hercule.

Armoire *X.*

La déesse Thouéris (Cfr. N. 1016).

ARMOIRE *Y*.

1102 — **Bronze doré** — Haut. 0^m,038. — Epoque
saïte. — *Sérapéum.*

« La déesse Noshemit, assisse, la barque sur la tête,
allaite Horus. Noshemit est ici évidemment une forme
locale, propre à Abydos, de la déesse Isis. » (MASPERO,
Cat., p. 187.)

1103 et **1103** *bis* — **Terre émaillée.**

Statuettes d'Hathor.

1104 et **1104** *bis* — **Email vert et émail bleu**
— Haut. 0^m,064 et 0^m,04.

La déesse Hatmehit, personnification du nome Men-
désien, portant sur la tête le poisson silure.

1105 — **Lapis-lazuli et or** — Haut. 0^m,073. —
Epoque saïte. — *Saqqarah.*

La déesse Mâit ou la Vérité; la plume de sa coiffure,
hiéroglyphe de son nom, est en or.

1106 — **Lapis-lazuli** — Haut. moy^. 0^m,025. —
Epoque saïte. — *Saqqarah.*

Cinq petites figurines de la déesse Mâit.

1107 — **Email vert.**

Figurines de la déesse Selk (Cfr. N°s 1035 et 1073).

1108 — **Email vert.**

Neit, déesse de Saïs (Cfr. N. 1032).

1109 — **Email bleu** — Haut. 0^m,085. — Epoque saïte. — *Mitrahineh.*

« Le dieu Sit (Typhon) debout, avec la tête de quadrupède qui le caractérise ; monument presque unique.» (MASPERO, Cat., p. 181.)

1110 — **Email.**

Sebek, le dieu crocodile du Fayoum (Cfr. N. 590).

1111 — **Email bleu** — Haut. 0^m,048.

Le dieu serpent Nahbkoou portant les deux mains à la bouche.

ARMOIRE *Z*.

1112 — **Lapis-lazuli** — Haut. 0^m,022.

Vautour, oiseau de la déesse Mout et symbole de la maternité.

1113 — **Terre émaillée** — Haut. 0^m,04. — Epoque grecque.

Le dieu Min ou Khem.

« Ce dieu, l'un des plus importants de l'ancienne Egypte, avait des fonctions génératrices qui expliquent suffisamment sa forme. Le corps est momifié et enveloppé de bandelettes, sauf les deux bras, dont l'un est ramené sur le ventre tandis que l'autre soulève le fouet. Sa coiffure est celle du dieu Ammon, avec lequel il se confond souvent, deux longues plumes perchées sur une sorte de mortier aplati. Les textes l'appellent le mari de sa mère, le fils d'Isis, le père de Râ, celui qui dresse haut ses deux plumes. Khemmis, aujourd'hui Akhmîm, était le siège principal de son culte ; les Grecs l'identifièrent au dieu Pan et donnèrent à sa ville le nom de Panopolis. » (Maspero, Cat., p. 158.)

1114 — Terre émaillée.

Le dieu *Khonsou l'enfant,* troisième membre de la triade thébaine, avec Ammon et Mout, la déesse mère. Son temple est encore debout à Thèbes, entre Louqsor et Karnak.

1115 — Terre émaillée.

Le dieu Khnoum, forme d'Ammon à tête de bélier.

1116 — Email bleu — Haut. 0m,05. — Epoque saïte. — *Abydos.*

« Dieu à tête de lion debout, marchant. On l'a appelé *Hobs* ou *Hbos* (et encore *Mahes,* nom du lion), mais je crois que ce nom n'est qu'une erreur de lecture : c'est en réalité *Shou.* » (Maspero, Cat., p. 163.)

Armoire *AA.*

Petites statuettes de la déesse Isis. Une de ces figurines est en lapis-lazuli et porte une couronne d'or (N. 1117).

Armoire *AB.*

La déesse Nephthys (N. 1118) sœur d'Isis, à qui elle est associée comme pleureuse d'Osiris et protectrice de la momie. La triade d'Isis, Nephthys et Horus est représentées par les Nos 1119, 1120 et 1121 (émail vert).

Armoire *AC*.

Figurines d'Horus.

1122 — Verre irisé — Haut. 0ᵐ,919. — Epoque
saïte.

« Admirable petite figure en verre ciselé : Hor à corps
humain et à tête d'épervier, coiffé du disque solaire. »
(MASPERO, Cat., p. 185-186.)

1123 — Lapis-lazuli — Haut. 0ᵐ,058.

« Aroëris debout, appuyé sur son bâton de commandement, saisit de la main droite le sceptre en forme de
serpent. » (MASPERO, Cat., p. 182.)

Horus, qui succède à l'Osiris mort, précède l'Osiris
qui mourra ; il est la suite de la vie éteinte, mais le
commencement de la vie nouvelle. Dans ce dernier caractère, il s'appelle Aroëris, ou *Horus aîné*.

Armoire *AD*.

Figurines d'Osiris (N. 1124, jolie figurine en
porcelaine) et d'Anubis (N. 1125) ; groupe des génies funéraires (N. 1126).

Armoire *AE*.

Le dieu Thot, sous la forme de l'Ibis (N. 1127)
ou du singe (N. 1128).

Armoire *AF*.

Figurines en terre émaillée représentant un nain
difforme dans lequel on a voulu reconnaître une
figure de Ptah embryon ; cette explication est

rejetée par M. Maspero (Cat., p. 166). Les inscriptions appellent ces figures Ptah, ou Ptah Sokari, ou Ptah Sokari Osiris. C'est le symbole de la transition entre la mort et la renaissance ; Sokari est la forme inerte d'Osiris défunt et embaumé ; Ptah la force créatrice qui fait sortir de la mort une existence nouvelle. Ce petit dieu est donc.....

« ..... un Ptah au même titre que le Ptah-momie [sous sa forme ordinaire, Ptah est représenté emmaillotté comme une momie ; seulement la tête est vivante et les mains sont libres, pour manifester l'énergie créatrice qui dégagera la vie de ses entraves]. Les Égyptiens ont accumulé sur lui divers emblèmes. Le plus fréquent est un scarabée qu'il porte à plat sur sa tête ; c'est une marque de renaissance. Deux serpents lui sortent parfois de la bouche, il tient une plume à chaque main ; il est perché sur deux crocodiles ; Isis et Nephthys sont à sa droite et à sa gauche ; un épervier est sur chacune de ses épaules ; enfin la déesse Bast, debout derrière lui, l'enveloppe de ses bras et de ses ailes. Tous ces dieux accumulés autour de lui sont là pour le protéger et pour l'aider à revivre. » (MASPERO, p. 166).

On peut citer dans la vitrine *AF* :

1129.

Ptah à quatre visages.

1130.

Ptah tenant son gros ventre à deux mains.

————————

BOTANIQUE ET MINÉRALOGIE

Salle 73 (Botanique).

Dans la petite salle 73, située au nord-est de la salle 72, sont exposés quelques échantillons de plantes antiques, fleurs recueillies sur les momies, fruits et graines trouvés dans les tombeaux.

Les fleurs disposées sur la paroi ouest de la salle et dans la grande vitrine, proviennent surtout des momies royales de Deïr-el-Bahari et remontent à trente siècles environ. C'est le Dr Schweinfurth qui a préparé l'herbier et déterminé les espèces.

La découverte des prêtres d'Ammon a fourni de nouveaux échantillons de la même date que ceux des momies royales.

Les petites vitrines contiennent des fruits, des graines, des rayons de miel, etc. Des fruits trouvés à Gebelein dans des tombeaux de la xi⁰ dynastie, datent peut-être de cinquante siècles.

Les troncs d'arbres dressés aux angles de la salle ont dû servir au traînage des sarcophages. L'un d'eux est orné d'une tête d'Hathor et d'une inscription hiéroglyphique.

Salle 74 (Minéralogie).

La salle 74 (sud-est de la salle 72) est réservée à la collection de minéralogie, actuellement en formation, préparée par M. de Morgan.

SARCOPHAGES

Galeries 75.

Les galeries 75, situées au nord-ouest de la salle 72, ne sont que le passage conduisant aux salles des momies royales et des prêtres d'Ammon. Quelques sarcophages seulement y sont exposés ; les plus intéressants appartiennent à des prêtres du dieu thébain Mentou ou Month, et datent de la XXVIe dynastie.

GRANDES DÉCOUVERTES DE DEÏR-EL-BAHARI.

LES MOMIES ROYALES	LES PRÊTRES D'AMMON
Découvertes sous la direction de M. Maspero en 1881	Découverts sous la direction de M. Grébaut en 1891

Salles 76 à 86

Notices générales.

Les deux collections dues aux grandes découvertes de Déïr-el-Bahari n'en forment en réalité qu'une seule, dont la valeur est immense pour les études historiques.

La trouvaille des prêtres d'Ammon, accomplie à Déïr-el-Bahari en février 1891, sous la direction de M. Grébaut, peut en effet être à bon droit considérée comme le *complément* de la trouvaille des momies royales faite presque à la même place, dix ans auparavant, sous la direction de M. Maspero. Parmi les personnages ensevelis dans la première cachette, il en est qui, selon toutes les apparences, sont parents au premier degré de personnages ensevelis dans la seconde; d'où nous pouvons supposer aussi l'étroite parenté des deux collections elles-mêmes. L'une et l'autre proviennent de deux cachettes absolument contemporaines, et l'une et l'autre sont dues aux prêtres d'Ammon. Celle de M. Grébaut contient les membres du sacerdoce thébain, qui, jusqu'au commencement de la XXII° dynastie, prirent part à l'action de la confrérie d'Ammon sans exercer personnellement le pouvoir suprême ; celle de M. Maspero, les grands-prêtres de la même confrérie qui obtinrent les honneurs royaux, et les rois thébains qui avaient été les bienfaiteurs de la confrérie, quelquefois même ses instruments.

Ainsi Aménophis I et Thoutmès III (Nos 1177 et 1179 des *momies royales*) s'étaient acquis la reconnaissance des prêtres d'Ammon en accroissant leur influence et leurs richesses ; quant à Ahmès, quant à Soqnounri Nos 1174 et 1175 des *momies royales*), qui avaient usé leur vie à chasser les Hycsos de la terre d'Egypte, ils n'avaient pas eu de richesses à donner aux temples ; toutes leurs ressources avaient été employées à soutenir cette guerre décisive. Mais c'est pour Ammon que Soqnounri était mort sur le champ de bataille, pour Ammon qu'Ahmès, le libérateur, avait remporté la dernière victoire. Quel avait été le prétexte de la guerre ? Le papyrus Sallier I nous l'apprend : un conflit de prééminence entre Ammon, le dieu thébain, et Soutekh, le dieu des conquérants du nord, c'est-à-dire un conflit entre leurs prêtres ; une lutte de science et d'habileté entre les savants de Thèbes et d'Avaris, c'est-à-dire entre les deux sacerdoces; ainsi, dans l'histoire des Hébreux, la Bible nous raconte la lutte entre les prophètes de Jéhovah, triomphants avec les rois nationaux, et les prêtres de Baal, triomphants avec les rois étrangers.

Cette lutte des deux sacerdoces nous fait comprendre la prodigieuse durée de cette guerre de 150 ans. La continuité d'un tel effort qui usa les forces et la vie de tant de rois thébains exigeait une ténacité et un esprit de suite qu'on ne pouvait guère trouver sans interruption dans une si longue série de princes féodaux, mais qu'on admettra facilement chez la corporation d'Ammon, société qui ne mourait pas et dont l'esprit restait toujours le même. Elle avait inspiré la guerre et sut la soutenir ; elle fit venir aux rois thébains des alliés de l'Ethiopie, où le culte d'Ammon était en honneur depuis la XII⁰ dynastie ; ses émissaires soulevèrent les petits états féodaux situés au nord de la principauté de Thèbes. Les Soqnounri et les Ahmès ne furent que le bras ; le conseil et la direction venaient d'Ammon, c'est-à-dire de la confrérie de ses prêtres.

L'union étroite qui avait existé pendant la guerre entre les rois et les prêtres persista encore après le succès pour le plus grand profit des uns et des autres. Les princes thébains n'étaient que les premiers entre les chefs féodaux qu'ils avaient conduits à la victoire ; il s'agissait maintenant pour eux de devenir les maîtres absolus ; la confrérie d'Ammon les y aida encore, et en développant sa propre influence obtint pour un temps l'unité de l'Egypte sous les plus glorieux de ses pharaons.

Leur dieu Ammon, ce nouveau venu qui, dans la principauté même de Thèbes, n'était arrivé qu'après Mentou, presque comme un intrus, a pris le titre d'*Ammon Râ, roi des dieux*. Ce titre indique le caractère envahissant de ses prêtres, et leur prétention de dominer ou d'absorber les autres collèges sacerdotaux, même les illustres sacerdoces d'Héliopolis et de Memphis. Thè-

bes était au sud et non au centre du pays ; pour la
mettre au centre et en faire sans conteste la capitale, on
étend le pays vers le sud. Ahmès a suffisamment refoulé
les Hycsos en Asie ; Aménophis I fait de la Nubie une
province tout égyptienne et toute dévouée à Ammon ;
un jour même ce sera le royaume de ses prêtres chassés
de Thèbes. En même temps, le roi répare les ruines
causées par la guerre et organise l'Egypte reconquise.
Nous n'avons guère de témoignages directs sur la manière dont il régla le gouvernement des provinces du
nord, et régla les privilèges du sacerdoce thébain. Mais
des documents des règnes suivants nous apprennent
que, peu d'années après, les princes féodaux de Thini
(Abydos) étaient tenus de résider à Thèbes, c'est-à-dire
que l'Egypte était devenue un état centralisé ; et, d'autre
part, que les prêtres d'Ammon eurent lieu d'être recon-
naissants envers Aménophis I, puisqu'ils le divinisèrent
sous le nom de Pahâtiouinamen, *le double cœur d'Ammon*, et qu'un haut fonctionnaire du sacerdoce thébain
(le troisième prophète d'Ammon), fut chargé du service
de sa chapelle funéraire. Sa mère Ahmès Nofritari et sa
femme Ahhotpou obtinrent également les honneurs
divins, dus sans doute à leur active intervention en
faveur de la confrérie. Peut-être est-ce alors qu'à l'abri
des mystères et des initiations d'hommes et de femmes,
s'organisa cette sorte de franc-maçonnerie où dut entrer
quiconque voulait exercer quelque influence sur la
marche des affaires publiques. Ainsi Rekhmara, qui ad-
ministra en même temps les affaires d'Ammon et les
affaires publiques en qualité de vice-roi pendant les
guerres de Thoutmès III en pays étranger, descendait

du prêtre d'Ammon Noferouben, et était lui-même initié aux mystères. Sa tombe nous fournit une partie des documents à l'aide desquels j'ai tenté de reconstituer un mystère égyptien ; elle nous apprend aussi que les revenus du pays, le butin de l'Asie, les produits de l'Afrique orientale s'emmagasinaient dans les dépendances du temple d'Ammon, en qualité de trésor du dieu. La fortune publique se confondait ainsi avec la fortune d'Ammon. En même temps le vice-roi donnait les ordres aux prophètes et la direction aux prêtres en qualité de président du conseil des Six, c'est-à-dire réglait le rôle que l'influence sacerdotale devait exercer dans la politique intérieure.

Cette confusion de la fortune d'Ammon avec la fortune nationale, du sacerdoce avec les pouvoirs publics, nous explique les largesses vraiment prodigieuses dont Thoutmès III et quelques autres rois comblèrent le clergé thébain. Aussi les temples ornés de leurs cartouches furent construits non par eux, mais avec leurs richesses. Ammon d'ailleurs leur en savait gré, et ses prêtres, qui écrivaient l'histoire sur les murailles des temples, leur rendaient en gloire ce qu'ils recevaient d'eux en largesses.

Cette union étroite du sacerdoce et de la royauté avait, en quelques règnes, fait de la féodale Egypte un état fortement centralisé dans la main de Pharaon.

Cependant déjà Thoutmès IV et Aménophis III, impatients sans doute de la direction des prêtres d'Ammon, s'étaient remis à favoriser les cultes et les sacerdoces du Nord. C'est alors qu'un roi politique, Aménophis IV ou Khounaten, s'avisa d'étendre son action et de nouer des relations diplomatiques avec les princes de l'Asie jusqu'au roi de Babylone. Dès lors une partie des secrets de l'Etat allait échapper aux prêtres et leur influence diminuer d'autant. Aménophis IV dut être jugé comme le fut plus tard Salomon pour avoir recherché des alliances étrangères. Mais la royauté était devenue trop puissante pour succomber d'abord sous le mécontentement même d'une puissante confrérie. Toutefois, comme Thèbes était sous la dépendance du sacerdoce d'Ammon et, d'ailleurs, loin des nouveaux alliés asiatiques, le roi changea de capitale; c'était porter un second coup plus rude encore que le premier à l'influence de ses anciens alliés. Leur colère n'aboutit qu'à faire proscrire leur culte, et dans Thèbes même, le nom d'Ammon fut effacé sur les monuments. Mais la persécution et les mesures de police n'abolirent qu'en apparence une société si bien préparée à se transformer à l'occasion en société secrète. L'organisation n'en devint que plus forte; le roi jusque-là avait été reconnu le chef suprême de l'association en qualité de représentant de la Divinité sur la terre; au sortir de cette crise, lorsque le culte d'Ammon reprit avec la XIXe dynastie sa suprématie, la caste sacerdotale posséda son chef suprême, pris dans ses rangs, sous le nom de premier prophète ou premier hiérodule d'Ammon. L'union semble se rétablir comme précédemment entre le sacerdoce et les pouvoirs publics; du moins les prêtres d'Ammon recommencent à en recueillir le profit; mais ils ont prévu que la politique reportera de nouveau vers le nord la capitale de l'Egypte, et se sont réservé leur part. Sous la XVIIIe dynastie, ils ont fait la centralisation politique de l'Egypte au profit de Pharaon, croyant la faire au profit de Thèbes ; sous la XIXᵉ ils font à leur propre profit la centralisation religieuse. Leur premier prophète d'Ammon, devenu pontife souverain du roi des dieux, est proclamé le chef suprême des illustres collèges sacerdotaux du nord ; pour les absorber encore mieux, le troisième prophète d'Ammon prend les mêmes titres que le grand prêtre d'Héliopolis, chef du premier sacerdoce de l'Egypte. Celui-ci n'est plus même ainsi reconnu l'inférieur immédiat du grand prêtre de Thèbes. Cependant on ne peut faire disparaître ces collèges du nord, puissants et organisés, attachés au culte de dieux anciens et vénérés ; mais on s'attribuera leur autorité. Lorsque Sheshonq fera sa capitale à Bubaste, les principales prêtresses d'Ammon et de Maut seront prêtresses de Maut, dame d'*Ashrou*, sanctuaire vénéré du nome bubastite ; d'autres prêtres deviendront dignitaires du culte d'Anhour, dans le nome thinite ; en un mot, Ammon, le dieu unique, absorbera tous les dieux reconnus avant lui. Son culte se complique de tous les systèmes religieux ainsi annexés au système thébain ; l'adjonction des idées hermétiques et des théories héliopolitaines enrichit ou plutôt surcharge la théologie relativement simple et claire de la XVIIIᵉ dynastie. La notion philosophique reste, au fond, toujours la même, mais se couvre de détails de plus en plus touffus. Que l'on compare une tombe du règne de Thoutmès III aux tombes des dynasties suivantes : on a peine à croire qu'il s'agisse de la même religion.

La suite des événements prouva que les prêtres d'Ammon avaient bien fait de se prémunir contre un nouveau déplacement de la capitale. Les Ramessides demeurèrent en apparence fidèles à Thèbes, qui resta leur capitale nominalement, mais les exigences de la politique les attirèrent bien souvent à des résidences situées au nord. Enfin la XXIe dynastie s'établit franchement à Tanis et abandonna la Thébaïde. C'est alors que les grands-prêtres d'Ammon se déclarèrent souverains à Thèbes, et l'Egypte fut partagée entre un chef religieux et un chef politique, comme le Japon l'était encore il y a quelques années entre le mikado et le taïcoun. Mais, plus tard, une famille d'origine syrienne fonda à Bubaste la XXIIe dynastie et devint une menace pour la capitale religieuse. Les prêtres d'Ammon cherchèrent d'abord à se la concilier. Ils admirent à leur initiation des Syriens qui devaient être leurs alliés et leurs protecteurs; parmi les prêtres dont les momies ont été découvertes l'année dernière, il en est un dont le nom et le surnom sont à cet égard également remarquables; Pakh'ali (le Syrien), et Khanoferamen ou Khalnofer Amen, le brave défenseur d'Ammon. En même temps les faveurs dont Ammon prétendait honorer le Pharaon nouveau, Sheshonq, et les exploits de ce Pharaon, étaient inscrits sur le murailles de Karnak, auprès des noms de Ramsès et de Séti; la dignité souveraine, celle de premier prophète d'Ammon, était conférée au fils de Sheshonq, Ouapout; rien n'était négligé pour gagner les nouveaux rois bubastites et obtenir d'eux le maintien du régime théocratique dans la Haute-Egypte. Mais le Syrien Sheshonq et ses successeurs n'étaient pas disposés à laisser subsister deux royaumes et deux capitales. C'était comme une revanche des

Hycsos ; le règne des prêtres d'Ammon était fini. A la déchéance ils préférèrent l'exil et s'en allèrent au sud de la 2e cataracte, jusqu'à Napata (Gebel-Barkal) rétablir leur royaume théocratique. Ce fut le royaume d'Ethiopie. Ils n'avaient pas perdu l'espérance de revoir Thèbes, que leurs successeurs reconquirent en effet, et tinrent de nouveau avec les Piankhi, les Tahraka, les Shabak et la reine Améniritis. Aussi y laissèrent-ils les restes de leurs ancêtres, dérobés à la vue de leurs persécuteurs, et peut-être cet exode fut l'occasion du transport secret des momies récemment retrouvées dans les cachettes de Deïr-el-Bahari. Elles n'en sortirent plus ; car si Ammon rentra plus tard en vainqueur à Thèbes, sa domination n'y fut désormais que précaire, et jusqu'à la fin, Napata demeura constamment la nouvelle capitale.

Je n'ai pas à m'occuper ici de ce que devinrent en Ethiopie les descendants de nos prêtres d'Ammon, pas plus que je ne prétends refaire l'histoire de leurs ancêtres, antérieurement à l'epoque de la plus ancienne de nos momies, Soqnounri, et de la guerre contre les Hycsos. Il reste simplement à dire quelques mots du culte d'Ammon et de l'organisation de son sacerdoce.

De la théologie égyptienne à cette époque je ne veux rappeler que le principe philosophique, la doctrine panthéiste du monde gouverné par un esprit mystérieux qui se cache dans le soleil. Cet esprit mystérieux, Ammon, entretient la vie dans la création en renouvelant perpétuellement les existences. Les principes vitaux forment une chaine sans fin allant du soleil à la terre et de la terre au soleil. Chacune des parcelles de la vie universelle, appelée âme, se rend suivant la chaîne descendante du soleil à la terre où elle anime une existence ; et quand cette existence se dissout, va, toujours vivante, par la chaîne ascendante rejoindre le soleil, d'où la divinité la renverra ensuite sur terre pour animer un corps nouveau. C'est la doctrine empruntée plus tard à l'Egypte par Pythagore dans son système de la métempsycose. Osiris vivant, c'est l'épi de blé sur sa tige uni à la terre ou Isis ; l'épi est coupé, ses grains séparés de lui sont consommés par les hommes, à part ce qui reste pour la semence. Celle-ci rendue à la terre s'y dissout dans l'humidité. C'est la mort et la mutilation d'Osiris coupé en morceaux. Après la dissolution de la semence dans l'humidité, la terre chauffée par le soleil porte une tige nouvelle, un épi nouveau. C'est le principe féminin, Isis, reproduisant le principe mâle sous le nom d'Horus, réparateur de son père. Dans cette reproduction des plantes ou des êtres animés, il y a un mystère explicable seulement par une action providentielle. Le principe de cette action est la divinité même, et le mot égyptien *nouter*, qui signifie dieu, veut dire aussi renouvellement et floraison perpétuelle. AMMON-RA, *roi des dieux*, est donc l'esprit mystérieux qui préside à ce mystère ; auprès de lui on plaça *Maut*, qui dirige l'action féminine, épouse du principe mâle avant la transformation, mère du principe mâle transformé ; et enfin *Khonsou l'enfant*, chez qui s'accomplit l'œuvre de reproduction.

Je ne reviendrai pas ici sur les développements que j'ai consacrés dans d'autres publications à l'étude de cette doctrine ; je ne suivrai pas d'avantage le dédale des mythes qui compliquèrent de plus en plus cette conception si simple, comme le principe conservateur de la création devenant le dieu Thot ou Hermès, le principe de la transformation devenant le dieu Kheper ou Protée. Toutes les divinités de l'Egypte furent admises à quelque titre à concourir à l'action du dieu Ammon ; et il en résulte une confusion de détails où je m'égarerais avec le lecteur. Cette confusion, due en partie aux subtilités de l'esprit théologique, s'accrut encore par le soin que prirent les prêtres d'Ammon de faire entrer dans leur système les dieux de toutes les provinces, pour en absorber la direction religieuse.

Le nom même d'Ammon signifiait « caché »; on peut de là s'imaginer le caractère du culte qu'on lui rendit. Ce fut surtout un culte de mystères, exprimant par des symboles les phénomènes de la reproduction de la vie dans la nature ; l'intelligence de ces symboles était réservée aux initiés. Il semble qu'il y eût parmi ceux-ci divers grades ; un certain nombre, admis à la connaissance complète des mystères, s'appelait alors « *supérieurs des secrets du ciel, de la terre et de l'autre monde.* » C'était en raison du degré d'initiation qu'on pénétrait plus ou moins avant dans le temple. L'accès de la première salle était assez facile. Dans la seconde salle ou salle *usekht,* on laissait encore pénétrer les porteurs d'offrandes ; mais on avait soin de les tenir à distance lorsqu'on prononçait les formules de la consécration, que les initiés devaient seuls entendre. Quant aux portes suivantes, qui donnaient accès dans le ciel, salle dont les parois revêtus d'électrum resplendissaient comme le ciel même à la lueur des flambeaux, elles ne s'ouvraient qu'aux privilégiés ; plusieurs de nos prêtres d'Ammon se glorifient du droit *d'ouvrir les portes du ciel de Karnak*. Enfin les plus hauts dignitaires du pontificat étaient seuls admis dans les sanctuaires où l'on voyait la Divinité face à face.

J'ai dit qu'à la faveur de l'initiation et du secret dont elle était entourée, la confrérie d'Ammon était devenue une sorte de franc-maçonnerie, au caractère politique presque autant que religieux, et dont l'influence durant les époques de prospérité avait été toute puissante sur la direction des affaires publiques. Aussi le bénéfice de l'initiation devait-il être recherché par des personnages étrangers au sacerdoce proprement dit, mais désireux de jouir des privilèges de la confrérie. De là cette multitude de « nuter atefu » ou divins pères, dont on s'explique assez difficilement les attributions dans le culte, peut-être parce que leur titre n'en comportait pas de bien définies. Presque tout le monde est divin père, mais, presque toujours, un divin père est en même temps soit prêtre à quelque autre titre, soit fonctionnaire civil, administrateur ou chef d'industrie. Il arrive même qu'on trouve parmi ces personnages de petits enfants. Ceux-ci n'ont pu, dans les cérémonies, être employés que comme enfants de chœur, avec le titre de *Ab* (prêtre qui fait l'aspersion); preuve que le titre indiquait l'affiliation à la confrérie et l'admission à ses cérémonies plutôt qu'un degré dans la hiérarchie sacerdotale.

De même le titre de *kemât n Amen, chanteuse d'Ammon*, appliqué indistinctement à toutes les femmes et même à une petite fille, correspondait dans l'assemblée des femmes au titre de *divin père* dans celle des hommes, et ne désignait expressément ni un grade ni une fonction. « Les chanteuses d'Ammon » qui sont vraiment des musiciennes portent le titre de *hosit*. Au sommet de la hiérarchie féminine on remarque principalement les *prophétesses* ou *hiérodules* de Maut, et les supérieures des *khenrit*, ou *recluses* (?) d'Amon-Râ, roi des dieux. Ces *khenrit*, à la différence des *kemât n Amen*, formaient un corps organisé de prêtresses, dont le rôle n'est pas encore très bien défini, mais en qui l'on a voulu voir une sorte de harem du dieu, un collège de courtisanes sacrées comme on en trouve dans certains cultes de l'Asie. Un des principaux dignitaires de la confrérie était chargé du soin de leurs livres. Peut-être étaient-ce des *khenrit* qui composaient l'assemblée des femmes dans le mystère (représenté au tombeau de Rekhmarâ à Thèbes), où l'on figurait symboliquement la préparation des renaissances. La qualification «*la vénérable*», qui précède le nom de quelques femmes, n'était qu'un titre honorifique. Les titres sacerdotaux seraient plus nombreux parmi les hommes que parmi les femmes; mais beaucoup des titres que nous rencontrons indiquent moins des rangs dans le sacerdoce que des degrés d'initiation ou des fonctions supplémentaires. En regard des *khenrit* on peut placer les *neferou* ou *jeunes garçons*, à qui, par comparaison encore avec les cultes de l'Asie, on fait jouer un rôle en rapport avec celui des courtisanes sacrées. De même en regard des *musiciennes*, *hosit*, nous avons les *chantres,—hosi*, qui occupaient dans la hiérarchie un rang assez élevé et se succédaient de père en fils. Il y avait encore les prêtres (âb) et les officiants (kher-heb) des divers degrés; depuis le simple prêtre jusqu'au prêtre en chef (*âbmhat*) ou au premier officiant (*kher heb tep*) ; enfin les prophètes ou *hiérodules*. Notre collection nous indique quatre classes hiérarchisées de prophètes d'Ammon, depuis le *nuter hon tep* « premier prophète » jusqu'au *quatrième* (N. 1151, sarcophage de *Nesestapenhirtahât*). Il y a aussi d'autres prophètes sans autre indication de classement que le simple trait. Ceux-ci étant généralement d'assez hauts dignitaires, j'aurais été porté à leur donner le titre de premiers prophètes, et à qualifier de « prophète *prince* » le *nuter hon tep* qui dominait toute la hiérarchie et se considérait comme l'égal du roi d'Égypte. Je préfère toutefois, d'après l'avis de M. Maspero, les considérer comme prophètes *honoraires*, et par cela même non classés.

Quant aux titres de « maître des offrandes » dans la salle d'Anubis ou *salle usekht*, de desservant de la chapelle d'Aménophis I, de prophètes de Khnoum, Khonsou, Mentou, Anubis, etc., de grand voyant de Râ et Toum de Thèbes, d'ouvreur des portes du ciel dans Karnak, de prêtre en possession d'aller ou d'être admis chez Ammon Râ, de supérieur des secrets du ciel, de la terre et de l'autre monde, de supérieur des secrets d'Ammon et de Khonsou, ils s'ajoutaient à l'un des titres précédemment énoncés, et n'indiquaient qu'un degré dans l'initiation, comme je l'ai remarqué plus haut, ou une fonction supplémentaire. A plus forte raison les titres administratifs et les indications d'emplois civils comme intendant des troupeaux du domaine de Râ, chef de l'enceinte de la maison d'Ammon, scribe du domaine d'Ammon, scribe attaché aux revenus sacrés, écrivain des ordres du registre d'Ammon, chef des métallurgistes dans la demeure d'Ammon Râ, scribe de la double maison blanche (préfecture), régulateur de la justice de la ville de Thèbes, surveillant de la maison du prince d'Ethiopie, etc. Quelques-uns de ces titres devront être expliqués ; ils le seront dans le catalogue, à mesure qu'ils se présenteront.

A l'extrémité des galeries 75, le visiteur tourne à droite et arrive à l'entrée de la salle 77 ; la salle 76 est alors à sa droite et la salle 78 à sa gauche.

Salle 76 (Les prêtres d'Ammon).

VITRINE *A*.

Objets trouvés auprès des momies des prêtres d'Ammon ; bel éventail en feuille de palmier (N. 1131); mitaines en toile (N. 1132); chaussures en cuir de différentes couleurs et sandales en jonc tressé ; canne en bois d'ébène avec le bout et le pommeau en ivoire (N. 1133), comme on en fabrique encore aujourd'hui à Siout ; fouet composé d'un manche de bois et d'une lanière en cuir blanc (N. 1134) ; scarabées du cœur, génies funéraires en cire, fleurs trouvées dans les cercueils, etc.

Les parois des salles 76-83 sont garnies des cercueils et cartonnages qui composaient les sarcophages des prêtres d'Ammon. Un sarcophage comprenait généralement trois ou cinq pièces, un cercueil simple ou double, c'est-à-dire une ou deux caisses avec un ou deux couvercles, plus un cartonnage plat qu'on posait immédiatement sur la momie, sous le couvercle du cercueil intérieur.

Nous ne pouvons décrire en détail les 300 caisses, couvercles et cartonnages des 75 sarcophages choisis entre les 150 de la collection des prêtres d'Ammon et exposés dans les salles 76-83 ; nous signalerons seulement les pièces les plus intéressantes.

1135.

Cartonnage du cercueil de *Pameshon, prêtre en chef d'Ammon, et maître d'aller dans toutes ses places*, c'est-à-dire jouissant du privilège de pénétrer dans toutes les parties de son temple.

La décoration du sarcophage de ce prêtre est très remarquable ; nous signalerons surtout la tête de bélier sortant de la fleur qui s'épanouit.

1136.

Caisse d'un cercueil au nom de *Khonsoumheb, divin père et scribe du domaine d'Ammon*. J'ai dit que le titre de divin père paraît indiquer la simple affiliation à la confrérie des prêtres d'Ammon, faisant jouir des privilèges réservés aux initiés, et non un degré dans la hiérarchie sacerdotale ; à l'exception du 1er prophète d'Ammon, tout le monde était divin père, rien qu'en faisant partie de la confrérie. L'autre titre de Khon-soumheb, *scribe du domaine*, indique en effet des fontions civiles plutôt que sacerdotales. Le temple d'Ammon possédait de nombreux domaines et une administration pour en enregistrer les revenus. Une peinture du tombeau de Rekhmara, à Thèbes, nous montre précisément la rentrée et l'enregistrement des produits agricoles *du domaine d'Ammon*. Notre scribe était un des chefs de eette administration.

A l'intérieur de son cercueil on remarque le martelage de deux figures ou de deux légendes qui se trouvaient en regard l'une de l'autre. On a dû effacer à cette place soit le nom du défunt, en usurpant son cercueil au profit d'une autre momie, soit une représentation reli-gieuse qui n'aurait pas été conforme à l'orthodoxie des prêtres d'Ammon.

———

Salle 77 (Suite des prêtres d'Ammon).

Est de la salle, entre les deux fenêtres.

Trois cercueils d'enfants.

1137 — Long. 0^m,95 (environ).

Cercueil d'un jeune enfant.

1138 — Long. 0^m,65 (environ).

Cercueil blanc d'un tout petit enfant.

1139.

Cercueil d'homme, réduit au moyen d'une cloison de bois, à la longueur exacte d'une momie d'enfant.

Sud-ouest de la salle.

1140 — Long. 1ᵐ,23.

Cercueil très soigné de la petite *Ankhesnisit, dame chanteuse d'Ammon* (KEMAT N AMMON), en paix. Nous avons vu que ce titre de *chanteuse d'Ammon*, de même que le titre de *divin père*, semble indiquer simplement l'affiliation à la confrérie.

Nord-ouest de la salle.

1141 — Long. 1ᵐ,06.

Cercueil très soigné du petit *Tanneferf*, divin père d'Ammon (Cfr. N. 1136) et prêtre chargé des aspersions.

Salle 78 (Suite des prêtres d'Ammon).

1142.

Sarcophage de la dame chanteuse d'Ammon *Nesinebtaui*, appelée aussi *Tentnebtaui*. La coexistence de ces deux noms est très remarquable, parce qu'ils sont synonymes ; le premier signifie « *dépendant* (NESI) *du seigneur des deux terres* »; le second, « *celle qui appartient* (TENT) *au seigneur des deux terres* ».

1143.

Cercueil de Douamenmât, divin père d'Ammon. On peut remarquer à l'intérieur du cercueil des figures assez curieuses de dieux et de génies.

Salle 79 (Suite des prêtres d'Ammon).

1144.

Sarcophage du divin père *Padouamen*, prêtre et initié d'un ordre très élevé (*supérieur des secrets d'Ammon avec son essence divine*).

1145.

Sarcophage de la dame Dirpou, chanteuse d'Ammon. Deux petites statuettes en bois d'Isis et de Nephthys se trouvaient sous les aisselles de la momie. Le linge était d'une extrême finesse, festonné et bordé de galons bleus. Les fleurs enfermées dans le cercueil avaient conservé une certaine apparence de fraîcheur, que l'exposition à l'air a fait disparaître.

1146.

Sarcophage du divin père d'Ammon, *Ankhfenmaut*, fils de Ramenkheper. Ce sarcophage avait appartenu d'abord à la dame *Tamertirà* ou *Tentmerparâ*, dont on a oublié de gratter le nom sur le cercueil extérieur.

1147.

Sarcophage d'*Ankhfenmaut*, prêtre de Maut, scribe de l'administration du domaine d'Ammon (Cfr. N. 1136), et prophète ou hiérodule de la reine *Ahhotpou*, à qui les prêtres d'Ammon rendaient les honneurs divins.

On remarque sur le couvercle du cercueil intérieur des invocations au roi Aménophis I divinisé, ainsi qu'aux reines Ahhotpou et Ahmès Nofertari.

1148 et **1148** *bis.*

Couvercles des deux cercueils de Padouamen, prêtre écrivain des comptes de grains du domaine d'Ammon-Râ roi des dieux (Cfr. N. 1136), inscriptions très intéressantes pour les études religieuses.

———

Salle 80 (Suite des prêtres d'Ammon).

1149.

Couvercle du second cercueil de *Paifout'aro*, prêtre célébrant, chef de la comptabilité des terres de la maison d'Ammon (Cfr. N. 1130). — Mention des honneurs divins rendus au roi Aménophis I et aux reines Ahmès, Nofertari et Ahhotpou (Cfr. N. 1147).

1150.

Couvercle du second cercueuil de *Pakhali* (le Syrien). Ce personnage porte aussi le surnom de *Khanoferamon* ou *Khalnoferamon* (*brave soldat d'Ammon*). Ce surnom et som nom de *syrien* me porteraient à conjecturer qu'il jouissait de quelque crédit auprès de la dynastie syrienne fondée à Bubaste par Sheshonq, et que les prêtres d'Ammon réussirent à le gagner et à se faire protéger par lui auprès du nouveau roi. Nous savons en effet qu'ils célébrèrent sur les murs de Karnak les victoires de Sheshonq, et reçurent comme premier prophète son fils Ouapout. Ce fut seulement un peu plus tard que les rois syriens les forcèrent à émigrer en Ethiopie.

Pakhali était divin père, prophète honoraire d'Ammon, *ouvreur des portes du ciel dans Karnak*, premier célébrant d'Ammon, prêtre chargé des encensements à Ammon dans Karnak, et supérieur des secrets (c'est-à-dire initié aux plus profonds mystères) du ciel, de la terre et de l'autre monde. *Les portes du ciel dans Karnak* étaient les portes de la troisième salle du temple, dont les parois revêtues d'électrum resplendissaient à la lueur des torches apportées par les initiés. Cette salle brillante ressemblait au ciel, tel que les Égyptiens se le figuraient. Nous savons, en effet, par un texte du tombeau de Rekhmara, que ce revêtement d'or et d'électrum, fabriqué avec le butin de Thoutmès III en Syrie, était d'une splendeur telle, *qu'on eût dit l'horizon du ciel*. L'ouvreur des portes d'or était donc un initié d'ordre supérieur, jouissant du privilège de pénétrer quand il le voulait dans la salle du ciel ou troisième salle du temple.

1151 et 1151 *bis*.

Cercueils de *Nesestapenhirtahât*, quatrième prophète ou hiérodule d'Ammon. Ces cercueils forment un très grand sarcophage, usurpé sur un premier occupant dont le nom, constamment gratté jusqu'à la moitié, se terminait par *amen*. Le nom de *Nesestapenhirtahât* est tracé en écriture cursive sur les mains des deux couvercles. On trouve sur les côtés des deux cercueils une scène de pleureuses assez remarquable.

1152.

Cercueil de *Padouamen supérieur des secrets* (initié aux plus profonds mystères) *qui sont dans la salle d'or*

(Cfr. N. 1150), d'*Ammon, de Maut et de Khonsou, admis auprès d'Ammon dans Karnak,* c'est-à-dire autorisé à s'approcher du sanctuaire du dieu.

Salle 81 (Suite des prêtres d'Ammon).

1153.

Cercueil d'*Ankhfenkhonsou,* divin père, supérieur des secrets (initié aux mystères), chef des métallurgistes de la demeure d'Ammon. La direction des ateliers de métallurgie des temples d'Ammon, dont on voit le fonctionnement au tombeau de Rekhmara, était un poste considérable à cause du maniement des métaux précieux qui, après des guerres heureuses, arrivaient au temple en prodigieuse quantité.

1154.

Cercueil de *Nespanoferhir,* divin père d'Ammon, divin père de Maut, scribe des jeunes garçons de la demeure d'Ammon. On suppose que les jeunes garçons (*neferou*) de la demeure d'Ammon, jouaient dans le temple un rôle analogue à celui des *khenrit,* en qui l'on croit reconnaître des courtisanes sacrées, comme il s'en trouvait dans certains cultes de l'Asie.

Est de la salle, entre les deux fenêtres.

1155.

Joli cartonnage blanc du cercueil d'*Amennouit-nakhtou,* prêtre, initié aux mystères et chef des métallurgistes de la demeure d'Ammon (Cfr. N. 1153). Nous avons vu les figurines funéraires de ce personnage dans la salle 60 (armoire *D*), et la caisse qui les contenait dans la salle 59, N. 665.

1156.

Cartonnage du cercueil de *la vénérable Meritamen*, dame chanteuse d'Ammon-Râ, roi des dieux. La figure de femme représentée sur ce cartonnage se distingue par une disposition particulière de la coiffure, plus élevée qu'à l'ordinaire, partagée en deux masses et un peu ondulée. Les bras ne sont pas croisés ; un seul, le bras gauche, est ramené sur la poitrine ; le bras droit descend le long du corps. Le vêtement est une robe blanche à rayures verticales blanches aussi, déterminées par les différences d'épaisseur du tissu, alternativement serré et ténu. Dans une des mains une branche de vigne.

Ouest de la salle, aux deux côtés de la porte.

1157 et 1157 *bis*.

Couvercles du cercueil intérieur de la même *Meritamen*, et d'un autre cercueil semblable appartenant à une chanteuse d'Ammon dont le nom n'a pas été inscrit. La figure de femme représentée sur ce cercueil présente les mêmes dispositions qu'au cartonnage N. 1156 ; de plus la forme du corps est très accentuée sous le vêtement et les pieds nus sortent de la robe. Cette disposition peu usitée se retrouvera cependant dans la salle 87, sur le cercueil de la dame Isit, provenant du tombeau de Sennot'em (Cfr., N. 449).

1158.

Sarcophage de *Nesiamenap*, 1° prêtre en chef ou grand prêtre maître de s'approcher d'Ammon, admis auprès d'Ammon dans Karnak ; 2° maître des offrandes dans la salle d'Anubis, qui est à l'ensevelissement, ce dieu grand qui est au commencement de la demeure divine ; 3° grand chantre (*hosi*) dans la connaissance d'Ammon et fils des chantres thébains.

Nous voyons ici, à côté des prophètes, un grand prêtre admis à pénétrer au sanctuaire d'Ammon. Ce prêtre en même temps jouissait du privilège de consacrer les offrandes dans la salle d'Anubis, c'est-à-dire dans la salle *ousekht* ou deuxième salle du temple, immédiatement avant l'entrée de la troisième salle, c'est-à-dire au commencement du ciel (voir N. 1150). Nous savons par le tombeau de Rekhmara que les formules de cette consécration devaient rester un mystère pour le peuple.

1159.

Caisse du cercueil intérieur de *Tétmaausankh*, dame chanteuse d'Ammon, et musicienne avec la main pour Maut (la musicienne ou chanteuse (*hosit*) avec la main est celle qui bat la mesure).

Une des peintures de ce cercueil montre le ciel soutenu au-dessus de la terre par un dieu à tête de scarabée, symbolisant le changement. Ce dieu préside à l'échange de fluide vital qui se fait de la terre au ciel et du ciel à la terre. Le fluide est représenté dans la peinture par deux trainées de petits traits.

Salle 82 (Suite des prêtres d'Ammon).

Les sarcophages exposés dans cette salle ne sont
pas de la même fabrication que le reste de la collection. Les cercueils extérieurs sont blancs, décorés avec une certaine richesse, mais d'une manière moins compliquée que la plupart des autres ;
tous portent à la même place la scène des génies
funéraires. Les cercueils intérieurs sont d'une
belle couleur jaune clair ; les cartonnages sont
généralement très remarquables. Les sarcophages
les plus soignés de cette belle série portent les
noms du prêtre *Padouamen*, et de la chanteuse
d'Ammon *Mashasebekt*.

1160.

Padouamen était : 1° divin père aimé de Dieu ; 2° supérieur des secrets ou initié aux plus profonds mystères
qui sont dans le ciel, la terre et l'autre monde ; 3° supérieur des secrets d'Ammon (le père) de Maut (la mère)
et de Khonsou (l'enfant) ; 4° ouvreur des portes du ciel
dans Karnak (voir N. 1159) ; 5° officiant en chef de
celui dont le nom est mystère (Ammon) ; 6° *grand
voyant de Rà et Toum dans Thèbes* ; 7° *desservant
de la chapelle funéraire d'Aménophis I* ; 8° prophète
ou hiérodule d'Ammon, probablement à titre honoraire ;
9° *bon chantre dans la connaissance d'Ammon, fils
de chantres thébains* ; 10° *régulateur de la justice
dans la ville de Thèbes*.

Quelques-uns de ces titres ont besoin d'être expliqués.
Le grand voyant de Rà (le soleil qui se montre aux

vivants) *et de Toum* (le soleil avant son apparition), c'est-à-dire le grand prêtre qui voit le soleil à toute heure, était *le grand prêtre d'Héliopolis*, jouissant du privilège d'entrer à toute heure dans *Habenben*, sanctuaire du temple du soleil. Les prêtres d'Ammon, qui donnèrent à leur dieu le titre de roi des dieux, affirmèrent d'une manière éclatante leur supériorité sur les collèges sacerdotaux du nord, en attribuant généralement au *troisième* de leurs dignitaires le titre dont se glorifiait le chef du sacerdoce héliopolitain, le plus illustre de la Basse-Égypte.

C'était encore au troisième prophète d'Ammon qu'était généralement confié le service de la chapelle funéraire d'Aménophis I, bienfaiteur de la confrérie, et divinisé par elle.

La mention de bon chantre, fils de chantres thébains fait supposer l'existence d'écoles de chant avec leurs traditions, écoles dont la plus illustre, au jugement des prêtres d'Ammon, était naturellement celle de Thèbes.

Le titre de régulateur de la Justice dans sa ville semble indiquer que Padouamen était un des principaux magistrats de Thèbes. Le préfet Rekhmara, qui rendit la justice à Thèbes, était prêtre de Màt, déesse de la Justice.

Le cartonnage du sarcophage du Padouamen est opistographé ; le texte du verso est fort intéressant pour les études religieuses.

1161.

Mashasebekt était peut-être la femme de Padouamen. Elle porte les titres de : 1° dame chanteuse d'Ammon-

Râ, roi des dieux ; 2° grande chanteuse avec la main pour Maut dans Ashrou ; 3° aimée d'Hathor de Thèbes ; 4° grande chanteuse le jour de l'enfantement..... dans la retraite des femmes ; 5° appliquée (littéralement couchée) pour Khonsou dans Thèbes. Ces deux derniers titres sont malaisés à expliquer avec précision ; ils se rapportent sans doute aux mystères que les femmes célébraient entre elles pour symboliser l'œuvre du perpétuel rajeunissement de la création.

Le titre « aimée d'Hathor de Thèbes » s'explique de lui-même ; on observera seulement que Thèbes est écrit *ousit* « *la prospère* » au lieu de la forme ordinaire *ouasit*. Il y a là une sorte de jeux de mots par l'écriture, peut-être dû à l'influence de l'écriture secrète qu'on employait parfois à cette époque.

1162.

Sarcophage de *Pennestitaui*, divin père d'Ammon, scribe du domaine d'Ammon, attaché aux revenus sacrés de tous les dieux (Cfr. N. 1136).

1163.

Cercueil de *Tanefer*, divin père de la déesse *Mât*, fille de *Toum* de Thèbes (Cfr. N. 1160).

1164.

Cartonnage de *Khonsounrenp*, 1° prêtre d'Ammon-Râ, roi des dieux ; 2° divin père d'Anhour Shousirâ (dieu du nome de Thini ou d'Abydos) ; 3° écrivain des ordres de la maison de Khnoum (Khnoum, forme d'Ammon à tête de bélier, avait un temple à Esneh ;

c'est peut être la maison désignée ici) ; 4° écrivain des ordres et grand surveillant de la maison du prince d'Ethiopie (héritier du trône d'Egypte).

Le titre prince royal d'Ethiopie est écrit *sa souten n Koush ;* le signe *sa* est placé avant *souten* et au lieu d'être écrit par l'œuf ou l'oiseau, l'est par la boucle (voir N. 756). Cette orthographe remarquable doit-elle s'expliquer par l'influence de l'écriture secrète ?

1165.

Sarcophage de *Nesipahirân*, divin père d'Ammon, prêtre de Khonsou, et écrivain des ordres sur le registre du domaine d'Ammon.

Le dieu Khonsou était fils d'Ammon et de Maut, comme Horus l'était d'Osiris et d'Isis. Son temple est encore debout à Thèbes, sur la route de Louqsor à Karnak, non loin du grand temple d'Ammon.

Salle 83 (Suite des prêtres d'Ammon).

Les sarcophages que nous venons de voir ont été surtout tirés des deux galeries qui conduisaient au fond de la cachette des prêtres d'Ammon. Ceux que nous verrons à présent proviennent plutôt de la chambre même située au fond de la cachette, et appartiennent donc probablement aux possesseurs principaux de cette tombe commune, *Tanefer* (N. 1166) et sa famille.

Les cercueils de ces personnages, exposés dans

la salle 83, étaient tous primitivement d'une grande richesse. Cette richesse même avait provoqué les détériorations qu'on remarque sur la plupart d'entre eux ; on en a arraché les mains et les visages, pour prendre la dorure qui les couvrait. Cependant les décorations qui subsistent permettent encore de ranger ces sarcophages parmi les pièces les plus précieuses de la collection.

Sans parler de l'intérêt que présentent pour les études religieuses les scènes et les textes qui couvrent toutes leurs parois, on peut noter les détails de leur ornementation, le travail d'un des cartonnages finement découpé à jour, et surtout le relief d'une partie des ornements, considérés comme caractère du style de la XXIe dynastie. Parmi ces ornements en relief, je signalerai les cœurs et les scarabées dont la tête est tournée de profil, de manière à figurer la tête de bélier d'Ammon.

1166.

Sarcophage de *Tanefer* (considéré par M. Grébaut comme le chef de la famille qui possédait primitivement le tombeau). Tanefer était : 1º troisième prophète ou hiérodule d'Ammon-Râ, roi des dieux ; 2º prophète de Mentou ou Month, seigneur de la Thébaïde (le dieu Mentou, adoré en Thébaïde antérieurement à Ammon, avait son temple à Hermonthis) ; 3º *intendant des troupeaux du domaine du soleil* ; 4º chef de l'enceinte de la maison d'Ammon ; 5º prophète du dieu Khnoum, seigneur d'Eléphantine ; 6º divin père aimé de Dieu ;

7° grand voyant de Râ et Toum dans Thèbes (Cfr. N. 1160); 8° desservant de la chapelle funéraire d'Aménophis I (Cfr. N. 1160); 9° ouvreur des portes du ciel dans Karnak (Cfr. N. 1160); 10° supérieur des secrets (initié aux plus profonds mystères) qu'il y a dans le ciel, la terre et l'autre monde.

Sous la XXIe dynastie, lorsque le premier prophête d'Ammon s'attribuait les honneurs royaux, le troisième prophète était lui-même un fort grand personnage. Son titre de « grand voyant de Râ et Toum dans Thèbes » (7e titre, Cfr. N. 1160), nous indique qu'il marchait l'égal du grand prêtre d'Héliopólis.

Les bœufs du soleil nous étaient déjà connus par l'Odyssée d'Homère, où l'on trouve bien des traces de l'influence des idées égyptiennes. Notre texte nous apprend que ces troupeaux étaient confiés à la garde d'un haut dignitaire sacerdotal; ils étaient gardés aussi par le respect religieux et la menace des châtiments réservés aux sacrilèges.

Le chef de l'enceinte de la maison d'Ammon (3e titre) était probablement le dignitaire gouverneur de Karnak.

1167 et 1167 bis.

Sarcophage et cartonnage de la vénérable *Makeri*, dame chanteuse d'Ammon.

Ce sarcophage, comme le suivant, appartenant à Hori, a conservé sa dorure, tandis que tous les autres ont été mutilés. Le cartonnage dressé entre les deux fenêtres présente un aspect saisissant, dû à la pâleur de la figure et des mains.

L'enduit blanc qui produit cet effet était sans doute

préparé pour recevoir une dorure qui n'a pas été appliquée.

Makeri porte seulement le titre de chanteuse d'Ammon ; mais sa qualité de *vénérable* et la richesse de son cercueil font supposer qu'elle tenait un rang considérable. La ressemblance de son cercueil avec le suivant fait supposer qu'elle était peut-être la femme de Hori.

1168.

Sarcophage (triple cercueil) de Hori, prophète d'Ammon-Râ, roi des dieux, d'Hathor, de Khonsou, de Honhen (nom d'Osiris aux deux crocodiles) et d'Anubis.

Le cercueil intérieur a été laissé dans le premier, ainsi qu'un troisième cercueil à face dorée qui s'emboîtait dans le deuxième. Il n'y a pas de cartonnage ; le troisième cercueil en tient lieu.

1169.

Sarcophage de *Katseshni*, supérieure en troisième ordre du harem ou des recluses d'Ammon-Râ, roi des dieux, et fille de premier prophète d'Ammon.

Le papyrus funéraire de Katseshni nous apprend de quel premier prophète d'Ammon elle était la fille. C'était *Ramenkheper*, le père de *Heroub*, et le mari d'*Isitmkheb*, des momies royales.

1170.

Sarcophage de *Ramenkheper*, fils de *T'anefer* (voir N. 1166). Ramenkheper succéda à son père comme troisième prophète ou hiérodule d'Ammon. Il était de

plus divin père d'Ammon, grand voyant de Râ et Toum
de Thèbes (voir N. 1160), desservant de la chapelle
funéraire d'Aménophis I (voir N. 1160), et deuxième
prophète de Khonsou (voir N. 1165).

1171.

Sarcophage de *Heroub* (Cfr. le papyrus N. 587)
deuxième prophétesse ou hiérodule de Maut dans
Ashrou, hiérodule de Maut dans *Pamès* (demeure de
l'enfantement).

Un sanctuaire vénéré près de Bubaste portait le
nom d'*Ashrou*. C'est probablement de ce sanctuaire
que *Heroub* était prophétesse, malgré la distance qui
sépare Thèbes de Bubaste. Nous avons vu tout à l'heure
que les prêtres d'Ammon s'étaient attribué les titres du
grand prêtre d'Héliopolis (voir N. 1160), afin de
développer et de maintenir leur influence sur les provinces du nord, dont l'importance politique augmentait
chaque jour. Bubaste, qui devint la capitale sous la XXIIe
dynastie, était déjà une des plus grandes villes sous la
XXIe. La confrérie d'Ammon devait donc chercher à
s'emparer au profit de ses prêtresses d'un titre vénéré
dans cette ville.

Heroub était là fille de *Ramenkheper* et d'*Isitmkheb, divine mère et première grande supérieure du
harem ou des recluses d'Ammon-Râ, roi des dieux.*
La collection des prêtres d'Ammon possède deux Isitmkheb entre lesquelles on penserait d'abord à reconnaître
la mère de *Heroub*; le père pourrait être alors *Ramenkheper* (N. 1172), fils de *T'anefer*. Mais les titres ne
concordent pas, et il nous faut renoncer à cette généa-

logie. Je ne connais encore qu'une seule *Isitmkheb* femme d'un *Ramenkheper*, qui en même temps ait été, *première grande supérieure du harem d'Ammon-Râ, roi des dieux.* C'est l'*Isitmkheb* des momies royales, fille du roi prêtre *Masahirti* (des momies royales), femme du grand prêtre *Ramenkheper*, qui prit à son tour le cartouche, et mère de *Pinot'm II*, dont notre Heroub serait ainsi la sœur. Ce rapprochement établit d'une manière intéressante l'étroite parenté qui existe entre les deux collections des prêtres d'Ammon et des momies royales, puisque nous trouvons la momie de la fille dans l'une, et celle de la mère dans l'autre.

Nous arrivons maintenant à cette merveilleuse collection des momies royales ; nous empruntons à M. Maspero le récit de la découverte à laquelle son nom demeure attaché.

———

Les momies royales (Récit de la découverte).

« Depuis plusieurs années déjà, je savais que les Arabes avaient désensablé une ou deux tombes royales dont ils refusaient d'indiquer l'emplacement. Au printemps de 1876, un officier général anglais du nom de Campbell m'avait montré le rituel hiératique du grand prêtre Pinot'm III, acheté à Thèbes pour la somme de quatre cents livres. En 1877, M. de Saulcy me remettait, de la part d'un de ses amis de Syrie, les photographies d'un long papyrus ayant appartenu à la reine Not'mit, mère de Hrihor, et dont la fin est aujourd'hui au Louvre, le commencement en Angleterre; Mariette avait lui-même acheté à Suez deux autres papyrus, écrits au nom d'une reine Tiouhator Honttooui. Vers le même temps les statuettes funéraires du roi Pinotm apparaissaient sur le marché, les unes fines, les autres grossières. Bref, le fait d'une découverte devint tellement évident, que dès 1879 je pouvais affirmer d'une tablette appartenant alors à Rogers bey, acquise plus tard par le musée du Louvre, qu'elle provenait d'un tombeau avoisinant le groupe encore inconnu des tombes de la famille de Hrihor ; en réalité elle provient de la cachette de Deïr-el-Bahari, où j'ai retrouvé la momie à laquelle elle appartenait.

« Rechercher l'emplacement de ces hypogées royaux était donc l'un des principaux objets du voyage que j'entrepris dans la Haute-Egypte, aux mois de mars et d'avril 1881. Un seul point m'était acquis, le nom des personnages qui avaient vendu les objets déjà connus, Abd-er-Rassoul Ahmed, de Sheikh Abd-el-Gournah, et Moustapha aga Ayad, vice-consul d'Angleterre et de Belgique à Louxor. Ce dernier, couvert qu'il était de l'immunité diplomatique, échappait aux poursuites. Le 4 avril, j'envoyai au chef de la police de Louxor l'ordre d'arrêter Abd-er-Rassoul Ahmed, et je demandai par télégramme à S. E. Daoud pacha, moudir de Qéneh, ainsi qu'au Ministre des Travaux publics, l'autorisation d'ouvrir une enquête immédiate contre ces personnages. Interrogé par moi, par M. Emile Brugsch, par M. de Rochemonteix, il nia tous les faits que le

10

témoignage des voyageurs européens mettait à sa charge. Douceur, menaces, rien ne put le décider à parler ; le 6 avril, je l'expédiai à Qéneh, où le moudir le réclamait, lui et un des ses frères, pour instruire leurs procès. L'affaire fut menée rondement, mais en somme n'aboutit point. Les interrogations et les débats, conduits par les magistrats de la moudirieh en présence de l'officier inspecteur de Dendérah, Aly effendi Habib, eurent pour unique résultat de provoquer de nombreux témoignages favorables à l'accusé. Les notables et les maires de Gournah déclarèrent à plusieurs reprises, sous la foi du serment, qu'Abd-er-Rassoul Ahmed était l'homme le plus loyal et le plus désintéressé du pays, qu'il n'avait jamais fouillé et ne fouillerait jamais, qu'il était incapable de détourner le moindre objet d'antiquité, à plus forte raison de violer une tombe royale. La suite montra la foi qu'on devait ajouter à ces dépositions. Pour le moment, je n'avais rien à opposer que le témoignage d'étrangers absents : Abd-er-Rassoul Ahmed fut mis en liberté provisoire, sous la garantie de deux de ses complices, et rentra chez lui avec le brevet d'honnêteté immaculée que lui avaient décerné les notables de Gournah. Mais son arrestation, les deux mois d'emprisonnement qu'il avait subis, la vigueur avec laquelle l'enquête avait été conduite par S. E. Daoud pacha, la conviction où l'on était que je reprendrais l'affaire dès mon retour, avaient donné fort à réfléchir. La discorde se mit entre Abd-er-Rassoul et ses quatre frères : les uns croyaient le danger passé sans retour et l'administration du musée battue ; les autres estimaient qu'il serait plus prudent de s'entendre avec moi et de me livrer le secret. Après un mois de discussions et de querelles, l'aîné d'entre eux, Mohammed Ahmed Abd-er-Rassoul, se résolut brusquement à tout révéler. Il se rendit secrètement à Qéneh et fit sa déclaration au moudir. Celui-ci en référa aussitôt au Ministre de l'Intérieur qui transmit la dépêche à S.A. le Khédive. Son Altesse, à qui j'avais parlé de l'affaire, reconnut sans peine l'importance de cette dénonciation et décida d'envoyer un des employés du musée à Thèbes. Je venais de partir pour l'Europe, mais j'avais laissé à M. Émile Brugsch, conservateur-adjoint, les pouvoirs nécessaires pour agir en mon lieu et place. L'ordre à peine reçu, il partit pour Thèbes, le samedi 1er juillet, accompagné de MM. Ahmed effendi Kamal, secrétaire interprète du du musée, et Tadros Moutafian, actuellement inspecteur de la circonscription des Pyramides.

« Le mercredi 5 ils furent conduits par Mohammed Ahmed Abd-er-Rassoul au caveau funéraire. L'ingénieur égyptien qui l'a creusé jadis avait pris ses dispositions de la façon la plus habile : jamais cachette ne fut mieux dissimulée. La chaîne de collines qui sépare le Bab-el-Molouk de la plaine thébaine forme entre l'Assassif et la vallée des Reines une série de cirques naturels dont le plus connu était jusqu'à présent celui où s'élève le monument de Deïr-el-Bahari. Dans la muraille de rochers qui sépare Deïr-el-Bahari du cirque suivant, juste derrière la butte de Sheikh Abd-el-Gournah, à soixante mètres environ au-dessous du niveau des terres cultivées, on creusa un puits de 11^m,50 de profondeur sur 2^m de largeur. Au fond du puits, dans la paroi ouest, on pratiqua l'entrée d'un couloir qui mesure

1^m,40 de large sur 1^m,80 de haut. Après un parcours de 7^m,40, il tourne brusquement vers le nord et se prolonge sur une étendue d'environ 60 mètres, sans garder partout les mêmes dimensions : en certains endroits il atteint 2 mètres de large, en d'autres il n'a plus que 1^m,30 ; vers le milieu, cinq à six marches grossièrement taillées accusent un changement de niveau assez sensible, et sur le côté droit une sorte de niche inachevée montre qu'on a songé à changer une fois de plus la direction de la galerie. Celle-ci débouche enfin dans une sorte de chambre oblongue, irrégulière, d'environ 8 mètres de longueur. Le premier objet qui frappa les yeux de M. Emile Brugsch, quand il arriva au fond du puits, fut un cercueil blanc et jaune ou nom de Nibsonou. Il était dans le couloir à 0^m,60 environ de l'entrée ; un peu plus loin, un cercueil dont la forme rappelait le style de la XVIIe dynastie, puis la reine Tiouhathor Honttoouï, puis Séti I. A côté des cercueils et jonchant le sol, des boîtes à statuettes funéraires, des canopes, des vases à libations en bronze, et, tout au fond, dans l'angle que forme le couloir en se redressant vers le nord, la tente funèbre de la reine Isimkheb, pliée et chiffonnée, comme un objet sans valeur, qu'un prêtre trop pressé de sortir aurait jeté négligemment dans un coin. Le long du grand couloir, même encombrement et même désordre : il fallait s'avancer en rampant, sans savoir où l'on mettait les mains et les pieds. Les cercueils et les momies, entrevus rapidement à la lueur d'une bougie, portaient des noms historiques, Aménophis I, Thoutmès II ; dans la niche près de l'escalier, Ahmos I et son fils Siamoun, Soqnounrî, la reine

Akhotpou, Ahmos Nofritari et d'autres. Dans la chambre du fond, le pêle-mêle était au comble, mais on reconnaissait à première vue la prédominance du style propre à la **XX**e dynastie : les Arabes avaient déterré un plein hypogée de Pharaons. Et quels Pharaons ! les plus illustres peut-être de l'histoire d'Egypte, Thoutmès III et Séti I, Ahmès le libérateur et Ramsès II le conquérant. Deux heures suffirent au premier examen, puis le travail d'enlèvement commençait ; trois cents ouvriers se mirent à l'œuvre. Le bateau du musée, mandé en hâte, n'était pas encore là ; mais on avait sous la main l'un des pilotes, réis Mohammed, sur lequel on pouvait compter. Il descendit au fond du puits et se chargea d'en extraire le contenu : MM. Emile Brugsch, Ahmed effendi Kamal et Tadros Moutafian recevaient les objets au fur et à mesure qu'ils sortaient de terre, les transportaient au pied de la colline, et les rangeaient côte à côte, sans ralentir un instant leur surveillance. Quarante-huit heures d'un labeur énergique suffirent à tout exhumer. Mais la tâche n'était qu'à moitié terminée; il fallait mener le convoi à travers la plaine de Thèbes et au delà de la rivière jusqu'à Louxor : plusieurs des cercueils, soulevés à grand' peine par douze ou seize hommes, mirent de sept à huit heures pour aller de la montagne à la rive, et l'on se figurera aisément ce que dut être ce voyage, par la poussière et la chaleur de juillet.

« Enfin, le **11** au soir, momies et cercueils étaient tous à Louxor, dûment enveloppés de nattes et de toiles. Trois jours après, le vapeur du musée arrivait ; le temps de charger, et aussitôt il repartait pour Boulaq avec son fret de rois. Chose curieuse ! de Louxor à

Qouft, sur les deux rives du Nil, les femmes fellahs échevelées suivirent le bateau en poussant des hurlements, et les hommes tirèrent des coups de fusil, comme ils font aux funérailles. » (MASPERO.)

La réunion de ces momies dans une cachette commune peut s'expliquer de plusieurs manières. On a vu dans la précipitation évidente avec laquelle le transport s'était effectué, les marques de la crainte inspirée par l'approche d'un ennemi. J'ai moi-même, tout à l'heure. rappelé que les prêtres d'Ammon, adversaires de toute influence étrangère, furent chassés de Thèbes par la dynastie syrienne et forcés de s'exiler en Ethiopie ; ne pouvant alors emporter avec eux les restes de leurs ancêtres et des rois qui les avaient protégés, ils auraient au moins voulu, avant de fuir, les dérober à la vue de leurs persécuteurs. Mais ce ne sont encore là que des hypothèses. M. Maspero a pensé qu'on avait plutôt voulu, en rassemblant ces momies dans une même cachette, facile à surveiller, les mettre à l'abri des voleurs qui violaient les tombes royales et s'emparaient des objets précieux laissés avec les momies. Ce qui donne beaucoup de force à son opinion, c'est qu'il nous est parvenu, dans le papyrus Abbot, la relation d'une enquête judiciaire dirigée vers cette époque contre une association de malfaiteurs au sujet d'un crime de ce genre. Cependant la découverte de l'autre cachette des prêtres d'Ammon me paraît donner aussi une valeur sérieuse à la première hypothèse.

———

Salle 84 (Les momies royales).

Les notices consacrées à la salle 84 seront empruntées presque textuellement au catalogue de M. Maspéro, complété par endroits à l'aide des mémoires qu'il a lui-même publiés depuis l'ouverture des momies, et de quelques indications fournies par la collection des prêtres d'Ammon.

A droite et à gauche de l'escalier deux cercueils gigantesques.

1172 — Bois, toile et stuc — Haut. 3ᵐ,20 sans les plumes. — xxᵉ dynastie.

Cercueil gigantesque, formé par des épaisseurs d'étoffe superposées, tendues sur un chassis en bois léger et fortement imprégné de stuc. Il est peint en jaune et porte sur une bande verticale le proscynème habituel en l'honneur de la reine Aah-hotpou II, femme du roi Aménophis ou Amen-hotpou I (Cfr. N. 1177). Il reproduit l'aspect extérieur des piliers osiriens qui décorent la cour de Médinet-Habou, à la coiffure près. La perruque, les traits du visage et les colliers sont relevés de bleu. La momie, revêtue d'un joli linceul orange, était enfermée directement dans le cercueil, et s'est trouvée être celle du roi Pinot'm I.

1173 — Haut. 3ᵐ,17, larg. aux coudes 0ᵐ,87, épais. de de la poitrine 0ᵐ,55.

Cercueil gigantesque de la reine Nofertari, identique d'aspect et de travail à celui d'Aahhotpou II (N. 1172).

[La reine Nofertari était femme d'Ahmès le libérateur
(N. 1175) et mère d'Aménophis I (N. 1177); nous
avons vu (Nᵒˢ 1147 et 1149) que cette reine et Aahhotpou II s'attirèrent la reconnaissance des prêtres d'Ammon et obtinrent les honneurs divins.]

Au centre de la salle sont rangés en cercle par
ordre chronologique les cercueils des plus illustres Pharaons. Le plus ancien, celui de Soqnounri
(xviie dynastie) se trouve du côté sud-est.

1174 — Long. de la momie 1ᵐ,85. — xviie dynastie.

Le roi Soqnounri ou Râ-squenen Tauaàken, de la
xviime dynastie. Le cercueil est trapu, lourd, recouvert
d'une couche de stuc blanc, jadis doré ; la tête et la
coiffure sont peintes en jaune, l'uræus est au front.
Une bande verticale d'hiéroglyphes descend de la poitrine
aux pieds et se termine sous le talon. Les caractères,
d'abord tracés hardiment à l'encre, ont été maladroite-
ment retouchés à la pointe, après la dorure, et sont dé-
formés dans plus d'un endroit, si bien qu'on serait tenté
de lire Sotnounri ou Râ-stenen-Tauaàten, si l'on ne
connaissait point, d'autre part, la forme réelle du nom.
La momie était enveloppée d'une étoffe grossière et ne
portait aucune inscription apparente. Elle a été ouverte
le 9 juin 1886. Soqnounri a trouvé la mort dans une
bataille au cours de la guerre contre les Pasteurs. Un
coup de hache lui a enlevé la joue droite et brisé la
machoire inférieure mettant les dents à découvert ; un
autre coup de hache a entamé le crâne et fait une lón-
gue fente par laquelle une partie de la cervelle a dû

s'échapper, enfin un trou produit par une lance ou un poignard est béant près de l'orbite droite. Le corps entier est en mauvais état de conservation, ayant dû être embaumé à la hâte.

1175 — Long. de la momie 1m,67. — xviiie dynastie.

Cercueil en bois, reproduisant les contours généraux du corps. Le fond est jaune, la chevelure, les ornements et les traits du visage sont relevés de bleu. Sur la poitrine, un pectoral montrant les cartouches du roi Nibpehtiri Aahmés I et la figure d'Ammon-Râ. Le maiillot de la momie porte sur la poitrine le nom du roi tracé à l'encre en hiératique. La momie a été ouverte le 9 juin 1886.

1176 — Long. de la momie 0m,90. — xxviiie dynastie.

Cercueil identique d'aspect à celui d'Aahmès I (N. 1175). Aux pieds, le nom du fils aîné d'Aahmès Siamen. La momie est d'un enfant de 5 à 6 ans, elle porte, tracé en hiératique sur la poitrine le nom de Siamen.

1177 — Long. de la momie 1m,69. — xviiie dynastie.

Cercueil à fond blanc (voir le couvercle, armoire *L*) du roi Aménophis ou Amen-hotpou I, fils d'Aahmès et de Nefertari. La momie est revêtue d'une toile orange maintenue par des bandes de toile ordinaire. Elle porte un masque en bois et en carton peint, identique au masque du couvercle. Elle est enveloppée, des pieds à la tête, de longues guirlandes.

Une guêpe, attirée par les fleurs, était entrée dans

le cercueil au moment de l'enterrement ; elle s'y est conservée intacte et nous a fourni un exemple probablement unique d'une momie de guêpe.

Nous avons vu qu'Aménophis I fut le bienfaiteur des prêtres d'Ammon, et obtint les honneurs divins ; le troisième prophète d'Ammon était chargé du culte de sa chapelle funéraire (Nos 1160 et 1166).

1178 — Long. de la momie 1m,77. — xviiie dynastie.

Cercueil à fond blanc, tête peinte en jaune, figure souriante (voir le couvercle sous le N. 1188 *bis*), perruque noire, l'urœus a disparu. L'inscription est au nom du Aakhoprinri Thoutmos Hiqoïs, c'est-à-dire de Thoutmès II, petit-fils du précédent. La momie, recouverte de toile blanche porte, tracée sur la poitrine, une inscription où il est dit que « l'an VI, le 7 du troisième mois « de Pirit le premier prophète d'Ammon-Râ, Pinot'm, « fils du premier prophète d'Ammon-Râ, Pionkhi en- « voya restaurer l'appareil funèbre du roi Aânri » (*sic*), par étourderie du scribe, pour Aâkhoprinri.

1179 — Long. de la momie 1m,60. — xviiie dynastie.

Cercueil jadis peint et doré, aujourd'hui défiguré par les voleurs, l'intérieur est enduit d'une couche de bitume qui rend les légendes presque entièrement illisibles. La momie portait, attachées au corps, deux petites rames et une poignée de joncs qui avaient servi de support aux fleurs d'un grand bouquet monté. Elle avait été fouillée par les Arabes et était en si mauvais état qu'il fallut l'ouvrir à son arrivée au musée. Le corps avait été brisé en trois endroits dès l'antiquité, et les morceaux, réunis tant bien que mal étaient enveloppés d'une toile aussi fine que la plus fine batiste.

Par-dessus se trouvait une sorte de suaire malheureusement déchiré en plusieurs morceaux : il est chargé de longs textes hiéroglyphiques tracés à l'encre et empruntés pour la plupart au *Livre des morts*. Une sorte d'introduction nous apprend que cet exemplaire sacré a été tracé par ordre spécial du roi Amenhotpou II pour son père et prédécesseur Thoutmès III, fils de la reine Isit, dont le nom apparaît ici pour la première fois. Cette mention, à laquelle le scribe égyptien attachait probablement peu d'importance, nous donne pourtant la solution d'un des problèmes les plus obscurs de l'histoire d'Egypte : en nous montrant que Thoutmès III était né d'une concubine, elle nous explique pourquoi la reine Hatshopsitou, fille de Thoutmès I et de la reine Ahhotpou, avait pour elle le droit héréditaire et par suite la préséance sur ses deux demi-frères Thoutmès II et Thoutmès III ; ils ne durent de régner : Thoutmès II, qu'après son mariage avec la princesse héritière, Thoutmès III qu'après son mariage avec la fille d'Hatshopsitou et de Thoutmès II. (M. Bouriant directeur de la Mission archéologique française au Caire, a récemment signalé qu'un texte relevé par M. Boussac dans un des tombeaux de Thèbes, donne à Thoutmès III le titre de fils de Thoutmès II.)

1180 — Long. de la momie 1m,75. — XIXe dynastie.

Grand cercueil blanc, dont les pieds ont été brisés anciennement ; les traits sont relevés de noir, les yeux sont en émail. Sur la poitrine, au-dessous des cartouches

Monmaïtri Séti Ménephtah de Séti I, trois procès-
verbaux en hiératique de longueur différente. D'après
le premier « l'an VI, le 7 du deuxième mois de Shaït,
« le premier prophète d'Ammon, Hrihor, envoya res-
« taurer l'appareil funéraire du roi Séti I » ; le second
déclare que « l'an XVI, le 7 du quatrième mois de
« Pirit, sous le roi Siamoun Hrihor, on retira le roi
« Séti I de son tombeau pour le déposer dans la tombe
« de la princesse Anhapu ». L'opération faite, le prêtre
chargé du culte de la momie témoigna devant le roi de
la condition de la momie et dit que le corps n'avait
souffert aucun dommage dans le transfert. Enfin « en
« l'an X, le 11 du quatrième mois de Pirit, sous le
« grand prêtre Pinot'm I, le roi Séti I fut transporté
« dans le tombeau d'Amen-hotpou I » ; en foi de quoi
on écrivit le troisième et dernier procès-verbal. La
momie était enveloppée d'une forte toile jaunâtre et
ne portait aucune inscription apparente.

1181 — Long. de la momie 1^m,80. — XIXe dynastie.

Cercueil en bois, bois non peint en forme d'Osiris,
les yeux et les traits sont rehaussés de noir, les mains
tiennent encore un sceptre. Sur la poitrine sont tracés
à l'encre les cartouches Ousirmarî Sotpenrî, Ramsès II
Meriamen (le Sésostris des Grecs) et trois inscriptions,
dont l'une, effacée à l'éponge, a été surchargée, mais
reste encore lisible en partie. Elle a pour objet de
constater que l'an VI, le grand prêtre Hrihor fit restaurer
la momie de Ramsès II. Des deux inscriptions restantes,
l'une raconte que l'an XVII, le 7 du quatrième mois de
Pirit, le grand prêtre fit retirer le corps de Ramsès II,

du tombeau de Séti I où on l'avait déposé ; l'autre, tracée rapidement au sommet de la tête, nous apprend que l'an x du grand prêtre Pinot'm, on transporta Ramsès II dans le tombeau d'Amen-hotpou I, en même temps que son père Séti I.

Le style du monument et certains détails d'orthographe nous reportaient à la xx⁰ dynastie plutôt qu'à la xix⁰. Pour savoir si la momie était bien celle de Ramsès II, comme le prétendent les inscriptions du couvercle, M. Maspero fit enlever une partie des bandages qui paraissaient être mal attachés et il a trouvé sur la poitrine du maillot original une inscription à l'encre en hiératique, dont la teneur ne laisse subsister aucun doute : le grand prêtre Pinot'm I déclare qu'il a fait réparer l'appareil funéraire de Ramsès II en l'an xvi. Le cercueil dans lequel le conquérant était enfermé primitivement avait été détruit et dut être remplacé, c'est là ce qui explique et l'aspect du monument et les particularités orthographiques des cartouches. La momie a été ouverte le 1ᵉʳ juin 1886, devant S. A. le Khédive.

Derrière les momies de Ramsès II et de Séti I, dans la direction des fenêtres ouest, on trouvera :

1182 — Long. de la momie 1ᵐ,69. — xx⁰ dynastie.

Momie de Ramsès III, le cercueil, peint en rouge brun et formé par des épaisseurs de toile superposées, était enfermé dans le grand cercueil (N. 1173) de Nefertari. L'appareil de bandelettes de ce roi avait été refait en l'an xiii du roi Pinot'm, comme en fait foi le procès-verbal inscrit sur un des suaires et qu'on verra exposé plus loin. Deux pectoraux, l'un en or, l'autre en bois doré, étaient encore attachés au cou du roi. [Nous avons vu le pectoral d'or dans la salle des bijoux (vitrine *K*), sous le N. 970.]

1183. — xxi⁰ dynestie.

Cercueil du roi Pinot'm I ; la momie était renfermée dans le cercueil monumental de la reine Ahhotpou (N. 1172).

1184 — Long. de la momie 1ᵐ,62.

Cercueil intérieur de la reine Isitm'kheb, fille de Masahirti (N. 1190), femme de Ramenkheper et mère de Pinot'm II. La momie déposée dans ce cercueil est celle de la princesse Nesikhonsou, femme de Pinotm II.

1185 — Long. de la fausse momie 1ᵐ,20. — xviii⁰ dyn.

Petit cercueil blanc de la princesse Sitamon, fille d'Ahmès I (N. 1175) et de Nofertari (N. 1173).

Un paquet de djèrids long de 1ᵐ,20 et surmonté d'un crâne d'enfant remplace le corps, brisé par les malfaiteurs qui violaient les sépultures. Cette restauration a été faite dans l'antiquité par les gardiens de la nécropole dont la surveillance avait été mise en défaut (voir N. 1231).

1186.

Cercueil de la princesse Mashonttimihou, la momie, décorée de guirlandes, est fausse comme celle de la princesse Sitamon (Cfr. N. 1185).

1187.

Couvercle du cercueil intérieur de Masahirti (Cfr. N. 1190).

1188.

Couvercle du cercueil de Thoutmès III.

1188 *bis*. — XVIIIᵉ dynastie.

Couvercle du cercueil de Thoutmès II (Cfr. N. 1178).

1189 — Long. de la momie 1ᵐ,77. — XXIIᵉ dynastie.

Cercueil dans lequel a été trouvée la momie du prêtre d'Ammon, fils royal de Ramsès T'odphtahêfonkh. Les cercueils ont été usurpés à divers personnages, dont le plus important était un prophète d'Ammon du nom de Nesishounopi. Le titre de fils royal de Ramsès appartient à plusieurs personnages de la XXIᵉ dynastie ; il ne suppose pas l'existence d'un Ramsès qui aurait régné vers cette époque. De même que la famille des Ramessides se perpétuait en des reines, qui transmettaient à leurs enfants des droits héréditaires, elle se perpétuait en des princes qui avaient quelques-uns des titres et des honneurs de la royauté ; un Ramsès de cette famille n'avait pas besoin d'être roi pour que ses fils eussent le titre de *fils royaux*. T'odphtahêfonkh se rattachait à la famille de Pinot'm II par un lien qui nous est encore inconnu. Les bretelles que porte sa momie sont estampées au nom du grand prêtre d'Ammon Ouapout, fils du roi Sheshonq I. Le couvercle doré est dressé derrière le cercueil.

1190 — Long. de la momie 1^m,70. — xxie dynastie.

Cercueil du grand prêtre d'Ammon, général en chef, Masahirti, fils du roi Pinot'm I (Cfr. N. 1183) et père de la reine Isimkheb (Cfr. N. 1238). Le couvercle est dressé derrière le cercueil.

1191 — Long. de la momie 0^m,00. — xviiie dynastie.

Cercueil extérieur de la reine Isimkheb (Cfr. N. 1238); il contient provisoirement la momie de la princesse Miritamen, sœur d'Amen-hotpou I, ou peut-être même une momie plus ancienne substituée dans l'antiquité à celle de Miritamen.

1192. — xxie dynastie.

Cercueil extérieur de la reine Makeri (Cfr. 1198); il contient provisoirement la momie de la reine Anhapou.

1193 — Long. de la momie 1^m,78. — xxe dynastie.

Cercueil à fond blanc, dessin en couleur, au nom du prêtre-scribe Nibsoni, né de Phiri et de la dame Ta-mosou (voir le couvercle sous le N. 1193 *bis*). La momie a la face découverte ; elle est dans un tel état de conservation qu'on dirait le cadavre d'un homme mort depuis quelques jours à peine.

Nord de la salle.

1194. — xxie dynastie.

Dessin exécuté par MM. Emile Brugsch bey et Vassali bey.

En pénétrant dans le tombeau, M. Emile Brugsch bey ramassa, à l'entrée du long couloir, un gros paquet de cuir grossièrement roulé qui paraissait avoir été jeté là par quelque prêtre égyptien pressé de sortir. En le développant, on reconnut que c'était une des pièces principales du catafalque sous lequel on plaçait le cercueil pendant la cérémonie des funérailles. La partie centrale, qui formait comme le toit du catafalque, représente le ciel étoilé, sur lequel des vautours étendent leurs ailes pour protéger le mort ; une bordure d'ornements en cuir découpé la relie à quatre pièces formées de carrés verts et rouges disposés en damier, qui pendaient de chaque côté du cercueil et l'enfermaient comme une tente. Les inscriptions sont au nom de la reine Isit m-Kheb, fille de Masahirta et femme de son oncle Ra-men-Kheper ; elles souhaitent un repos heureux à celle qui repose sous le dais funèbre.

On peut comparer au dessin de M. Emile Brugsch bey et Vassali bey les quatre pièces originales exposées sur les murailles est et ouest sous les Nos 1197 *a, b, c, d.*

1195 — Bois émaillé — Long. de la momie 1ᵐ,65. — XXᵉ dynastie.

Cercueil de beau travail. Une feuille d'or recouvrait la caisse entière ; à l'exception de la tête et de quelques détails, les hiéroglyphes et les parties principales de l'ornementation sont formés de fragments de pierres précieuses et d'émaux incrustés dans l'or. Le tout formait un ensemble d'une richesse et d'un éclat à peine concevables. Par malheur le cercueil a été gratté et il ne reste plus que des lambeaux de la décoration primitive. C'était le cercueil de la reine Notmit, mère du prêtre roi Hrihor. La momie avait été fouillée par les Arabes et le papyrus enlevé. Une partie en est déposée au Louvre, l'autre est au British Museum.

1196 — Long. de la momie 1ᵐ,66.

Cercueil au nom de la princesse Nesi-Khonsou, fille de la dame Ta-hemrou-Thot et probablement femme de Pinot'm II. Les cercueils de cette princesse n'avaient pas été fabriqués pour elle, mais pour Isit-m-Kheb. Ils ont été cédés par Isit-m-Kheb ou par ses parents à Nesi-Khonsou, dont le nom a été écrit en surchage sur celui de sa compagne. La peinture surajoutée est tombée et le nom primitif a reparu en plusieurs endroits. Cette première usurpation reconnue, on a dû bientôt en constater une seconde. A leur arrivée au musée, les deux cercueils renfermaient chacun une momie, et M. Maspero crut d'abord que ce dédoublement était le fait des Arabes qui avaient trouvé et dévalisé la cachette de Deïr-el-Bahari. L'examen a prouvé qu'il était le fait des Egyptiens eux-mêmes. La momie 1196 porte écrit sur son maillot extérieur le nom de la supérieure des femmes d'Ammon Nesi-Khonsou avec la date en l'an VI. Les premiers linges enlevés, on a trouvé une autre inscription « Expédition faite au temple de l'an VII pour emmailloter le roi Rà-Kha-m-uas. » La momie qui paraît être brisée, n'a pas été dépouillée entièrement de ses bandelettes : en continuant l'opération, on trouverait, au lieu d'une Nesi-Khonsou ou d'une Isit-m-Kheb annoncée par le cercueil, le corps d'un roi, probablement de l'un des derniers Ramessides, Ramsès XII, de la XXᵉ dynastie.

1197 — Long. de la momie 1^m,85.

Cercueil de la dame Râi, nourrice de la reine Nofritari (Cfr. N. 1173). Il est à fond vert, garni de bandes jaunes. Sur la face intérieure du couvercle est tracée une prière à la déesse Nouit en l'honneur de Râi. D'autres légendes, inscrites à l'intérieur près de la tête et des pieds, à l'extérieur sur les deux parois latérales, répètent le nom de la nourrice Râi.

La momie de la dame Raï a disparu. Elle a été remplacée dès l'antiquité par celle de la reine Anhâpou.

1198 — Long. de la grande momie 1^m,50, de la petite 0^m,42. — XXe dynastie.

Cercueil renfermant les momies de la reine Mâkeri et de sa petite fille (Cfr. le cercueil extérieur sous le N. 1192). La reine Mâkeri, épouse du grand prêtre et roi Pinot'm I est morte en couches et son enfant avec elle (Cfr. le papyrus de Mâkeri, salle 62, N. 687).

1199 — Long. de la momie 1^m,75. — XXIIe dynastie.

Cercueil d'abord peint et doré, puis noirci au bitume. C'est à grand' peine qu'on peut y lire le nom de la prêtresse d'Ammon Nesitanebashrou, fille de Nesikhonsou (Cfr. N. 1196) et probablement de Pinot'm II.

1200 — Long. de la momie 1^m,75.

Cercueil en forme de momie, sans barbe et peint en blanc de manière à imiter le calcaire. La momie était emmaillottée à la façon des momies de la XVIIIe dynastie, et semblait intacte : elle était cousue dans une peau de mouton en laine blanche et accompagnée de deux cannes à pomme en roseaux tressés. Elle exhalait une odeur infecte. Le 30 juin 1886 elle fut remise entre les mains du Dr Fouquet. L'opération du déroulement dura deux jours entiers et fournit les résultats les plus inattendus. Un premier linceul, puis un épais lacis de bandelettes, puis une couche de natron blanchâtre, chargé de graisse humaine; un second maillot, un second lit de natron, et le cadavre. Il n'avait pas été ouvert, et les viscères qu'on avait coutume d'extraire de la poitrine et du ventre (voir salle 59, étagères *H* et *I*) sont encore en leur place. Les matières préservatrices n'avaient pas été injectées ni introduites dans le corps ; on les avait réparties à la surface de la peau avec une habileté qui trahit une longue expérience de ce genre de travail. La momie était celle d'un jeune homme; tous ceux qui l'ont vue ont supposé sur-le-champ que ce prince avait été empoisonné ; tous les indices relevés tendent à établir la mort par un poison convulsant. (Aucun nom, aucune inscription ne nous renseigne sur le drame dont ce prince fut la victime.)

1201.

Petit cercueil sans nom, contenant une momie d'enfant non développée.

1202 — Long. de la momie 1^m,55. — XXIe dynastie.

Cercueil de la reine Tiouhathor Honttooui I, probablement femme du grand prêtre Pinot'm I.

Trois vitrines contenant des cercueils de moindre importance.

1203 — Long. de la momie 1ᵐ,62. — xxiᵉ dynastie.

Cercueil de la chanteuse d'Ammon-Râ, roi des dieux Taiouhrit. Le papyrus de cette femme, conservé à Leyde, nous apprend qu'elle était fille du père divin d'Ammon Khonsoumos, et de la chanteuse d'Ammon Tontamon. La tête et les mains de la caisse extérieure ont été détachées par les Arabes et vendues à des touristes.

Ouest de la salle.

Armoire *A*.

Couvercle du cercueil du roi Séti I (Cfr. N. 1180).

1204.

Couvercle du cercueil de la reine Notmit (Cfr. N. 1195).

Armoire *B*.

1205.

Linceul de Masahirti (Cfr. N. 1190).

1206 — Roseaux blancs.

Boite renfermant une perruque de grande taille, en poil de mouton noir et en cheveux mêlés. Au moment de la découverte, elle était encore maintenue par deux sceaux en terre sigillaire, au nom du grand prêtre d'Ammon, Menkhopirrî (Ramenkheper) ; la perruque était destinée par conséquent à la reine Isimkheb, femme de ce personnage.

1207 — Bronze.

Sellette portant quatre vases à libations.

1208 — Bois et ivoire.

Coffret au nom de Ramsès IX.

1209 — Ivoire incrusté.

Boîte à miroir.

1210.

Toile au nom de Ramsès III.

1211 — Marqueterie.

Coffret aux cartouches de la reine Hatshopsitou. Ce coffret a servi de canope.

1212 — Bois.

Petites rames trouvées sur la momie de Thoutmès III (Cfr. N. 1179). Elles servaient à deux fins ; d'abord à consolider le corps brisé, quand on le reconstitua, puis à donner au roi défunt le moyen de monter comme ses prédécesseurs sur la barque du soleil, et de parcourir le ciel avec le dieu.

1213.

Couvercle du cercueil de Pinot'm, dressé sur la muraille sud-ouest, près de la fenêtre.

VITRINE *C*.

1214 — Long. de la momie 1^m,72. — xxie dynastie.

Cercueil du grand prêtre d'Ammon, général en chef, Pinot'm II fils d'Isitmkheb et du grand prêtre Ramenkheper (Cfr. N. 1171).

1215. — xxie dynastie.

Cercueil extérieur de Pinot'm (voir les couvercles N°s 1234 et 1235).

1216 — Long. de la momie 1^m,54. — xxie dynastie.

Cercueil portant les textes au nom du prêtre-roi Pinot'm I (Cfr. le couvercle, armoire *E*). Le cercueil est du même type que celui de Not'mit (Cfr. le N. 1195). Il appartenait d'abord à Thoutmès I ; après avoir été enlevé à son premier possesseur, il a été approprié à l'usage de Pinot'm I ; mais le nom de Thoutmès reparaît çà et là sous la peinture plus récente. Il a été presque entièrement dédoré et ne présente plus guère à l'extérieur que l'aspect d'une masse de bois informe.

La momie a été déshabillée par les Arabes, elle est dans un état admirable de conservation.

En comparant les traits de la momie contenue dans ce cercueil à ceux de Thoutmès II et III, on trouvera les plus grandes ressemblances, tandis que le type est totalement différent de celui des membres de la famille du grand prêtre déjà connu. Il est donc probable que Thoutmès I a été remis en possession de son cercueil, que Pinot'm avait voulu s'approprier.

Thoutmès I est un vieillard aux traits fins et rusés, à la tête rase, au corps maigre et petit. Les dents sont usées à la façon des dents du cheval, comme on le voit encore chez certaines peuplades africaines qui se nourrissent de graines mal broyées.

Sur le mur nord-ouest, près de la fenêtre.

1217.

Très beau couvercle doré du cercueil extérieur de la reine Isit-mkheb (Cfr. Nᵒˢ 1191 et 1238).

ARMOIRE *D.*

1218 — Terre émaillée bleue.

Vases au nom de Nesikhonsou (Cfr. Nᵒˢ 1184 et 1196); autres vases en verre de couleur.

1219.

Offrandes funéraires, cuissots de gazelle, tête de veau, oies, fruits du palmier doum, etc.

Ces provisions se trouvaient dans le panier N. 1220, elles étaient destinées à la reine Isit-mkheb.

1221.

Etoffe d'une merveilleuse finesse, provenant du cercueil de Thoutmès III.

ARMOIRE *E.*

Couvercle du cercueil de Thoutmès I (Cfr. N. 1216).

ARMOIRE *F*.

Couvercle du cercueil de Masahirti (Cfr. N. 1190).

ARMOIRE *G*.

1222.

Linceul de Pinot'm.

1223.

Linceul de Taiouhrit (Cfr. N. 1204).

1224.

Linceul de la reine Not'mit (Cfr. N. 1195).

1225 — Bois.

Plaque couverte d'une belle écriture hiératique; copie de décrets rendus par le dieu Ammon-Râ en l'honneur de la dame Nesikhonsou au moment de sa mort, et destinés à lui assurer son bonheur dans l'autre monde (Cfr. dans la salle 62 le papyrus N. 686).

1226.

Petit cercueil au nom de Soutimès, tenant lieu de vase canope (Cfr. salle 59, vitrine *O*) et renfermant un foie.

1227.

Perruques de cérémonie (Cfr. N. 1206).

ARMOIRE *H*.

Couvercle du cercueil de la reine Màkerï (Cfr. N°s 1192 et 1198).

ARMOIRE *I*.

Couvercle du cercueil de Nesikhonsou (Cfr. N. 1196).

ARMOIRE *J*.

1228.

Fragmeut de cercueil avec mention du roi Ramsès I.

1229.

Toile trouvée sur la momie de Ramsès III.

1230.

Boîte de momie en forme de gazelle, renfermant une momie de gazelle soigneusement embaumée ; cet animal appartenait probablement à la reine Isit-mkheb.

1231.

Fausse momie d'enfant (voir N. 1185).

1232 — Bois évidé.

Statue d'Osiris, qui contenait le papyrus funéraire de la reine Honttoouï (Cfr. N. 1202).

1233.

Grande perruque de cérémonie (Cfr. N°s 1206 et 1227).

Figurines funéraires.

Armoire *K*.

Couvercle du cercueil extérieur de Nesitane-bashrou (Cfr. N. 1199). Le couvercle du cercueil intérieur est dressé contre le mur, près de l'armoire *K*.

Armoire *L*.

Couvercle du cercueil du roi Amenhotpou ou Aménophis I (Cfr. N. 1177). Les inscriptions à l'encre, tracées sur la poitrine, nous ont conservé deux procès-verbaux de visites de la momie par les inspecteurs chargés d'en vérifier l'état et d'en assurer l'entretien. La première raconte que « l'an VI, le 7 du troisième mois de Pirit, le premier prophète d'Ammon-Râ, roi des dieux, Pinot'm I, fils de Pionkh, envoya restaurer l'appareil funèbre du roi Serkerî Amenhotpou I », la seconde dit plus solennellement que « l'an XVI, le 22 du quatrième mois de Pirit, le premier prophète d'Ammon-Râ, roi des dieux, Masahirti, fils du roi Pinot'm envoya renouveler l'appareil funéraire *de ce dieu* », c'est-à-dire Amenhotpou I, qui, en effet, était adoré et recevait un culte régulier, XVIIIe et XXIe dynasties.

Des deux côtés de l'armoire L.

1234 et 1235.

Couvercle et cartonnage du cercueil de Pinot'm II, revêtus, à la hauteur des genoux, de bandes de cuivre estampé (Cfr. N. 1215).

1236.

Couvercle du cercueil de la reine Honttoouï (Cfr. N. 1202).

ARMOIRE *M.*

1237.

Cercueil de Ramsès II.

1238.

Momie d'Isit-mkheb (Cfr. Nos 1184, 1191 et 1217); c'est la plus belle et la mieux arrangée de la collection des momies royales.

Sur les armoires, **coffrets à figurines funéraires** (Cfr. salle 58, armoire *G*).

Sud-est de la salle.

1239.

Couvercle du cercueil intérieur d'Isit-mkheb.

ARMOIRE *N.*

1240.

Canopes d'Isit-mkheb.

1241.

Canopes de Nofertari (Cfr. N. 1273).

1242.

Coffret du roi Pinot'm.

1243.

Coffret de la reine Honttoouï, femme du roi Pinot'm.

1244 et **1244** bis.

Couvercles des cercueils de la dame Taiouhrit (Cfr. N. 1203).

ARMOIRE *O*.

Couvercle du cercueil de Ramsès II (voir N. 1181).

La série de vitrines qui se trouve au centre du cercle formé par les cercueils des Pharaons contient un choix de figurines funéraires (Cfr. N. 638), en terre émaillée bleue, au nom des derniers membres de la famille des grands prêtres d'Ammon, Pinot'm I (vitrine *P*), Nesi Khonsou (vitrine *Q*), Nesitanebashrou (vitrine *R*), Màkerï et Honttoouï (vitrine *S*), Zodphtahefonkh (vitrine *T*), Isit-mkheb (vitrine *U*) ; Màkerï et Isit-mkheb (vitrine *V*), Pinot'm II (vitrine *W*).

VITRINE *X*.

Objets trouvés sur les momies royales, amulettes, pectoraux et scarabées en or, bronze doré et terre émaillée. Les doigts de gant en or (N. 1245) ont été trouvés aux doigts de Masahirti (Cfr. N. 1190).

Enfin il nous reste à signaler le coffre à canopes de la reine Not'mit (N. 1246), représentant selon l'usage un naos monté sur un traîneau; un chacal en bois noir de bon travail est accroupi sur le couvercle; les coffrets (N. 1247) de Sennot'em (voir N. 449); d'Eineferta, femme de Sennot'em

(N. 1248); et de ses parentes. Isit (N. 1249) et Tamàk (1250).

Salles 85 et 86.

Salles d'anthropologie préparées par M. le Dr Fouquet, et contenant principalement des momies de la collection des prêtres d'Ammon.

Sur le grand palier de l'escalier qui descend de la salle des momies royales à la salle 87, est exposé :

1251 — Haut. 1^m,80. — xviie-xviiie dynasties. — *Drah Abou'l Neggah.*

Couvercle doré du cercueil de la reine Ahhotpou I (xviie dynastie). C'est à cette reine qu'appartenaient les bijoux exposés dans la salle 70, vitrine *K* (N°s 943 à 968). Elle est représentée le visage découvert, le corps entièrement enveloppé des ailes d'Isis. La face est d'un travail fort soigné et paraît reproduire les traits mêmes de la reine (Cfr. Cat., Masp., p. 320).

OBJETS ET MONUMENTS FUNÉRAIRES

Salles 87 et 88

Salle 87 (Objets funéraires).

1252 — Long. 1^m,66.

Joli cercueil incrusté de dorures du premier prophète
d'Horus de Houd (Horus sous la forme du disque ailé)
Horsiisit, fils de *Nespekhroud*. Le couvercle du cercueil
est soulevé, de manière à laisser voir la momie, entourée
de bandelettes et de guirlandes de fleurs. Le papyrus a
été laissé dans le cercueil, à la place même qu'il occupait près de la tête. Un masque doré protège le visage ;
des colliers en cartonnage et en perles sont posés sur
la poitrine, un réseau de perles couvre les jambes, les
pieds sont garnis d'une gaîne aux semelles peintes
simulant la paille tressée. Ces ornements sont exactement semblables à ceux que nous avons vus exposés
dans les armoires de la salle 58, principalement dans
les armoires *A* et *C* ; nousen reconnaissons ici l'emploi.

1253 — Long. 1^m,88. — XXe dynastie. — *Thèbes* (Deïr-
el-Médinel).

Cercueil de la dame Isit, parente de Sennot'em (Cfr.
N. 449), dont nous venons de voir le coffret funéraire

sous le N. 1249. Ce cercueil est d'un style assez intéressant, dont nous avons déjà examiné les caractères sur
un spécimen à peu près semblable (Cfr. le cercueil de la
dame *Meritamen*, Nos 1156 et 1157, salle 81).

1254 — Long. 2m,48, larg. 0m,92. — xxe dynastie. —
Thèbes (Deïr-el-Médinet).

Traineau funèbre de Khonsou, trouvé avec le N. 1259
dans le tombeau de Sennot'em (Cfr. N. 449) en février
1884. Ces traineaux, montés sur des petites roues, sont
des spécimens uniques des corbillards employés pour
conduire les momies à la nécropole. Ils sont ornés de
dessins et de textes empruntés au *Livre des morts* (voir
N. 592).

1255 — Long. 1m,57. — *Gournah.*

Joli cartonnage de momie. Sous les pieds, représentation du taureau, semblable à celle que nous avons vue
sous le N. 618 (salle 58, armoire *D*).

1256 — Long. 1m,80. — Epoque ptolémaïque. — *Sheikh
Abd-el-Gournah.*

« Le cercueil et la momie exposés dans cette vitrine
appartenaient à une jeune fille du nom de Tripi, la
Vierge. Elle a été découverte à Thèbes, dans le tombeau
de Nofirsokhrou, avec douze autres momies appartenant
à une même famille, qui vivait probablement au premier
siècle avant l'ère chrétienne. La momie est dans un
parfait état de conservation. Elle est recouverte d'un
maillot en perles de verre dont une partie seulement
est visible. Elle porte encore ses guirlandes dans leur
position antique ; les chapelets de fleurs sur la poitrine,

la couronne de Voix juste sur la tête. » (MASPERO, Cat., p. 189-190.)

Sous les semelles, des figures de barbares ou d'ennemis vaincus représentent les mauvais principes foulés aux pieds par la défunte.

1257 — Long. 1m,80. — XXIIe dynastie.

Joli cercueil blanc, à visage doré, de la prêtresse d'Ammon Sháouiamenams, fille de Takelot, chef des Mashaouash (troupes auxiliaires libyennes).

1258 — Haut. 1m,79. — Fouilles de M. Petrie. — *Fayoum.*

Cercueil d'Améniritis. Le cartonnage blanc simule une robe plissée.

1259 — Long. 2m,58, larg. 0m,92. — XXe dynastie. — *Thèbes* (Deir-el-Médineh).

Traîneau funèbre (Cfr. N. 1254) de Sennot'em.

Près de ce traîneau, à l'angle sud-ouest de la galerie, ainsi qu'aux angles nord-ouest et sud-est, on peut remarquer des cercueils de terre cuite, sorte de vases en forme de momies, probablement de très basse époque.

1260 — Long. 1m,79. — XXe dynastie. — *Thèbes* (Deir-el-Médineh).

Beau cercueil de Sennot'em (voir N. 449). La tête représentée sur le couvercle est coiffée d'une perruque de cérémonie.

1261 — Haut. 1ᵐ,75. — Epoque grecque. — *Saqqarah.*

« La momie appartenait à une femme ; toutes les pièces de son armure sont intactes et maintenues en place par des bandelettes. Le visiteur reconnaîtra chacune des pièces qu'il a déjà vu isolées dans les armoires de la salle 58 ; le masque doré, aux lèvres et narines roses, aux yeux grands ouverts qui lui donnent un aspect mutin ; le collier ouoskh ; les bandes placées sur les cuisses et qui contiennent une prière avec le nom du défunt, le cartonnage sur lequel sont peints les pieds et les sandales. Toutes ces pièces sont couvertes de dessins exécutés avec le plus grand soin, et l'ensemble a je ne sais quoi de gai et de gracieux, qu'on n'est pas accoutumé à rencontrer sur un cadavre. » (MASPERO, Cat., p. 371.)

1262 — Haut. 1ᵐ,72. — Epoque grecque. — *Saqqarah.*

Le nom a été laissé en blanc. Cartonnages dorés et non peints ; le collier ouoskh, surmonté du scarabée et s'agrafant sur deux têtes d'épervier ; image de Nout, déesse du ciel, accroupie et tenant les deux plumes, symboles de lumière.

1263 — Long. 1ᵐ,68. — *Akhmîm.*

Appareil de momie d'une belle conservation, au nom du *commandant d'infanterie de Pharaon, Pawou-wounhor.* Ce nom est orthographié avec une variante intéressante dans les légendes écrites aux pieds ; le son *wouwou,* au lieu d'être exprimé comme dans les autres passages par la syllabe *wou* redoublée, y est figuré par l'image d'un chien. Ce nom signifie d'ailleurs « le chien d'Horus ». Sous les pieds, représentation du taureau portant la momie du défunt.

1264 et 1265.

Portraits sur bois, provenant de momies détruites (voir salle 44, N°s 335, 360 et 361) et trouvés au Fayoum (à Robayat, Hawara, Illahoun, etc.). Une inscription datée de Marc-Aurèle, trouvée en même temps que ces peintures, permet d'en fixer l'exécution vers la fin du deuxième siècle de notre ère. Cette collection, jointe aux peintures encore en place sur les momies, est d'un grand intérêt pour l'histoire de l'art. Certains de ces portraits ont été peints à la gouache, par exemple le N. 1264 ; d'autres à la cire (N°s 1265 et 1265 *bis*).

1266 — *Hassaïa* (près d'Edfou).

Un portrait peint sur le suaire qui enveloppait la momie (Cfr. N. 334) est encadré sous le N. 1266.

1267 — Haut. 1ᵐ,70. — Epoque grecque. — *Saqqarah*.

« Momie de Horiris (?) née de Tershou. Elle est du même style que le N. 1261 ; mais les cartonnages sont collés au maillot au lieu d'y être attachés par des bandelettes. » (MASPERO, Cat., p. 372.)

1268 — Long. 1ᵐ,79. — *Akhmîm*.

Appareil de momie d'une merveilleuse conservation ; les peintures ont gardé toute leur fraîcheur.

1269 — Haut. 1ᵐ,80. — Epoque grecque. — *Saqqarah*.

« Le masque est revêtu d'un or si brillant que les visiteurs ont peine à le croire ancien. La momie est celle de Peteharpokhrate, fils de Psamitik : elle est enveloppée d'un cartonnage à fond rouge sur lequel est peinte en bleu l'imitation d'un réseau de perles, analogue à celui de la momie thébaine N. 1256. » (Maspero, Cat., p. 372.)

1270 — Long. 1ᵐ,80.

Cercueil à fond blanc et à visage rouge, au nom de Nesikhonsou, fille du divin ami d'Ammon de Thèbes, Hormât, et de la dame Rouat.

1271 — Haut. 2ᵐ,15. — xxiᵉ (?) dynastie. — *Thèbes.*

Cuve de cercueil au nom de T'ethoraufânkh. L'intérieur et le fond sont richement décorés.

1272 — Bois peint — Long. 2ᵐ,40. — xiᵉ dynastie. — *Thèbes.*

Lit sur lequel était posée la momie pendant les cérémonies funèbres. Le chassis est supporté par des pieds de lion ; des têtes de lion en ornent la partie antérieure. La légende indique que ce meuble a servi au prophète Ati, fils de Sebeksat. On en voit souvent des représentations sur les monuments, mais les originaux sont excessivement rares. A la place de la momie on a déposé sur le lit le cartonnage assez remarquable du cercueil de Sennot'em (Cfr. Nᵒˢ 449 et 1260). Le défunt est représenté vêtu d'une jupe blanche ; les pieds sont nus, ainsi que le bas des jambes et tout le haut du corps ; seulement un large collier et des bracelets ornent la poitrine et les bras.

1273 — Long. 2ᵐ,25. — Epoque ptolémaïque.

Lit de parade pour l'exposition de la momie. Comme au N. 1272, le chassis est supporté par des pieds de lion ; des têtes et des queues de lion en ornent les deux extrémités. A la tête et au pied du lit Isis et Nephthys étendent leurs ailes pour protéger le défunt ; quatorze divinités tenant la plume, emblème de lumière et de vérité, supportent la voûte du catafalque bordée d'une frise d'urœus. La voûte elle-même, découpée à jour, est formée de quatorze vautours, symboles du midi, et de trois serpents ailés, symboles du nord, couvrant la momie de leurs ailes étendues ; enfin, aux deux extrémités, Isis et Nephthys pleurent sur le défunt.

1274 et **1274** *bis* — **Bois** — Haut. 2ᵐ.

Très beau sarcophage de la fin de la période saïte, trouvé en 1888, à Ouardan (localité de la chaîne Libyque, un peu au nord du Caire).

1275 — Haut. 2ᵐ,15. — XXIᵉ (?) dynastie.

Cercueil au nom d'Ankhfenkhonsou, scribe du trésor du temple d'Ammon. La décoration intérieure de ce cercueil rappelle assez bien celle du N. 1271.

1276 — **Bois** — Haut. 0ᵐ,90. — *Saqqarah.*

Petit naos en bois, qui contenait la momie d'un singe. La porte à deux battants était fermée, suivant l'usage, au moyen de deux verrous. Un chacal est accroupi sur le toit.

1277 — Bois — Haut. 2ᵐ,19. — Epoque ptolémaïque — *Akhmîm*.

Cercueil en bois pesant, sans peinture : le visage seul est doré et les yeux sont rapportés. Le défunt avait été deuxième prophète de Min (ou Khem).

Un grand nombre d'autres cercueils garnissent les murs de la salle 87. Nous ne pouvons les décrire en détail ; les uns proviennent des sépultures des prêtres de Mentou (ou Month), à Thèbes (Gournah) et sont surtout de l'époque saïte ; d'autres proviennent d'Akhmîm et sont généralement contemporains des Ptolémées.

———

Salle 88 (Monuments funéraires).

En sortant de la salle 87, le visiteur repasse sur le palier où il a vu tout à l'heure le couvercle du cercueil de la reine Ahhotpou I (N. 1251), et arrive, en descendant l'escalier, dans la grande salle des monuments funéraires du rez-de-chaussée (salle 88). C'est la dernière salle à visiter. (Les numéros **89**, **90** et **91** s'appliquent à des galeries extérieures contenant des monuments de moindre intérêt et à la salle des ventes.)

Entre les deux branches de l'escalier.

1278 — Granit rose — Long. 2^m,68, Haut. 1^m,60. — xxvie dynastie. — Rapporté de la nécropole thébaine par M. Maspero. — *Thèbes* (Deïr-el-Médineh).

Sarcophage de la reine Nitocris (Cfr. N. 1016). La statue de la reine est couchée sur le couvercle de granit.

Centre de la salle.

1279 — Basalte noir — Rapporté, en 1870, par M. Brugsch.

Couvercle brisé du sarcophage d'un bélier de Mendès.

1280 — Granit gris — Long. 2^m,43. — Rapporté, en juillet 1892, de *Saqqarah*.

Sarcophage au nom de Psammétique.

1281, 1282, 1283 et 1284 — Marbre blanc — Long. moy. 2^m,70.

Sarcophages d'époque grecque. Le N. 1281 a été trouvé dans le cimetière turc du Caire. Le N. 1282 provient de Tell-el-Mokdam. Les N°s 1283 et 1284 sont sortis des catacombes d'Alexandrie.

Galerie de l'ouest.

1285 — Granit gris tacheté de rose — Long. 2^m,50. — Epoque ptolémaïque. — *Saqqarah*.

Sarcophage de Ankhapi, fils de Tafnekht et de la dame Tatet. Dans l'intérieur, un cercueil de granit en forme de momie. Il renfermait les restes du défunt et a été remis dans sa position primitive.

1286 — Calcaire compact — Long. 2ᵐ,44. —
Epoque grecque. — *Akhmîm.*

Sarcophage de T'erher, rapporté d'Akhmîm par M. Maspero en 1885. Les figures et les hiéroglyphes ont été rehaussés de couleurs. On voit encore les carreaux qui ont guidé le dessinateur.

1287, 1288, 1289 et 1290 — Bois peint —
Long. moy. 2ᵐ,40. — Epoque saïte.

Grands cercueils rectangulaires, à couvercle voûté, de *Taamenshapenankh* (N. 1287), de *Tabadjat* (N. 1288), de *Nesamen* (1289) et d'*Ankhfenkhonsou* (1290).

1291 à 1296 — Bois.

Contre les murs sont dressés six couvercles de cercueils, trouvés à Akhmîm, à Abousir, en 1888, et à Ouardan en 1889.

D'autres sarcophages en bois, à oreillettes carrées, proviennent de Thèbes (Deïr-el-Bahari). Cfr. les Nᵒˢ 1287 à 1290.

Galerie nord.

1297 — Granit noir — Long. 3ᵐ,17.

Cercueil du sarcophage de Raousormâ, trouvé dans les fondations de Saïd el Hussein.

1298 — Bois — Long. 2ᵐ,68. — Epoque saïte. —
Ouardan.

Couvercle de sarcophage, gravé de beaux hiéroglyphes.

1299 et **1300 — Granit gris** — Haut. tot. 1ᵐ,30 et 1ᵐ,35, long. moy. 2ᵐ,85. — Commencement de l'époque ptolémaïque. — *Saqqarah.*

Deux sarcophages rectangulaires couverts de figures et d'hiéroglyphes à l'intérieur et à l'extérieur. Les couvercles sont exposés, sous les Nᵒˢ 1299 *bis* et 1300 *bis*, devant les cuves, du côté des fenêtres. Les deux sarcophages proviennent du même puits; ils sont au nom de deux T'aho, fils de la dame Beteïta, à la fois prêtres et chefs militaires. Mariette pensait que l'un avait été le grand-père de l'autre, et que la mère du second aurait été la fille du premier, appelée Beteïta comme sa grand'mère.

Les amulettes en pâte de verre de la collection du musée sont tirés en grand partie des sarcophages Nᵒˢ 1299 et 1300.

Les cercueils en bois et en calcaire dressés contre les murs proviennent de Gournah, d'Akhmîm et d'Abydos.

Galerie de l'est, côté gauche.

1301 — Basalte gris — Long. 1ᵐ,82. — Epoque ptolémaïque. — *Saqqarah.*

Cercueil en forme de momie trouvé dans le puits d'Ankh Hapi (voir N. 1285). Sur le devant, légende qui court de la poitrine aux pieds. On y lit une formule de prière pour la dame *Perhetbeset*, mère d'*Ounofre* (Cfr. Cat. Mariette, N. 10).

11*

1302 et **1302** *bis* — **Basalte** — Long. 1ᵐ,88. — xxxᵉ dynastie. — *Saqqarah*.

Sarcophage de *Horemheb*, fils de la dame *Terou*.

« Ce joli monument doit appartenir à la période histo-rique qui vit éclore comme une renaissance de la nationalité égyptienne sous les Pharaons prédécesseurs d'Alexandre. Du reste, ce n'est pas seulement la grâce et le fini des légendes qui recommandent ce monument à l'attention ; on remarquera aussi que les patients artistes auxquels l'exécution en fut confiée, semblent s'être imposé la tache de ne laisser aucune partie de l'intérieur et de l'extérieur du cercueil sans y marquer la trace de leur burin. Selon l'habitude, toutes les légendes sont relatives à l'immortalité promise au défunt. » (MARIETTE, Cat., Nᵒˢ 85 et 86.)

1303 — **Calcaire** — Haut. 1ᵐ,93. — *Saqqarah*.

Couvercle d'un sarcophage (la cuve n'a pas été re-trouvée dans la tombe) au nom de *Meneï*, prêtre d'Osiris.

« Sur la poitrine on voit la représentation du dé-funt couché sur le lit funèbre. L'âme se rapproche du corps, sur lequel elle plane les ailes déployées. Au-dessus de la scène, le soleil, soutenu par Isis et Neph-thys, se lève à l'horizon. C'est le grand acte final des pérégrinations auxquelles le défunt vient d'être soumis. » (MARIETTE, Cat., N. 84.)

1304 — **Granit noir** — Long. 2ᵐ,27. — Epoque pto-lémaïque. — *Saqqarah*.

Sarcophage d'*Ounnefer*, fils de la dame Perhetbeset (voir N. 1301). Ce sarcophage provient également du puits d'Ankh Hapi (voir N. 1285).

Côté droit de la salle.

1305 — Basalte gris — Long. 2m,38. — Epoque ptolémaïque. — *Saqqarah.*

Sarcophage du prêtre Imhotep.

1306 et **1306** *bis* — **Basalte gris** — Long. 1m,80. Epoque ptolémaïque. — *Saqqarah.*

Couvercle et cuve du sarcophage de *Kemhapi*, trouvé dans le puits d'*Ankh-Hapi* (voir N. 1285).

1307 et **1307** *bis* — **Calcaire compact** — Haut. 1m,94. — Epoque ptolémaïque. — *Saqqarah.*

Sarcophage de *Heken*, fille de *Renpitnefer*, trouvé dans le puits d'Ankh Hapi (voir N. 1285). On peut remarquer au centre du disque solaire la représentation du dieu Panthée (Cfr. N. 1070) à quatre têtes de bélier, avec corps humain, pattes d'oiseau et de bélier (Cfr. Cat. Mar., Nos 89 et 90).

1308 — Basalte vert — Long. 1m,98. — Commencement de la période ptolémaïque. — *Saqqarah.*

Sarcophage de la dame *Beteita*, mère d'un des *T'aho* (Cfr. Nos 1299 et 1300).

« On ne peut passer devant ce monument sans remarquer la finesse extrême des gravures qui le décorent. Vu l'incomparable dureté de la matière, chaque hiéroglyphe devient un sujet qui a dû être traité à part selon les procédés de la glyptique, c'est-à-dire de la gravure sur pierre fine. Que les Egyptiens aient réussi une fois à accomplir un tel travail, on ne doit pas en être surpris ; mais ce qui est étonnant, c'est que pour eux ce travail ingrat était si facile qu'ils en ont multiplié les produits pour ainsi dire à l'infini. » (MARIETTE, Cat., N. 80.)

Enfin d'autres sarcophages en bois, calcaire, basalte, appartiennent pour la plupart à l'époque ptolémaïque.

On peut remarquer un beau sarcophage en basalte vert (N. 1309) sans inscription.

Ce catalogue a été composé très rapidement. Les visiteurs voudront bien être indulgents s'il a été commis quelques erreurs et quelques omissions, inévitables dans un travail aussi précipité ; les imperfections constatées seront corrigées dans une prochaine édition.

Un certain nombre de termes archéologiques peuvent avoir besoin d'être expliqués ; un court index alphabétique, placé à la fin de ce volume‘ renvoie le lecteur aux passages où il en trouvera l'explication.

L'impression était déjà fort avancée, lorsque le prof. A. H. Sayce a bien voulu communiquer à la direction du musée un catalogue spécial des tablettes cunéiformes exposées dans la salle 49 ; ce catalogue, n'ayant pu être intercalé dans le texte, est publié en appendice.

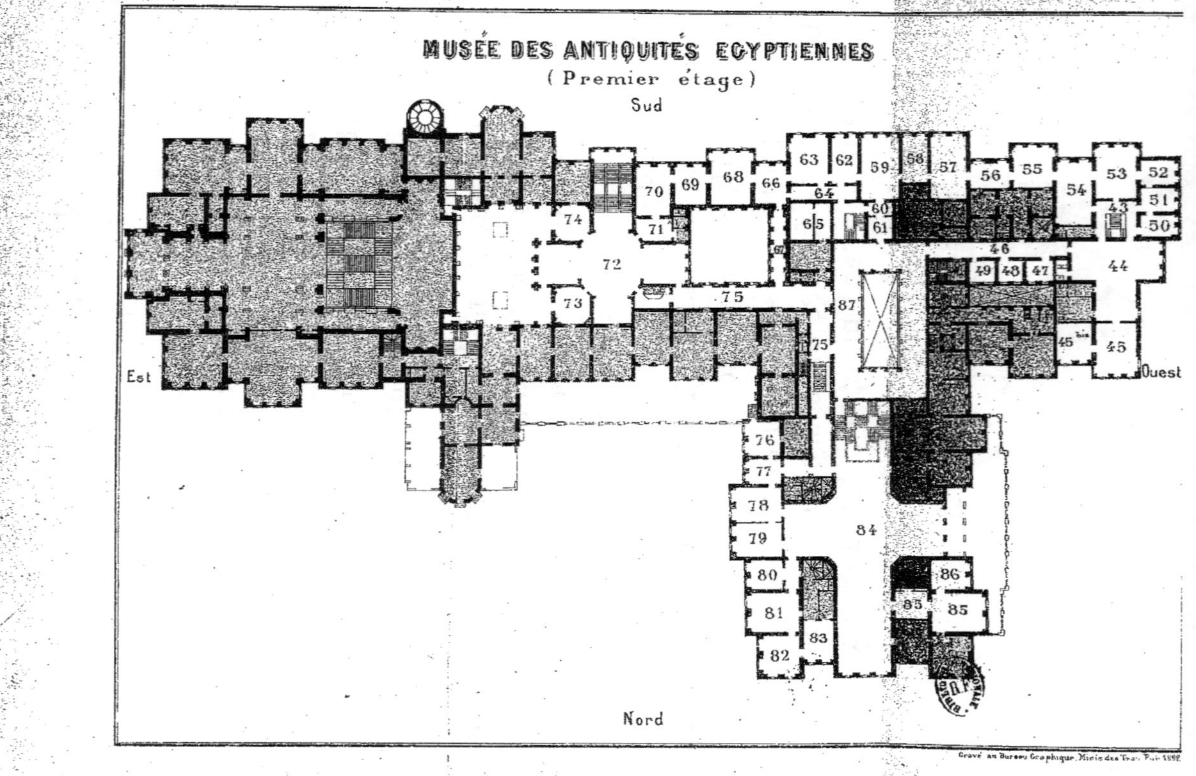

MUSÉE DES ANTIQUITÉS ÉGYPTIENNES
(Premier étage)
Sud
Est
Ouest
Nord
Gravé au Bureau Graphique, Minis. des Trav. Pub. 1882

APPENDICE

—

TABLETTES CUNÉIFORMES
Découvertes à Tell-el-Amarna en 1888

———

Salle 49.

VITRINES HORIZONTALES.

Ces tablettes cunéiformes ont été acquises par le
service des antiquités. La trouvaille fut divisée.
Il en existe aujourd'hui une grande partie en
Europe dans les musées de Berlin, de Londres, de
Paris et de St.-Péterbourg. Nous devons au prof.
A. H. Sayce le catalogue de celles de ces tablettes
que possède le musée de Gizeh (Cfr. WINCKLER,
Mittheil. aus den Orient. Samml. I. 1, 2, 3).

No.   **1**. — Letter in the language of Aryawa from
king Tarkhundaraus to Amenophis III
(Winckler, No. 10). As the name of the
king is Hittite, the language of the letter
may possibly be Hittite : the situation of
Aryawa is unknown.

„   **2**. — Letter from Samu-Hadad, governor of
the City of Samkhuna, relating that he
has obeyed the orders of the Pharaoh
(Winckler, No. 131). With hieratic
docket.

No. **3.** — Letter from. Kuhurtu-yi..... (Winckler, No. 150). Mentions that the City which has been placed under his charge, is defended by him.

„ **4.** — Letter of Assur-yuballidh, king of Assyria to Amenophis IV (Winckler, No. 9). Mentions his father Assur-nadin-akhi and the king of Khani-rabbat (now Malatiyeh).

„ **5.** — Letter from Sipte....... (Winckler, No. 200). He defends the City entrusted to him by the Pharaoh.

„ **6.** — Letter from Yabniel, the governor of Lachish (Winckler, No. 124). He will obey the orders of Baya, the royal commissioner.

„ **7.** — Letter from Aryama, governor of the City of Mikhiya, asking that troops should be sent to him (Winckler, No. 125).

„ **8.** — Broken fragments of a letter; names lost (Winckler, No. 203).

„ **9.** — Letter from Milkili (Malchiel), from Southern Palestine (Winckler, No. 109).

„ **10.** — Letter from Suyardata (Winckler, No. 100). He has been obliged to defend the City Kilk (Keilah) against Ebed-tob king of Jerusalem. Mention is made of Labai.

No. 11. — Letter from Zatatna, the governor of Accho (Winckler, No. 94). He has attended to the orders of the king. With hieratic docket.

  ,, **12.** — Letter from Ri (b-Hadad), the governor of Gebal (Winckler, No. 79). Mentions Ebed-Asherah, who was in rebellion in the north; also the king of Mitanna "the king of the Hitites has been captured" as well as the City of Ar....tà

  ,, **13.** — Letter from Rib-Hadad (Winckler, No. 63). A messenger has been sent to the "Great house" (Pharaoh) mention is made of Ypa-Hadad and Aman-Masa (Amun-mes).

  ,, **14.** — Letter from Abi-Sar or Abi-Melech, the governor of Tyre (Winckler, No. 99). He says that Ilgi, king of Sidon, is his vassal and he asks the Pharaoh that the defense of Tyre may be committed to himself, the king of Hayor is said to have left his city and joined the Bedouins.

  ,, **15.** — Letter from Biridi (Winckler, No. 115). He complains that after the entrance of the Egyptian troops into his city, Labai made war upon him and he requests that two officers be sent from Egypt to defend his city against Labai.

No. 16. — Letter from..... the name of the writer is lost (Winckler, No. 202). Orders the person to whom the letter is addressed to send "thy son to the king". As well as silver, chariots, horses and other things.

 ,, **17.** — Fragment of a letter from Rib-Hadad, governor of Gebal (Winckler, No. 198). Asks that chariots be sent with his son in order to defend the forteresses of the king.

 ,, **18.** — Letter from Bayai (Also written Baya) (Winckler, No. 195). Asks that Egyptian troops be sent to his assistance.

 ,, **19.** — Fragment of a letter from Ebed-tob, king of Jerusalem (Winckler, No. 199). "The land of the city of Gash-Carmel has fallen away to Tagi and the men of Gash, he is in Bit-'Sani (Besh-Sannah) and we have effected that they have given Labai and the country of the 'Sute to the Kha-biri (of Hebron?) Malchiel has sent to the king". Mention is also made of Khapi or Apis and of Addalim who is said to be "living in his house Gaza".

 ,, **20.** — Fragment of a letter from Rib-Hadad (Winckler, No. 78). Asks the king to send an officer.

No. **21**. — Letter from Ara......, governor of the city of Kumidi in Cœle Syria (Winckler, No. 152). Asks for horses and chariots, and assures the Pharaoh that he is loyal.

„ **22**. — Fragment of a letter from Rib-Hadad (Winckler, N. 83). Mentions the cities of Gebal and Simyra, also the officer Aziru.

„ **23**. — Fragment ; name of the writer is lost (Omitted by Winckler). Mentions the despatch of 400 pieces of silver and the name of a certain..... — Samas.

„ **24**. — Letter from the king of Alasiya in northern Syria to the king of Egypt (Winckler, No. 12). He sends presents to the Pharaoh in a ship, with a hieratic docket : " the correspondence of the prince of the country of Alasha".

„ **25**. — Letter from Subbi-Kuzki, king of an unknown country, to Amenophis II, here called Khouri(ya), the Horos of Manetho (Winckler, No. 18). Mentions that embassies and gifts had been sent to Amenophis III, and that more gifts are now sent to his successor — the Egyptian hieroglyph signifying "God" engraved on.

No. 26. — Letter from Hadad-ithi (Winckler, No. 154). Complains that the two sons of Labai have rebelled and are ravaging "the country of the king". Mentions the land of Gina and the cities of Sunama (Shunem), Burga (Bene-be rak), and Gity Rimuna (Gash-Rimmon).

„ **27.** — Letter from a lady "the handmaid" of the king (Winckler, No. 138). Mentions the city Zabruna and that the Egyptian territory has been overrun by the bedouins.

„ **28.** — Letter from (Kis-kal) limma-Sin, king of Babylonia to Amenophis III (Winckler, No. 1). Says that his father sent ambassadors to Egypt. And he himself sent an embassy which was detained six years, after which the Pharaoh gave thirty manchs of gold to the Babylonian king. Now the babylonian king sends presents, Amenophis having asked for his youngest daughter for a wife.

„ **29.** — Letter from Namya-yitsa (Winckler, No. 96). He awaits the orders of the king, with his soldiers and chariots, his brothers, his bedouins and his sute.

„ **30.** — Letter from Pu-Hadad (Winckler, No. 153). Asserts his loyalty.

No. 31. — Letter much injuried : name of writer lost, n. ends in-. il. (Winckler, No. 201).

„ **32**. — Letter from Sumandu (Winckler, No. 116). Says that the bedouins "are strong against us".

„ **33**. — Letter, from Sumandu (Winckler, No. 117). Says that Khanya has sent to him and he has given accordingly oxen and girls.

„ **34**. — Letter from Yitiya, governor of Ash-kelou (Winckler, No. 118). He obeys the orders of the commissioner of the king the son of the sun.

„ **35**. — Letter from Yitiya, governor of Ash-kelou (Winckler, No. 119). To assert his loyalty.

„ **36**. — Letter from the governor of the City of Nazima (Winckler, No. 151). He has joined the Egyptian troops with his soldiers and chariots.

„ **37**. — Letter from Dasru (Winckler, No. 127). "All that the king has done for his country is exceedingly good".

No. 38. — Letter from Rib-Hadad, governor of Gebal (Winckler, No. 61). The City of Simyra is threatened by the enemy ; the sons of Ebed-Asherah are attacking the Egyptian territory with the help of the kings of Mitanna, Babylonia, and the Hittites. Mention is also made of the City of Kumidi.

„ **39.** — Letter from Rib-Hadad (Winkler, No. 60). The Cities of Ambi, Syata, Ullaza, and Arvad have joined the sons of Ebed-Asherah " the servant of the king " in revolt. The governor of Simyra and his Egyptian troops have been murdered.

„ **40.** — Fragment of a letter from Rib-Hadad (Winckler, No. 62). He asks for assistance against his enemies.

„ **41.** — Fragment of a letter from Rib-Hadad (Winckler, No. 65). Mentions the City of Beyrout (Beruta).

„ **42.** — Fragment of a letter from the king of Alasiya (Winckler, No. 14). He sends the Pharaoh various presents including " the tooth of an elephant ".

„ **43.** — Fragment of a letter from Aba-izzi (Winckler, No. 196). Reference is made to a former letter.

No. **44**. — Letter from Abi-Milhi (Abimelech), asking that the government of a City should
be given to him (Winckler, No. 98).

,, **45**. — Letter from Aziru, the son of Ebed-
Asherah to Dûdû, a high official in the
Egyptian court (Winckler, No. 40). To
assert his loyalty to the king.

,, **46**. — Fragment of a list of presents sent to
Egypt, including silver and various sorts
of wood (Winckler, No. 17).

,, **47**. — Fragment of a letter from Sama.......
(Winckler, No. 204).

,, **48**. — Fragment of a letter mentioning the
City of Bûyruna (Bosha) on the northern
frontier of Ammon (Winckler, No. 205).

,, **49**. — Fragment of a letter (Winckler, No. 206).

,, **50**. —   »   »   (Winckler, No. 209).

,, **51**. —   »   »   (Not in Winckler).

,, **52**. —   »   »   (Winckler, No. 208).

,, **53**. —   »   »   (Winckler, No. 207).

,, **54**. — Fragment of a letter, probably from a
king (Winckler, No. 20).

,, **55**. — Two fragments of mythological text relating to the Babylonian God, Namtar
(Winckler, No. 239).

,, **56**. — Another fragment of the same myto-
logical text (Winckler, No. 239).

———

INDEX ALPHABÉTIQUE

DE

QUELQUES TERMES D'ARCHÉOLOGIE ÉGYPTIENNE

———

Atef ou **Atew** (diadème). Voir Nos 176 et 1064.

Autels à encensements. Voir N. 32.

Bès (l'Hercule grotesque). Bès destructeur des monstres (N. 999) ; dieu de la toilette (Nos 847 et 1031).

Boucle (amulette). Voir N. 756.

Canopes (vases). Salle 3, armoire *B* (page 15) ; salle 59, étagères *H* et *I* (page 163).

Cartouche. Enroulement tracé autour des noms royaux, dans les textes égyptiens.

Claft. Coiffure royale formée d'une bande d'étoffe rayée terminée par deux pattes qui retombent sur la poitrine. Voir N. 188.

Cœur. Sa valeur symbolique dans la théologie égyptienne. Voir Nos 632 et 637.

Cônes (funéraires). Voir salle 65, vitrine *I*, page 188.

Dad (amulette). Voir N. 753.

Double. Voir N. 17.

Egide. Voir N. 696. En archéologie égyptienne, ce nom désigne plus spécialement de petits monuments ordinairement en bronze, formés du collier *ousekh* (voir ce mot) que surmonte une tête de déesse.

Kherheb (prêtre). Voir N. 21.

Naophore. Qui porte un naos. Voir N. 734.

Naos. Petite chapelle, souvent même chapelle portative. Voir Nos 245, 646.

Ostraca. Voir Nos 584-586.

Oudja. Voir **Ouza**.

Ouoshbiti. Voir Nos 17 et 638, page 158.

Ouoskh. Ousekh (collier). Voir N. 962.

Ouza. Voir N. 631.

Pectoral. Voir Nos 624 à 629.

Pylône. Porte monumentale. Voir N. 459.

Queues d'aronde. Grosses chevilles de bois en forme de queue d'hirondelle, qui servaient à relier les pierres d'un édifice.

Sam (amulette). Voir N. 758.

Scarabées. Voir Nos 148, 629, 632, 992.

Sistre. Instrument de musique consacré à Hathor, la Vénus égyptienne.

Stèle. Voir N. 8.

Tat. Voir **Dad**.

Uræus. Serpent qui se dresse, ornement des coiffures divines et royales.

Ushabti. Voir **Ouoshbiti**.

AVIS

Le musée est ouvert, pendant la saison d'hiver, tous les jours de la semaine, le lundi excepté, de 9 h. 30 du matin à 4 h. 30 du soir.

Le mardi, l'entrée est gratuite. Les autres jours, il est perçu un droit d'entrée de P. E. 2.

Les visiteurs sont priés de déposer en entrant leurs cannes, ombrelles et parapluies, qui leur seront rendus à la sortie.

Il est strictement interdit de fumer dans le musée.

Il n'y a besoin d'aucune permission pour copier les monuments exposés dans le musée; il est défendu de prendre des estampages ou des copies au frotis, sans autorisation du directeur.

Les visiteurs qui voudront étudier quelque monument de plus près, sont prévenus qu'une salle d'étude sera mise à leur disposition, s'ils en adressent la demande au directeur ou à l'un de ses conservateurs.

Les billets pour la visite de Saqqarah et les cartes pour l'entrée dans les monuments de la Haute-Egypte, sont vendus au secrétariat du musée, ainsi que dans les bureaux de MM. Cook et de la Société Tewfikieh.

ERRATA

—

Page 171 .... Au lieu de 792*bis* lire 692*bis*.
» 186 { ligne 9. »   »   » 787   » 789.
       {   » 18. »   »   » 760   » 790.
» 305,   » 18. »   »   » 1197   » 1194.